はしがき
：楽しく学んで，役に立つ知恵と知識を身につけよう

〈この本を手に取ってくださったあなたへ〉

数学は役に立つ？ 　数学を現実の社会や生活に応用することに慣れていなければ，「数学って役に立つの？」と疑問に思っても不思議ではないかもしれません。

しかし，みなさんがこれから学ぶ経済学では数学はとても役に立つ道具として使われてきました。経済学は，数学のおかげで発展したと言ってもよいぐらいです。人々の行動は消費や生産の量，取引をした価格などの数字でとらえられます。経済学では，それらの数字がどのように決まるのかを数学を使って説明します。みなさんも本書を読んで実際に数学を使った授業を受ければ，学んできた数学が役に立つことを実感できるでしょう。

もちろん，数学は経済学以外のあらゆる分野で活用されています。人がロケットに乗って宇宙に行くことができるのも，証明と実験によって裏付けられた理論があるからです。私たちの生活を便利で快適なものにしているさまざまな科学技術の裏側には高度な数学が活用されています。20世紀最大の発明であるコンピュータも，天才数学者フォン=ノイマンによって考案されたものです。

数学が役に立つことを示す興味深い証拠に「大学入試で数学を受験科目として選んだ人の所得がそうでない人と比べて高い」という調査結果があります。数学が得意な人が高所得を得ているのは，優れた理論をそのまま活用しているからかもしれません。あるいは，数学で身につけた考え方や論理的思考法がビジネスシーンの問題解決に応用されているからかもしれません。実際，現代はそのような問題解決能力がもっとも必要とされている時代であると言われています。社会は数学的思考のできる人を求めているのです。

にもかかわらず，最近は数学嫌いの学生が急速に増えています。結果として，数学のできる人の希少性が高くなり，彼らのステイタスと所得を高めているとも言えるでしょう。

なぜ数学が嫌いなの？　このように聞くと「わからないから」「むずかしいから」「苦手だから」「面倒くさいから」「しんどいから」「役に立たないから」などという答えが多く返ってきます。

　この中で，「わからないから」というのはもっとも本質的な理由です。数学の先生の中にも，わからなくて一度や二度は数学が嫌いになった経験のある人は少なくないでしょう。私自身も同じ経験をしたことがあります。わからないと面白くないのは当たり前です。逆に，わかると数学はとても面白い。わかると数学がどんどん好きになります。そして，計算問題もまるでパズルゲームやテレビゲームのように夢中になって解きたくなります。できる人は楽しく，遊び感覚で能力と知識と成績を伸ばしているのです。

暗記数学という甘い罠　数学が苦手な学生が増えている原因の一つは，「暗記数学」という勉強法の広がりです。マークシート式の試験が増えた結果，答えを出すまでのプロセスが軽視されて，「答えを出しさえすればよい」「そのためには公式に数字をあてはめればよい」「だから公式だけを暗記すればよいのだ」という安易な発想が高校生たちに広まっているようです。

　「公式にあてはめる」こと自体には何の問題もありません。問題は，公式の意味や理由を理解しないで，公式とその使い方だけを暗記することです。公式の意味や理由を理解するにはそれなりの時間と思考努力が必要なので，それを省略する「暗記数学」には少ない労力で間近に迫ったテストの対策ができるという甘い誘惑があります。

　しかし，すぐに問題が発生します。数学は積み重ねの学問です。三平方の定理の上に三角比の概念があり，その理解を前提として余弦定理や三角関数，加法定理などが説明されます。基礎概念を理解せずに公式だけを丸暗記していたら，より高度な概念を理解することは不可能です。つまり，まったく理解できなくなって，数学を学ぶ大きな喜びの一つを失ってしまうのです。

　また，理解をせずに覚えるのは人間にとってもっとも苦痛な作業です。理解している人なら一度見ただけで覚えられる公式も，理解していない人なら何度も書いて覚えなければなりません。苦労して覚えても思い出すのが難しく，忘れやすいので，その公式を計算問題で使うときにも，「どんな公式だったか」「どうやって使うのか」と悩んでしまい，解くのに時間がかかります。

そして，もっとも深刻なことは覚えた知識を応用できないことです。暗記数学に頼っていると証明問題や応用問題，発展問題が解けません。みなさんは何のために数学を学んできたのですか？ 大学に行くためだけですか？ それではとてももったいない。応用するため，使うために学んでください。定理の背後には驚くべき事実や知恵が詰まっています。それを知らずに丸暗記してしまうなんて絶対にやめてください。役に立つ知恵や知識を身につけたければ暗記数学には手を染めないことです。

〈良い学習のコツ〉

近年の研究（とくに認知心理学や脳神経科学）によって，効果的な学習のコツが次々と発見されてきました。以下の点を意識して学習するだけで，効果は大いに高まります。

長期的な大きい目標をもつ　　人間というのは，目標をもつとそれに向けて驚くほどに頑張れる動物です。逆に，目標がないとパッとしない結果に終わってしまいやすいものです。大学生の多くは，「単位をとる」という短期的な小さい目標を掲げている人が多いようです。できれば「知的に成長して自分の可能性を広げたい」というような長期的な大きい目標をもって，大学での学習に臨みましょう。

達成可能な中間目標を意識する　　長期的な大きい目標を達成するにも，小さい積み重ねが必要です。数学では，少しずつ概念を積み重ねて議論を進めていきます。それら一つひとつを中間目標として意識して，確実にクリアしていくことが成功への近道です。

理解することが大事　　目標に掲げることとしてもっとも重視してほしいのが「理解」です。理解できると嬉しいですし，覚えるのも楽で，その記憶も持続的なものになります。数学に限ったことではないですが，理解を促す上で次の3つの問いを常に意識することが大事です。

What?　　学問の中には多くの専門用語が登場します。それらがどのような意味なのかを理解することが大事です。辞書に書かれたことをメモするだけではダメです。自分の中で「それが何であるのか」を他の人に説明できるぐらい，あるいは具体例をあげられるぐらいに納得しなければ本当にわかったとは言え

ません。定理や命題も，それが何を意味しているのかを説明できるぐらいまで意味に注意を払う習慣をつけましょう。

Why? 定理や命題の意味がわかったら，「なぜそうなるのか」を考えましょう。そのわけを証明できれば理想的ですが，最低でも直感的に「なるほどそうなりそうだな」と思える程度までは理解を深めるようにしましょう。そこまで納得できれば，その後の学習もスムーズに進むはずです。数学に限らず，大学での学習では「どうしてこういうことをするのか」「なぜそう主張できるのか」「何の役に立つのか」といった本質的な問いを考えるようにしましょう。よく考えてもわからないときは，数学の得意な知人や先生に質問してみましょう。日本人の学生は欧米人の学生と比べて大人しく，質問をしない人が多いようですが，わからないことは恥ずかしいことではありません。私の経験でも，質問をする人ほど知的な成長が早いように思えます。

How? 数学の試験では概念の理解だけでなく「学んだことが使えるかどうか」まで問われます。練習問題や試験問題を「どのように解くのか」をまず理解しましょう。ここまでは多くの学生がやりますが，できればもう一歩進んで，学んだ知識を使って「どのような現実問題を扱うことができるか」「どのように応用すればよいのか」まで考えるようにしましょう。繰返しになりますが，せっかく学んだことを使わないのはもったいないのです。

ノートをとる 最近よくノートをとることの重要性を耳にします。板書をそのまま写すのではなく，重要なことだけを書くようにしたり，自分の言葉で置き換えたり，自分なりの解釈を書き添えたりすることで，脳が活性化され学習効果が高まります。さらに，わかったことよりも，わからないことを記録するほうが大事です。私は何がわからないのか，なぜ納得できないのかなどを赤ペンでメモするようにしています。そうすることで解決すべき問題が明らかになり，それらを一つひとつ解決していくことで自分の理解の深まりを実感できるからです。思いついたアイデアや感じたことなどを書き留めておくのも効果的なようです。

問題を解く 問題を解くことは学んだ知識を確認し，その理解を深めて定着させる有効な手段です。いろいろな問題を解きましょう。テキストには解答が載っている場合が多いですが，なるべく答えを見ずに自分で答えを見つけ

経済学叢書 Introductory 別巻

経済学で使う微分入門

川西 諭

新世社

る努力をしましょう。そうすることで脳が活性化され，理解と記憶と応用力が向上します。

　そして，答えに自信がある場合でも答え合わせをしましょう。人間というのは誰でも自信過剰になりやすいようできています。自信過剰な人は「できたつもりだったのに不合格だった」という不幸な経験を繰り返します。答え合わせをして，自分の欠点を客観的に見つめることも問題演習の重要な役割です。そして，答えが合っていたら，「ヨッシャ」などと心の中で，あるいは声に出して大いに喜びましょう。

　楽しく学んでいいんです　　勉強は苦しいのが当たり前だと思っていませんか？それは間違いです。私は大学を卒業してからもいろいろなことを学んでいます。そして，世界中の偉大な学者たちの素晴らしい知恵や驚くべき発見に触れるたびに，本当に楽しく幸せだと感じています。わかる喜び，できたときの達成感，使えることのありがたさ。これら学んでいるからこそ得られる経験をぜひ楽しんでほしいと思います。楽しく学ぶにもいくつかのコツがあります。

　ほかの人と比べない　　集団の中には，理解の早い人もいれば遅い人もいます。理解が遅い人は「自分はできない人間だ」と思いこんで，数学を学ぶのをやめてしまうことがあります。しかし，早く成長するものがより大きく成長するとは限りません。

　木は草よりも成長が遅いですが，はるかに大きく成長します。ほかの人のことは気にせず，なぜわからないのかを真剣に考えて，一つひとつ疑問を解消していきましょう。そして，一つ疑問が解消されるたびに自分の知的成長を確認し，喜びましょう。たとえ少しでも，自分が成長しているのを実感すると人は嬉しく感じ，また頑張ろう，もっと頑張ろうという気持ちになります。ほかの人ではなく，昨日の自分と比べることが楽しく学ぶためには重要なのです。

　競争ではなく協力しよう　　現代の教育は，競争によって子どもたちのやる気を引き出そうとしていますが，競争には負ける人が必ず出ます。そのような人たちがやる気を失って脱落していくのを私は嫌というほど見てきました。ほかの学校の生徒や外国の人たちと競争するのはよいですが，教室の仲間と競争する必要はありません。学習で困っている仲間や友達がいたら，教えて助けてあげましょう。理解をしていなければ人に教えることはできません。教えること

で自分の理解も深まるのです。そして，わからないときは質問をして助けてもらいましょう。生涯助け合える仲間を見つけることができたら，それほど素晴らしいことはありません。

受け身にならない　人は他人から強制され，何かをさせられるのを嫌います。テレビゲームが大好きな子どもたちでも，「指示されたとおりにプレーしなさい」と強制されたらゲームが嫌いになるでしょう。

勉強をさせられていると思うから楽しくないのです。自分から自発的に学ぶ。問題をパズル感覚で自分なりのやり方で解いてみる。教えてほしい，知りたいという気持ちを前面に押し出して，理解できなかったことを質問する。いろいろと疑問を見つけて先生に聞いてみる。そんな風に積極的に学べたら数学が楽しくなると思いませんか？　学んでいるのは誰ですか？　先生ではありません。あなた自身なのです。あなた中心の学びを自分で作りましょう。

時間を作る　みなさんには大学でやりたいことがたくさんあるでしょう。私も，学生時代はサッカーやギターなどを夢中になってやっていました。やりたいことは大いにやってよいと思います。しかし，ここで紹介した方法で数学を学ぶには時間が必要です。数学に集中できる時間を作ることが大事です。私自身，いつもやりたいことがありすぎて困っていますが，数学を身につけたいときは欲張らずに，両立できそうなものだけを選ぶようにしています。私の場合，学生時代に一番難しかったのは集中できる時間と場所の確保でした。自宅での勉強は，テレビやゲーム，マンガなどの誘惑が多く集中できないため，机に向かっても効率が悪いことがわかりました。そこで，図書館や喫茶店，使っていない教室など，数学書とノートを広げて集中して考えられる場所を見つけて勉強するようにしました。自宅で集中できるよう努力してもよかったのですが，それでも工夫し，より集中して勉強するようにしたことが今の自分につながっているのだと思います。

私は，このように勉強する習慣を身につけ，努力し続けてきた結果，学者として経済学・数学を研究する仕事に就くことができました。今は，数学や経済学を使って，多くの先生方とワクワクするような仕事をできることが本当に幸せです。数学や経済学はゲームやマンガ以上に刺激的で楽しく，しかも学んだことを活かせる喜びがあります。

みなさんが数学と経済学を学ぶことを通じて，同じ幸せを共感できる日が来ることを心より願います。

　2010 年 3 月 　　　　　　　　　　　　　　　　　　　　　　川 西　諭

目　　次

巻頭付録　数学のわかりにくい言葉と記号：つまらないことでつまずかないために ………………………………………………………………… xv

第1章　実数と数列の極限　1

1.1　連続な数：実数 ……………………………………………… 1
1.2　数　列　の　極　限 ……………………………………………… 8
1.3　数列の極限の性質 …………………………………………… 16
■章末問題（22）

第2章　数列の極限の応用　25

2.1　実数の連続性：数列の極限を使った表現 ……………… 26
2.2　無限等比数列の和 …………………………………………… 28
2.3　複利計算と自然対数の底 e ……………………………… 34
■章末問題（41）

第3章　関　　数　44

3.1　関数とは何か？ ……………………………………………… 44
3.2　逆　関　数 …………………………………………………… 51
3.3　連続関数の直感的定義 ……………………………………… 52
3.4　関　数　の　例 ………………………………………………… 54
3.5　合　成　関　数 ………………………………………………… 68
■章末問題（70）

第4章　関数の極限　72

- 4.1　関数の極限と関数の連続性 …………………………………… 72
- 4.2　x が限りなく大きく（小さく）なるときの極限 ……… 76
- 4.3　関数の極限が存在しないケース …………………………… 77
- 4.4　関数の極限の求め方 …………………………………………… 82
- 4.5　連続関数の性質 ………………………………………………… 87
- ■章末問題（91）

第5章　微分係数と導関数　94

- 5.1　はじめに …………………………………………………………… 94
- 5.2　1次関数（直線）と傾きの意味 ……………………………… 96
- 5.3　微分可能性と微分関数 ………………………………………… 99
- 5.4　微分係数 $f'(a)$ の厳密な定義 ………………………………… 103
- 5.5　導関数 $f'(x)$ ……………………………………………………… 111
- ■章末問題（119）

第6章　微分の基本公式　123

- 6.1　導関数の性質 …………………………………………………… 123
- 6.2　基本関数の微分の公式 ………………………………………… 134
- ■章末問題（145）

第7章　合成関数と逆関数の微分　147

- 7.1　合成関数の微分法 ……………………………………………… 147
- 7.2　応用：対数微分法 ……………………………………………… 158
- 7.3　発展：逆関数の微分法（やや高度で利便性は低い）…… 162
- ■章末問題（168）

第8章 高階導関数と関数の多項式近似　170

8.1 高階導関数 …………………………………… 170

8.2 関数の n 次関数近似 …………………………… 176

■章末問題（184）

第9章 1変数最適化の解法　186

9.1 はじめに …………………………………… 187

9.2 1変数最適化問題の解法：増減表を使った解法 …… 187

9.3 応用問題を解く …………………………………… 191

9.4 最適内点解の性質：経済学者がよく使う解法 ………… 196

■章末問題（199）

第10章 ミクロ経済学への応用：企業の利潤最大化問題　201

10.1 完全競争企業の最適雇用問題 …………………… 201

10.2 完全競争企業の最適生産量：費用関数と供給曲線 … 215

10.3 独占企業の最適生産量 …………………………… 218

10.4 企業の利潤最大化問題のまとめ ………………… 223

■章末問題（224）

第11章 多変数の関数とそのグラフ　226

11.1 多変数関数とは …………………………………… 226

11.2 線形関数 …………………………………………… 235

11.3 経済学での例：効用関数と生産関数 …………… 236

■章末問題（242）

第12章 偏微分　244

12.1　偏微分係数：2変数関数の場合 …………………… 244

12.2　偏導関数 …………………… 248

12.3　n 変数関数の偏微分 …………………… 252

■章末問題（253）

第13章 接平面の方程式と全微分　255

13.1　平面の方程式 …………………… 255

13.2　接平面の方程式 …………………… 259

13.3　接平面の意味と応用 …………………… 264

■章末問題（268）

第14章 等高線の傾きと陰関数定理　270

14.1　等高線の傾き …………………… 270

14.2　等高線の傾きの調べ方 …………………… 271

14.3　限界代替率：無差別曲線と等産出量曲線の傾き …… 278

14.4　陰関数定理 …………………… 282

■章末問題（285）

第15章 合成関数の微分と高階偏導関数　286

15.1　合成関数の微分 …………………… 286

15.2　高階偏導関数と Young の定理 …………………… 297

15.3　2変数関数の2次関数近似 …………………… 300

■章末問題（303）

第16章 多変数最適化問題　305

16.1　等号制約条件のない2変数最適化問題 …………… 305

16.2　等号制約条件のある多変数最適化問題 …………… 314

■章末問題（321）

章末問題略解	325
索　　引	332
著 者 略 歴	336

> 巻頭付録
> # 数学のわかりにくい言葉と記号
> ：つまらないことでつまずかないために

　見たことがない記号や聞いたことがない言葉に出会えば，誰だって「わからない」のが当たり前です。数学では記号や専門用語がたくさん登場するので「まったくわからない」と感じる経験はほかの学問よりも多いことでしょう。私自身，学生のとき $\exists x$ という記号の意味がわからなくてパニックになったことがありました。実はこれ，単に「x がある」と言っているにすぎないのです。

　みなさんがつまらないことでつまずかないように，わかりにくい言葉や記号の解説をまとめました。本書で使用するものだけでなく，みなさんが大学で出会う可能性の高いものも紹介しています。今すぐ読む必要はありませんが，大学で数学を学んでいて知らない言葉や記号に出会ったら，ここをのぞいてみてください。ここで解説が見つからない場合はインターネット上のグーグルやヤフーなどの検索サイトで調べましょう。詳しい解説がたくさん見つかるはずです。

　大事なことは，わからない言葉や記号を放っておかないで，なるべく早く正しい意味を確認し理解することです。これも数学学習の成功の秘訣です。

1. わかりにくい言葉

◆**定　　義**（ていぎ：definition）　「義」は「意味」を表します。つまり，言葉や記号の意味を「定」めることを「定義する」と言います。言葉の意味を曖昧にしておくと曖昧な結論しか導けません。厳密に議論することこそが学問の意義ですから，どんな学問分野においても定義は大事です。みなさんも「その言葉の定義は何ですか？」という質問を大学でよく耳にすることになるでしょう。この質問は「その言葉の意味をはっきりさせてください」と要求しているのです。

　数学は厳密に議論することをとくに重要視している学問です。このため，定義の重要性に対する意識もほかの学問よりも強いのです。この傾向は数学のテキストによく見られる次のような記述によく表れています。

> ●**定　　義**
> 　$1/x$ を x の逆数という。

　慣れないと身構えてしまいますが，これはただ「逆数」という言葉の意味を定め

ているにすぎません。

　定義について注意しなければならないのは，定義の仕方は人によって異なることがあるという事実です。たとえば，0が自然数であると考える人とそうでない人がいますが，これは自然数の定義が両者の間で異なるからです。だからといって定義が重要でないと言っているのではありません。むしろその逆で数学の議論を正しく理解するためには，授業や本の中で使われる言葉や記号がどのような意味なのかに注意をしなければならないのです。

　本書では，なるべく経済学で標準的に使われている定義を採用しています（私の思い込みもあるかもしれません。標準的でない定義があればご指摘ください）。

◆**命　題**（めいだい：proposition）　広辞苑などの辞書を引くと，命題（proposition）とは「ある性質を言い表した主張」などと書いてあります。たとえば「東京は広い」のような主張も一般的な意味では命題です。しかし，このような曖昧な主張は証明のしようがないので数学では考察しません。数学では分析対象に関するさまざまな性質を証明していきます。そこで問題となるのは，正しいか，間違っているかのいずれか一方であるような曖昧さのない命題だけです。

　命題が正しいとき「その命題は真である」と言います。逆に間違っているときは「その命題は偽である」と言います。命題の真偽を判定するとは，命題が正しいか間違っているかを明らかにすることを言います。

　以上が数学における命題の意味（定義）です。あとで述べるように，数学者によっては命題を少し狭い意味で使うことがありますので注意しましょう。

◆**定　理**（ていり：theorem）　定理とは「定」まった「理（ことわり）」という意味，すなわち正しいことが証明された命題を意味します。「定義」と発音が似ているので初学者は混同しがちですが，意味が違うので注意が必要です。ここに書かれているのは「定理の定義」です。これを逆にして「定義の定理」としたら，わけがわからなくなってしまいます。

　高度な数学書は分析対象に関して多様な命題を証明していきます。100以上の定理が証明されている数学書も少なくありません。たくさんある定理の中には応用性の高い重要なものもあれば，そうでないものもあります。読者に重要度を伝えるために，定理に「補題」や「系」のような名前をつけることがあります。

◆**補　題**（ほだい：lemma）　重要な定理の証明は，複数の命題の証明から成り

立っていて全体として長くて難解になってしまうことがよくあります。そうした長い証明をメリハリをつけてわかりやすくするために，途中の命題の中でもとくに重要なものを「補題」として前もって証明しておくことがあります。つまり，補題とは定理の中の重要なステップを取り出したものです。補題は大きな定理の証明における中心的，あるいは本質的な部分であるため，数学や経済学の教科書の中に「○○の補題」として長く紹介され続けるものも少なくありません。

◆**系**（けい：corollary）　　ある定理から派生して証明される定理を指します。

　証明された命題のうち重要性，応用性の高いものだけを「定理」と呼び，そうでないものは「命題」と呼んで区別する数学者もいます。経済学でもこの習慣がかなり定着しているようです。ここでの「命題」は証明された主張なので，先に紹介した単なる主張としての「命題」よりも狭い意味になります。このような狭い意味で「命題」を使うのを嫌う数学者もいますが，言葉の定義を統一するのはなかなか難しいようです。

◆**公　　理**（こうり：axiom）　　大学の数学書の冒頭に登場して，多くの学生を混乱に陥れるのがこの「公理」という言葉です。これは分析対象がもつ「もっとも本源的な性質」のようなものです。数学者たちは分析対象に関するいろいろな性質を証明してきました。証明の過程では，常識的に正しいと考えられているような性質が根拠として使われます。厳密に証明するためには，その「常識的に正しい性質」が正しいことも証明しなければなりません。そして，「常識的に正しい性質」を証明する際にも何らかの前提となる根拠があるはずで，完璧を期すならばその根拠が正しいかどうかも証明しなければなりません。このような過程を続けていくと，もはや証明することができないような性質にたどり着きます。それが公理です。公理とは完璧主義的な数学者たちの発見した努力の結晶なのです。

　大学で学ぶ現代数学では，分析対象に関する公理からスタートして次々に新しい性質を証明していきます。このような方法には安心して分析を進められる利点がある一方で，議論がとても抽象的で難解になりがちになる欠点もあります。「高校までは数学が得意だったのに……」という悲劇が起こらないように，本書では公理という言葉はなるべく使わずに高校数学までのアプローチに準拠した説明をするので安心してください。

◆**数学の証明について**　　証明に裏付けられた理論があるからこそ人はロケッ

トに乗って宇宙にだって行けるのです．この意味で証明はとても大事なのですが，多くの学生が証明を苦手として嫌います．実にもったいないことです．確かに証明は簡単ではありません．それは数学者たち自身が一番よく知っています．しかし，彼らは証明を嫌ったりしません．証明の重要性を知り，そこに隠された先人たちの偉大な知恵に敬意を払っているからです．

　証明が好きになり得意になるには，まずは証明の重要性を理解し，そして多くの素晴らしい証明に触れることから始めるのがよいでしょう．証明の得意不得意は生まれつきの独創性や論理的な思考力によって決まっていると考えている人が多いようですが，これは正しくありません．

　まず，少なくとも高校レベルの数学の証明では独創性はほとんど必要ありません．教科書や試験問題にある証明は数えきれないほどありますが，それらの中で使われている証明の論理は数えるほどしかありません．証明の得意な人は，証明でよく使われる重要な論理をちゃんと理解して，それを必要に応じて繰返し使っているだけです．独自の論理を考え出す必要はありません．そんなことをすると，かえって数学の先生に嫌われてしまうかもしれません．

　確かに論理的な思考力は証明に必要ですが，それも重要な論理を理解し，使えるように訓練すれば鍛えられると思います．ピアニストやサッカー選手が日々の訓練によって素人には真似のできない芸当ができるようになるように，数学の証明力も正しい方法で努力すれば必ず身につくと私は信じています．みなさんも自分を信じて証明を楽しみながら証明する力を身につけてください．

　ここでは大学の数学でも使われる証明の論理を紹介しましょう．

背理法：ある主張が成り立たないと仮定して，その仮定では矛盾が生じることを示すことで，その主張が正しいことを証明する方法です．たとえば「A でない」と仮定し，それが矛盾を生むということは「A でない」という主張が間違っていることを意味しますから，「「A でない」でない」ということで「A である」と言えるわけです．背理法による証明の代表例が p.24 にあります．背理法による証明には「えっ，そんなことも証明できるの！」と驚かされることがよくあります．

帰納法：「ある自然数 n について命題が成立すること」と「n 以上の自然数 k について命題が成立するならば，$k+1$ についても命題が成立すること」を示すことによって，命題が n 以上のすべての自然数について成立することを証明する方法です．

　数学的帰納法とも呼ばれます．数学的帰納法は，一般の帰納法とは違います．一般の帰納法とは，観察された結果や事実から，一般的な法則や原因を見出そうとする推論の方法です．たとえば，めったに着ない赤い服を着て出かけたときに怪我を

するということが 3 回も続くと，人は「赤い服を着ると怪我をしやすい」という推論をしがちです。このように観察結果から法則を見出そうとする推論の仕方が一般的な帰納法なのです。

　一般的な帰納的推論の問題点は厳密さに欠けることです。反例をたまたま観察していないために間違った推論をしている危険があるのです。数学は本来そのような曖昧さの残る推論を認めず，誰もが認める前提（公理）からスタートして，そこから確実に導かれる性質を明らかにする推論の方法をとってきました。これが演繹法です。

　そういう数学の世界において唯一許された帰納法が数学的帰納法です。個別のケースで命題が成り立つことから，すべてのケースでも命題が成り立つことを論証するという意味で，この方法は数学の世界では帰納法と呼ばれていますが，一般の帰納的推論とは異なり，反例を許さない厳密な証明になっている点が重要です。

ε−N 論法（イプシロン—エヌろんぽう）：数列の極限を厳密に表現する論理でもあり，それを証明する論理でもあります（詳しくは p.12 参照）。

ε−δ 論法（イプシロン—デルタろんぽう）：関数の極限を厳密に表現する論理でもあり，それを証明する論理でもあります（詳しくは p.81 参照）。

◆**数列の収束と極限**　　n を限りなく大きくするとき数列 $\{a_n\}$ の値が限りなくある値 α に近づくならば「数列 $\{a_n\}$ は α に収束する」と言い，α を数列 $\{a_n\}$ の極限と言います（詳しくは第 1 章参照）。

◆**関数の収束と極限**　　独立変数 x の値をどのように a に近づけても関数 $f(x)$ の値がある値 α に限りなく近づくならば，「x が a に近づくとき関数 $f(x)$ の値は α に収束する」と言い，α を「x が a に近づくときの関数 $f(x)$ の極限」と言います（詳しくは第 4 章参照）。

◆**級　　数**　　数列の初項から第 n 項までの和を有限級数と言います。無限に続く数列のすべての項の和を無限級数と言います。本書では級数という表現はあえて使わないことにしました。

◆**関数と方程式**　　微分法を学ぶ上で関数と方程式の意味の違いは重要です。詳しくは第 3 章を見てください。

◆**ε 近 傍**（イプシロンきんぼう）　　ある実数 a との差の絶対値（＝数直線上の

a との距離）が ε 未満の実数の集合を a の ε 近傍と言います。

◆**稠　密　性**（ちゅうみつせい）　　数の集合に関する性質で，どんなに小さい区間をとってもその小さい区間の中に無限の数が含まれるとき，その数の集合は稠密であると言います（詳しくは第 1 章参照）。

◆**数 の 連 続 性**　　数の集合に隙間（欠損）がないこと。完備性とも言います。上の稠密性との違いに注意してください。ちなみに，有理数は稠密だが連続ではありません（詳しくは第 1 章参照）。下の関数の連続性とも混同しないように注意しましょう。

◆**関 数 の 連 続 性**　　独立変数の値が数直線上を連続的に変化するとき，関数の値も連続的に変化すること。グラフが断裂せずにつながっていること（詳しくは第 4 章参照）。

◆**可算無限と非可算無限**　　整数全体の集合には無限個の要素があります。0 以上 1 以下の実数の集合にも無限個の要素があります。どちらも要素の個数に「限りがない」のですが，両者には重要な違いがあります。整数のすべての要素には次のように 1，2，3，4，5，… と番号を振ることができます。

整数の要素	…	-3	-2	-1	0	1	2	3	…
番　　号	…	7	5	3	1	2	4	6	…

このように集合のすべての要素に番号が振れるときは，可算無限（可付番）集合であると言います。これに対して，ドイツの数学者カントールは「0 以上 1 以下の実数の集合」の全要素には番号を振ることができないことを明らかにしました。可算無限と区別してこのような無限集合を非可算無限（非可付番）集合と言います。英語で数えられない名詞を不可算名詞と呼ぶので，数学でも不可算という言い方をする人もいますが，日本人数学者は「不可算」ではなく「非可算」という人が多いようです（英語はどちらも uncountable です）。

2. わかりにくい文字と記号

◆**ギリシャ文字**　　大学の経済学や統計学の本を読んでいると頻繁にギリシャ文字が登場します。読み方がわからないというだけなのに不思議と「難しい」と感じてしまいます。ギリシャ文字が出てきたら次の表で読み方を確認しましょう。

■ギリシャ文字一覧

Name	読み	大	小	Name	読み	大	小
Alpha	アルファ	A	α	Nu	ニュー	N	ν
Beta	ベータ	B	β	Xi	グザイ	Ξ	ξ
Gamma	ガンマ	Γ	γ	Omicron	オミクロン	O	o
Delta	デルタ	Δ	δ	Pi	パイ	Π	π
Epsilon	イプシロン	E	ε	Rho	ロー	P	ρ
Zeta	ゼータ	Z	ζ	Sigma	シグマ	Σ	σ
Eta	イータ	H	η	Tau	タウ	T	τ
Theta	シータ	Θ	θ	Upsilon	ウプシロン	Υ	υ
Iota	イオタ	I	ι	Phi	ファイ	Φ	ϕ
Kappa	カッパ	K	κ	Chi	カイ	X	χ
Lambda	ラムダ	Λ	λ	Psi	プサイ	Ψ	ψ
Mu	ミュー	M	μ	Omega	オメガ	Ω	ω

巻頭付録

◆**特別な数字**　数学では，次のアルファベットとギリシャ文字は特別な数字を意味します。これらの文字を変数として使うと誤解を生む危険があるので気をつけましょう。

π	おなじみの円周率。$\pi = 3.141592\cdots$
e	自然対数の底と呼ばれる無理数（詳しくはp.38参照）。$e = 2.7182818\cdots$
i	$i^2 = -1$の解で虚数単位と呼ばれる。本書では扱わない。

◆**論理記号**　経済学の本を読んでいて $\exists x \in \mathbf{R}$ や $\forall x \in [0,1)$ のような記号が出てくるとパニックになってしまいますが，実はそれほど難しくありません。経済学では次の3つだけわかっていれば安心でしょう。

$\exists x$	「xがある（存在する）」という意味。Existの頭文字に由来。 例：$\exists x \mid x^2 < 1$ は「条件$x^2 < 1$を満たすxが存在する」という意味。
$\forall x$	「どんなxに対しても」という意味。Anyの頭文字に由来。 例：$\forall x \mid x^2 \geq 0$ は「すべてのxに対して条件$x^2 \geq 0$が成り立つ」。
$x \in A$	「変数xが集合Aに属する」という意味。議論している変数がどのような変数であるのかを明確にするのによく使われます。たとえば，$x \in R$は「xが集合Rに属する」という意味ですが，下記にあるようにRが「すべての実数の集合」を意味しているので，これで「xは実数である」という意味になります。

◆**集合を表す記号**　集合論は現代数学の基礎になっており，経済学でもよく登場します。集合のもっとも簡単な表現は $\{0, 1, 2, 4, 8\}$ のように列挙する方法です。しかし，列挙できない場合も多く，その場合下記のような表現を使います。

$\{x \mid \cdots\}$	「…という条件を満たすxの集合」という意味。 例：$\{x \mid x^2=4\}$ は「2乗が4になる数の集合」。つまり$\{2, -2\}$。

数の集合を表す記号：集合は以下のように表記します。

N	すべての自然数の集合	R	すべての実数の集合
Z	すべての整数の集合	R^+	すべての非負の実数の集合
Q	すべての有理数の集合	R^{++}	すべての正の実数の集合

区間の表現：数直線上の区間を次のようにカッコを使って略記します。

略した表記	丁寧な表記	意味
(a,b)	$\{x \in R \mid a < x < b\}$	ab間の全実数（端点を含まない）
$[a,b]$	$\{x \in R \mid a \leq x \leq b\}$	ab間の全実数（端点を含む）
$[a,\infty)$	$\{x \in R \mid a < x\}$	a以上の全実数（端点を含まない）
$(-\infty,b)$	$\{x \in R \mid x < b\}$	b未満の全実数（端点を含まない）

例：$x \in [a,b)$　「xはa以上b未満の実数」という意味。

◆**数列の表現**　数列は可算無限の数の集合なので $\{1, 3, 5, 7, 9, \cdots\}$ のように列挙することもあれば，$\{a_n\}_{k=1, 2, 3\cdots}$ あるいは単に $\{a_n\}$ と記すことで数列を表現します。ここで a_n は問題となっている数列の第 n 項で，一般項とも呼ばれます。一般項がわかっている場合，たとえば $a_n = 2n-1$ ならば，$\{2k-1\}_{k=1, 2, 3\cdots}$ のように表現します。数列に関連する記号としては次の3つ（とくに上の2つ）は重要です。

$\lim_{n \to \infty} a_n$	無限数列$\{a_n\}$の極限。
$\sum_{k=1}^{n} a_k$	数列$\{a_n\}$の初項から第n項までの和。つまり， $= a_1 + a_2 + \cdots + a_n$
$\prod_{k=1}^{n} a_k$	数列$\{a_n\}$の初項から第n項までの積。つまり， $= a_1 \times a_2 \times \cdots \times a_n$

◆**指数と対数の表現**　銀行の実務などでは10を底とする指数（例：$10^4 = 1$万）

や対数（例：$\log_{10} 7$）がよく使われますが，微積分の議論では無理数 e （およそ 2.718）を底とする指数と対数がもっとも重要です。e を底とする指数と対数には次のような特別な記号が使われることがあります。後者は本書でも使用します。

exp(a)	これは e^a のことです。べき数 a が複雑になるときによく使います。
ln a	これは $\log_e x$ のことです。

◆**関 数 の 表 現**　　関数の表現をまとめました。

$y = f(x)$	この式は「変数 y が変数 x の関数である」ことを示しています。f は関数の名前です。
$y = g(x_1, x_2)$	この式は「変数 y が2つの変数 x_1 と x_2 の関数である」ことを示しています。g は関数の名前です。
$\lim_{x \to a} f(x)$	x の値が限りなく値 a に近づくときの関数 $f(x)$ の極限を表します。
$f'(x)$	関数 $y = f(x)$ の導関数を表します。次のようにも書きます。$\dfrac{df(x)}{dx}$　$\dfrac{d}{dx}f(x)$　y'　$\dfrac{dy}{dx}$
$\dfrac{\partial f(x_1, x_2)}{\partial x_1}$	関数 $y = f(x_1, x_2)$ の x_1 に関する偏導関数を表します。次のようにも書きます。$\dfrac{\partial f(x_1, x_2)}{\partial x_1}$　$\dfrac{\partial}{\partial x_1}f(x_1, x_2)$　$\dfrac{\partial y}{\partial x_1}$　$f_1(x_1, x_2)$　$f_{x_1}(x_1, x_2)$
max(x_1, x_2)	x_1 と x_2 のうち大きいほうの値。たとえば max(3,7) = 7。より一般に集合 A に対して max$A$ は集合 A の要素の最大値を意味します。
min(x_1, x_2)	x_1 と x_2 のうち小さいほうの値。たとえば min(3,7) = 3。より一般に集合 A に対して min$A$ は集合 A の要素の最小値を意味します。

◆**そ の 他**　　大学の教科書でちょっと気になるものをあげてみました。

$a \geqq b$	「a は b より大きいか，等しい」という意味です。日本では $\geqq$ や $\leqq$ が使われますが，英語圏では一本線の $\geq$ や $\leq$ を使います。同じ意味ですので心配ありません。
$\binom{n}{k}$	これは確率統計に登場する組合せ ${}_nC_k$ のことです。大学数学ではこれを二項係数と呼びます。
s.t.	経済学の最適化問題で制約条件を示すのに使う記号です。"such that" あるいは "subject to" の略とされ，いずれにしても「この記号のあとの条件の下で」と解釈します。

第1章

実数と数列の極限

本章の目的
- 実数の性質を理解する。
- 数列の極限の考え方を理解する。

　円の面積の公式「半径×半径×円周率」の証明を知っていますか？昔の数学者は円に内接する正多角形を考えました。正多角形の角の数を増やしていくと，正多角形の面積は円の面積に限りなく近づいていきます。こうして正多角形の面積の「極限」として，円の面積の公式を発見したと言われています。

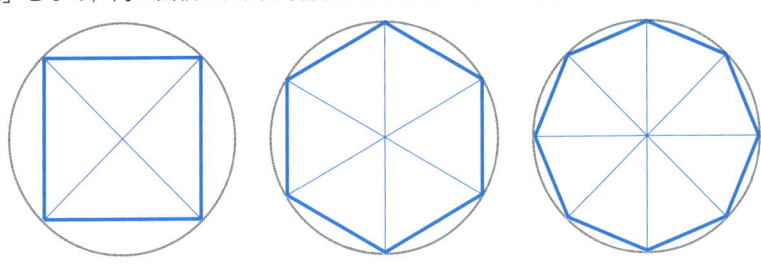

1.1　連続な数
：実　数

　微分法は，連続的に変化する複数の変数間の関係を分析する学問であるため，連続な値をとる実数がその主役となります。ここでは整数や有理数などと実数の違いに注目することで，実数とは何かを明らかにしていきます。

いまさら「数」の性質なんて……と軽く考えがちですが，実は多くの人が数の性質に対して間違ったイメージをもっています。このような間違ったイメージが混乱や挫折の一因になることがしばしばあります。自分の理解が正しいかどうかを確認してみましょう。

▶ 自然数・実数・有理数

高校までの数学で，すでにみなさんは，いろいろな数の概念を学んできているはずです。それらをざっと復習しましょう。

みなさんが最初に出会う数，それは**自然数**（natural number）です。自然数は正の整数で，1, 2, 3, 4, 5, 6, … という数字です。物の個数を数えたり，順番を与えたりするときなど，自然数は日常的にもっとも頻繁に使われます。それは数学，そして経済学においても同じです。

自然数が物の個数を数えるのに使われるのに対し，**実数**（real number）は，長さ，大きさ，重さなど連続的な値を表現するのに使われます。数直線上の各点が一つの実数に対応します。微分法では連続的な数の変化を考えるので，実数がその主役になります。

高校数学で，実数が有理数と無理数とに分けられることは教わりましたね。それでは，**有理数**（rational number）とは次の A，B のうちどちらでしょうか。

> A：分数 m/n という形で表現できる数（m と n は整数）
> B：有限小数または循環小数となる数

注：有限小数とは，有限桁の数字で表現できる小数，循環小数とは，同じ形の数字の並びが無限に繰り返される小数のことを指します。

例：有限小数 0.91　　循環小数 0.341341341341341…

学校ではどのように習いましたか？ A と習った人も B と習った人もいるでしょう。rational という言葉が意味しているように**整数の比**（ratio）で表せる数，すなわち A が有理数のもともとの定義です。しかし，実は A と B は同じものなのです。つまり，整数の比で表せる数は，必ず有限小数または循環小数となります。逆に，有限小数も循環小数も整数の比として表すことができるのです。

> **例題 1.1**
>
> AとBが同じものであることを証明してみよう。
> (思考力を鍛えるために証明を見る前に最低でも 10 分ぐらいはジックリと落ち着いて考えてみましょう。)

(ヒント：AとBが同じであることの証明は，「AならばBである」と「BならばAである」の両方を証明すればよいのです。)

> **証明**

「BならばAである」は，次章で証明します。ここでは「AならばBである」を例を使って証明します。

まず適当な 2 つの整数をとります。たとえば 1287 と 352 としましょう。ここで 1287/352 が有限小数または循環小数になるかどうかを調べるために，小学校で習った筆算で，分数を小数に直してみましょう。

$$
\begin{array}{r}
3.65\cdots \\
352\overline{)1287} \\
1056 \\
\hline
2310 \\
2112 \\
\hline
1980 \\
1760 \\
\hline
220 \\
\vdots
\end{array}
$$

最初に立つ商は 3 ですね。商 3 を立てると，231 余ります。より正確な小数で表すためには，この余り $231 \times 10 = 2310$ をさらに 352 で割らなければなりません。2310 を 352 で割ると次の商は 6 となり，次の余りは 198 となります。余りが出たのでさらに，$198 \times 10 = 1980$ を 352 で割ると，商が 5 になって 220 余る …… とこのような計算を余りが出る限り繰り返していきます。

さて，この過程を続けていって，いずれ余りが出なくなれば，分数は有限小数で表現されます。

もちろん，いつまでも余りが出続ける場合があります。このとき，次の 2 つの事実に注目してください。

(1) 352 で割るのだから余り（上の例では 231, 198, 220）は 351 以下の自然数である。だから，ありうる余りは最大で 351 通りしかない。
(2) 同じ数字を 352 で割ったら，余りで出る数字も同じものになる。

したがって，いつまでも割りきれないとしても，あと 351 回やれば必ず一度出た余

りが再登場するはずです。再登場した余りのあとは，また同じ順番で同じ余りが再登場し続けるでしょう。したがって，割りきれない場合はかならず循環小数になるのです。

この例では 1287 と 352 を例として使いましたが，どのような整数の組でも同じことが言えるので，どの整数の比も必ず有限または循環小数で表すことができるのです。

「B ならば A である」の証明は，次章 2.2 節のステップアップ（p.32）を見てください。

(とりあえず証明終わり)

▶ ぎっしり詰まった数の集まり：稠密性

有理数と無理数を合わせたものが実数ですが，有理数も無理数も実数もすべて **稠密性**（density）という共通の性質をもっています。簡単に言うと，この性質は数の集まりがぎっしり密集して詰まっていることなのですが，もっとも身近な有理数を使ってこの性質を詳しく説明しましょう。

有理数の稠密性

私たちは物の長さや重さをなるべく正確に計測したいとき，有限小数，つまり有理数を使います。より正確に計測したければ必要に応じて，小数点以下の桁数を多くします。理論上は小数点以下の桁数を多くしていけば正確な数値に限りなく近づけることができます。「限りなく近づけることができる」というのは，「もうこれ以上近づけることはできない」というような限界がないということです。このことを念頭に置いて次の問題を考えてみましょう。

> **例題 1.2**
> (1) $n < 10$ を満たす自然数 n の中で最大のものは何でしょう？
> (2) $x < 10$ を満たす有理数 x の中で最大のものは何でしょう？

(1) の答えは 9 です。(2) の答えはどうでしょう？ 10 より小さい有理数はたくさんあります。数には大小関係が明確にあるわけですから，そのような有理数の中で一番大きいものは当然あるような気がしてなりません。しかし，

その直感とは裏腹に最大の数は存在しないのです。鋭い読者なら (2) の答えは 9.999… だろうと思うかもしれません。確かに，これは循環小数ですから有理数です。そして，一見すると 10 より小さいように見えますが，残念ながら，9.999… と 10 は同じ数なのです（第 2 章例題 2.1 で証明します）。同じ数ですから循環小数 9.999… は (2) の答えにはなりません。

(2) の答えが存在しないことを背理法で証明してみましょう。(2) の答えを x とします（たとえば $x = 9.9999999999$ など）。$x < 10$ ですから，x と 10 との間には $10 - x$ というプラス幅をもった間隔があります。x が有理数なので，x と 10 のちょうど中間にある数 $(x + 10)/2$ も有理数です（理由がわかりますか？）。これは x が「$x < 10$ を満たす有理数 x の中で最大のものである」ことに矛盾しますね。よって，(2) の答えは存在しないのです。

このように，数直線上のどんな短い区間をとってもその中に必ず有理数を見つけることができます。まさに，どんなに短い区間の中にもぎっしりと有理数が詰まっているのです。この「どんな短い区間の中にも無数に存在する」という性質こそが稠密性と呼ばれる性質なのです。

無理数の発見

有理数の稠密性を考えれば「有理数でない数」があるなんて想像がつかないでしょう。誰だって無理数を習う前はそう思っていたはずです。

そんな無理数の存在が発見されたのは，なんと今から 2500 年以上も昔です。三平方の定理で知られるピタゴラスは，一辺の長さが 1 であるような正方形の対角線の長さ（2 の平方根）が有理数でないことを知っていたとされています。

ピタゴラスはどうやってそれを知ったのでしょう。小数の掛け算ができれば，2 乗して 2 になる数を近似的に求めることはできます。ひょっとしたら，1.41421356 ぐらいまでは計算をしたのかもしれません。しかし，このような近似計算が永遠に終わらないことをどのようにして証明したのでしょう。小数点以下 1 億桁まで計算したとしても，永遠に終わらないことの証明にはなりません。

実は，先ほど使った背理法で証明ができます。すなわち，有理数の定義 A に従って 2 の平方根が整数の比で表せないことを示せばよいのです。これは

とても面白い証明なので，是非挑戦してみてください。

> **問題**
>
> 2の平方根が有理数でないことを証明せよ。
> （解答は章末に掲載されています。）

同じ方法で3，5，6，7，8の平方根も有理数でないことが証明できます。こうして見つかった有理数でない数が無理数（irrational number）です。"irrational" という言葉は「整数の比（ratio）で表すことができない＝有理数でない」ことを意味します。直線上にぎっしり隙間なく詰まっているように思えた有理数ですが，実は隙間がたくさんあって，その隙間を埋めているのが無理数なのです。有限小数か循環小数になれば有理数ですから，無理数はそうでない数，すなわち循環しない無限小数になる数です。

あなたの知らない数の世界

われわれが扱う実数は有理数を含むので，当然，稠密性をもちます。そして無理数も稠密性をもちます。どんなに短い区間をとってもその中には無数の無理数が存在します。それでは，ある区間に存在する有理数の数と無理数の数を比べるとどちらが多いでしょうか。次の中から選んでください。

①有理数が圧倒的に多い　②有理数がやや多い　③ほぼ同数　④無理数がやや多い　⑤無理数が圧倒的に多い

われわれにとっては有理数のほうが身近な数なので，①または②を回答する人が多いのですが，実は反対で，⑤無理数が圧倒的に多い，が正解です。圧倒的とはどのような意味かというと，たとえば0より大きく1より小さい数の中から一つの数をランダムに選んだら，何と100％の確率で無理数だというのです。私もこれを知ったときは正直驚きました。

しかし，これは次のように考えれば納得できます。「0より大きく，1より小さい数字」は，0.2314のように，「0.」で始まる小数で表されます。0から9までの数字が書かれたボールを箱の中からランダムに取り出し，そのボー

ルに書かれた数字を小数第1位の数とします。たとえば，最初のボールが7なら，0.7から始まる数になります。ボールを箱に戻し，再びランダムに取り出したボールに書かれた数字を小数第2位とします。このように，小数点以下の数字を次々に決めていきます。

　この無限のプロセスには終わりがありませんので実際に試すことはできませんが，理屈の上ではこの方法で「0より大きく，1より小さい数字」の中から一つの実数をランダムに選ぶことができます。この方法で0より大きく1より小さい数字を一つ決めるとき，それが有理数になるとはどういうことかを考えてみましょう。

　有限小数になるためには，あるところから0が永遠に出続けなければなりません。循環小数も同じで，あるところからある数字が規則的に永遠に出続ける場合にのみ循環小数になるのです。ボールがこのような規則性をもって出続けるなんてありえませんね。だから確率がゼロと言わざるをえないのです。選んだ数が有理数であることは，サイコロを振って6が100回続けて出るよりもはるかに難しいことなのです。

❖コラム　円周率はおよそ3？

　われわれ人間にとって無理数というのは厄介な存在です。私たちは正確な数字を小数で表現しようとしますが，無理数は循環しない無限小数になります。無限ですから，正確な数字を書き表すことは不可能です。正方形の対角線も円の面積も近似的にしか求められないのです。コンピュータの性能が上がり，表計算ソフトなどでは小数点以下30桁ぐらいまで正確に計算してくれますが，見方を変えればたかだか30桁しか計算してくれないのです。

　随分昔のことですが，円周率を小数点以下100桁（ぐらい？）覚えた小学生を紹介するテレビ番組をやっていました。その子供が円周率とは何かを知っているのか疑問ですし，かりに知っていたとしても100桁まで覚えることに何の意味があるのか私にはまったく理解できません。たとえ100桁まで正確に覚えたとしても，それは近似値にすぎないのです。まして，暗記している必要はまったくありません。そんな不完全なものを覚えるぐらいなら，家族や友達の誕生日を覚えるほうがよほど意味のあることだと思います。

　これとは反対に，かつて「ゆとり教育」に関する議論の中で「円周率はおよそ3」と小学生に教えるべきかどうかが話題になりました。私は，小学生が円周率の意味をちゃんと理解して，それが3.141592…という無理数であること

を理解できたなら，「およそ3」であると暗記させるのもそれほど悪いことではないと思います。たとえば「3メートルの針金で円を作ったら直径が大体1メートルになる」と簡単に予想できるのはとても素晴らしいことだと思います。もちろん，およそ3.14と覚えていれば手計算で誤差1％未満の近似値を計算することができます。しかし，3.1や3.142ではなく，3.14がよいという根拠は希薄です。みなさんはどう思いますか？

▶実数に隙間はない：連続性

　実数とは有理数の隙間を無理数で埋めたすべての数です。そのため実数には隙間がありません。この実数だけがもつ性質を実数の連続性または完備性と言います。連続とは「切れ間なくつながっている」という意味で，一方，完備とは文字通り「隙間なく完全に備わっている」という意味で，要は実数には「切れ間」や「隙間」のような穴がないということです。実数のこの性質は，実数に関するさまざまな証明で頻繁に使われる非常に重要なものです。

　とても重要な性質なのですが，このままでは曖昧で証明で使うには不便です。このため，数学では「数列の極限」を使って連続性を厳密に表現します。これについては次章で詳しく説明します。本章の後半ではその準備も兼ねて「数列の極限」を学びます。

1.2　数列の極限

▶数列の極限とは

　微分および積分という概念は「極限をとる」という考え方から生まれました。残念ながらこの「極限」という概念が多くの学生にとって高いハードルとなっているようです。本書では「数列の極限」と「関数の極限」を扱いますが，前者が後者の基礎となっています。ここでは，しっかりと「数列の極限」の考え方を理解しておきましょう。

　高校ですでに学んだように，数列とは順番に並んだ数の列のことです。ここでは無限数列，つまり，終わりのない数の列を考えます。

例として，重さが1kgのチーズをn等分することを考えましょう。nを1, 2, 3, … と一つずつ大きくしていくと，

  1, 1/2, 1/3, 1/4, …

という数列が得られます。この数列の第n項は$1/n$です。

さて，nが大きくなればなるほど，つまり細かく切れば切るほど，一切れの重さは軽くなります。現実問題として，いくらでも細かく，かつ正確に等分することなど不可能なのですが，かりにそれが可能だとしましょう。この数列は，nが大きくなるにつれて，値が0に近づいていきます。どんなに大きいnをとってもチーズがなくなってしまうことはないので重さは0にはなりませんし，「もうこれ以上0に近づけることはできない」という限界もありません。この意味でこの数列は「限りなく0に近づいていく」と言えます。

このように無限数列がある値に限りなく近づいていくことを，数学では「収束する」と言い，その収束先を「数列の極限」と言います。やや直感的に定義すると次のようになります。

> ●**数列の収束と極限の定義**
>
>   数列$\{a_n\}$に関して，nを限りなく大きくするとき，a_nの値がある数α（アルファ）に限りなく近づくならば，「数列$\{a_n\}$はαに収束する」と言い，αを数列$\{a_n\}$の極限値と言う。このことを記号で
> $$\lim_{n \to \infty} a_n = \alpha$$
> と表記する。

この定義に従うとチーズの数列は収束し，極限値は0です。記号を使って表現すると，

$$\lim_{n \to \infty} \frac{1}{n} = 0 \tag{1.1}$$

となります。

▶ 数列の収束のより正確な意味

収束を「数列の値がある数に限りなく近づく」こととしましたが，この定義は若干曖昧です。$1/n$ のように極限値に少しずつ近づいていく場合の判定は簡単ですが，この定義だけではすぐには判定できないようなものもあります。たとえば，次の3つの数列は収束すると言ってよいでしょうか。

数列①：常に値が1である数列。

$\quad$ 1, 1, 1, 1, 1, 1, …

数列②：n が奇数のときは1，n が偶数のときは $1/n$ である数列

$\quad$ 1, 1/2, 1, 1/4, 1, 1/6, …

数列③：n が奇数のときは $2/n$，偶数のときは $1/n$ である数列

$\quad$ 2, 1/2, 2/3, 1/4, 2/5, 1/6, 2/7, 1/8, …

数列①は，1に「近づく」という動きを示しませんが，1に収束すると言ってよいのでしょうか。数列②は，0に近づいたり離れたりを繰り返します。近づいたとき（n が偶数のとき）だけに注目すれば，n が大きくなればなるほど限りなく0に近づいていると言えます。これは収束すると言ってよいのでしょうか。数列③も，値が0から近づいたり離れたりを繰り返します。これはどうなのでしょうか。

上の定義だけでは判定が難しいですね。加えて，ある数列の収束を判定したり証明したりするときに「いったい何を示せばよいのかがわからない」という問題もあります。これらの問題を解消するためには，先ほどの定義では不十分で，収束をもっと厳密に定義する必要性が出てきます。より高いレベルの数学を目指す読者には是非知ってほしい知識ですので，ここでは少し詳しく説明します。

まず「極限値 α の近く」を厳密に言い換えます。α との差が ε 未満であるような数の範囲を α の **ε 近傍** と呼ぶことにします（ε：イプシロンは任意の正の実数です）。

■図1-1　ε近傍のイメージ図

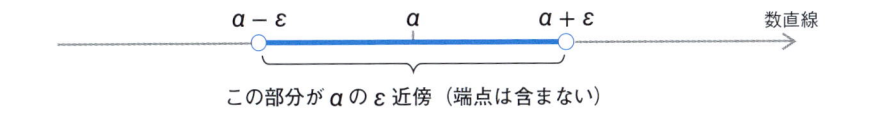

```
           α−ε        α        α+ε            数直線
    ────────○─────────┼─────────○────────────▶
             ⎵_____⎵
             この部分がαのε近傍（端点は含まない）
```

　このαのε近傍が「αの近く」です（図1-1）。どれぐらい近いかはεの値のとり方によりますが，日常的にも「近い」というのは感覚の問題で，1kmを近いと感じる場合もあれば，1mmでも遠いと感じる状況もあるでしょう。このため，単に「近く」と言う場合にεの大きさはとくに定めません。もちろん，数列$\{a_n\}$がαに収束するというのは「限りなくαに近づく」ことですから，εの大きさも限りなく小さくならなければなりません。数学ではこのε近傍を使って，数列の収束を次のように厳密に定義します。

> ● 数列の収束と極限のより厳密な定義
> 　どんなに小さいεをとったとしても，数列の値a_nがいずれαのε近傍から外に出なくなるとき，数列$\{a_n\}$はαに収束するという。

　つまり，数列が「収束」するというのは，数列の値が「極限値のε近傍からいずれ外に出なくなる」ことを意味するのです。この定義に従って，3つの数列の収束を判定してみましょう。
　数列①は常に1という値をとっていて「1に近づく」という動きはしませんが，1のどんなに小さいε近傍をとってもそこから外に出ることはありませんので，より厳密な定義によって数列①は1に「収束する」と判定されます。
　数列②は0に近づいたり離れたりを繰り返します。接近時の0からの距離は限りなく短くなり，この意味では「0に限りなく近づいている」と言えますが，だからといってこれを収束とは言わないのです。なぜなら，十分に小さいε近傍をとると，1回ごとに0のε近傍から外に出てしまいます。1のε近傍からもやはり1回ごとに外に出てしまうので，1に収束するとも言えま

せん。このため，数列②では定義を満たすような α を見つけることができないので「収束しない」と判定されます。

一方，数列③は 0 に近づいたり離れたりを繰り返しますが，その移動範囲は徐々に小さくなり，0 のどんなに小さい ε 近傍からも外に出ることがなくなります（確認してみましょう）。ですから，数列③は 0 に「収束する」と判定されるのです。

これらの例からわかるように，数列の収束は，必ずしもチーズの例のように数列が単調にある値に近づいていくことを意味しません。寄り道をしてもよいですし，逆に収束先の値にずっと止まっていてもよいのです。「収束」は「束（たば）に収まる」と書きますが，まさに「どんなに小さい ε 近傍という束の中にもいつかは収まってしまう」，これこそが収束の本当の意味なのです。

ステップアップ　数列の収束の証明方法

高度な数学を学んでいくと，数列の収束を証明する必要性にときどき出くわします。そのようなときは，どうやって数列の収束を証明すればよいでしょうか？ ここでは数学者がよく使う ε–N 論法 を紹介します。

証明のポイントは数列の値が「ある値の ε 近傍からいずれ外に出なくなる」ことをいかに示すかです。ε–N 論法ではこれを次のような手順で示します。

まず，ε をある正の数値に固定します。この数値は非常に小さい正の数だと思ってください。「いずれは外に出なくなる」ということは，「第 N 項以降は数列の値が収束先の ε 近傍の外に出なくなる」と言い換えることができます。つまり，そのような N を実際に見つけることができれば，収束が証明できたことになるわけです。

一般に条件を満たす N の値は ε の値によって異なります。ε が小さければ小さいほど，条件を満たす N も一般に大きな値でなければならないでしょう。収束を証明するには，正の数 ε がどれほど小さい値であっても，その ε の値に応じて条件を満たす N を見つけられることを示せばよいのです。次の例題 1.3 を見てみましょう。

例題 1.3

数列 $\{1/n\}$ が 0 に収束することを証明しよう。

証明

まず正の数 ε を固定します。ここで ε は非常に小さい数だとします。これを小数を使って表現したら，$0.0000\cdots$ と小数点以下に 0 がたくさん並ぶはずです。しかし，ε は正の数なのでどこかで 0 でない数が表れるはずです。0 でない数が小数第 M 位にはじめて登場するとしましょう。すると，

$$\frac{1}{10^{M+1}} < \varepsilon$$

が成り立ちます。左辺は小数第 $M+1$ 位にはじめて 0 でない数字 1 が登場する数ですから，右辺 ε より小さいのです。したがって，この 10^{M+1} より大きいすべての n に対して，

$$0 < \frac{1}{n} < 0 + \varepsilon$$

が成り立ちます。この式は「第 10^{M+1} 項以降は，数列の値が 0 の ε 近傍の外に出ない」ことを意味します。ε はどれほど小さい値でもよいので，定義によりこの数列は 0 に収束すると言えます。

（証明終わり）

この証明における 10^{M+1} が上の説明中の N にあたります。証明でもっとも重要なポイントはどんなに小さい ε でも必ずこの数 10^{M+1} を見つけることができるという事実です。そのような数を見つけられるという事実を証明することが，収束することの証明になるわけです。

初学者にありがちな間違いは，ε を固定しないで「どのような ε に対しても条件を満たすような N」を探そうとしてしまうことです。通常それは不可能です。この例題 1.3 でも ε を固定したからこそ，それに対応した M（0 でない数字が現れるもっとも大きい位）の存在と 10^{M+1} の存在が示せるのです。ε の値が変化したら，M も変わってしまいますから，どんな ε に対しても条件を満たす N を見つけることは不可能なのです。

はじめのうちは ε の値を 0.1 など具体的に定めて，条件を満たす N を見つける練習をするとよいでしょう。それができたら，任意の ε に対して N の存

在を証明する方法を習得していきましょう（章末問題　問 1.7 と問 1.9 参照）。

　ε–N 論法は，多くの学生にとってもっとも難解な証明法の一つです。高校まで数学が得意だった人でも，ε–N 論法のところで挫折してしまう人が少なくありません。それぐらいわかりにくい概念です。これがわからなかったとしても，応用上困ることはほとんどないので，多くの学生はこの概念をスキップしてしまいます。ここで先に進めなくなるぐらいなら，そのほうがよいと私も思います。

　一方で，ε–N 論法はとても便利で魅力的な証明の道具です。それをいったん習得してしまえば，いろいろな数列の収束を簡単に証明できるようになります。考え方が同じなので，あとで出てくる ε–δ 論法や積分法などの厳密な議論も簡単に理解できるようになります。これを習得した人は，習得していない人とは違う次元の数学力を手に入れたかのような感覚を覚えるでしょう。数学者や数理経済学者の中には，ε–N 論法の習得を人生の転換点と考えている人もいるようです。できれば読者のみなさんにもぜひ ε–N 論法を習得してほしいと思います。

　まずは「なるほどね」と思えるようになるまで，その論理・理屈をちゃんと理解するように頑張りましょう。それができたら，実際にこの定義に従って，収束の判定や証明をやってみましょう。音楽やスポーツと似ていて，頭でわかっただけではダメで，やはり練習をしないと身につきません。あせらずにじっくりと取り組んでください。

「極限」は必ずあると思い込んでいる人がいますが，これは間違いです。数列は必ずしも収束するとは限りません。収束しなければ収束先である「極限」も存在しないのです。次の例題をやってみましょう。

例題 1.4

一般項が次式で与えられる数列は収束しますか？

(1)　$a_n = \dfrac{3n+1}{n}$　　(2)　$a_n = \sqrt{n}$　　(3)　$a_n = 2 - n$

(4)　$a_n = (-1)^n$

まず直感的に判定をしてみましょう。n が $1, 10, 100, 1000$ とどんどん大きくなるときに、数列の値がどのように変化するかを考えてみましょう。それで予想ができたら、論理的に収束を示す方法を考えてみましょう。判定結果を厳密に証明できれば完璧です。

解答

(1) の数列は「分母も分子もどんどん大きくなるので、分数の値はどうなるのだろう……」というところで止まってしまう人も多いかもしれません。しかし、一般項を書き換えると

$$a_n = 3 + \frac{1}{n}$$

となります。(1.1) 式より $1/n$ はどんどん小さくなって 0 に収束するので、数列の値 a_n は 3 に収束することがわかりますね。答えを記号で書くと以下のようになります。

$$\lim_{n \to \infty} a_n = 3$$

(2) の数列は収束すると思った人もいるでしょう。n の増加に対して、その平方根の増加幅はどんどん小さくなっていきますから、どこかに収束してしまうようにも思えます。しかし、残念ながらこの数列は収束しません。この数列の値は際限なく大きくなり、収束するような値を見つけることができないのです。たとえば、M を非常に大きい数としましょう。n が M^2 より大きくなれば、平方根は M より大きくなりますよね。どんなに大きい数をとっても、数列はその数を超えてしまうので収束先は存在しません。収束先が存在しないので、この数列は収束しないと判定されます。収束しない場合で、この数列のように値が限りなく大きくなるとき、数列はプラス無限大に発散すると言い、次のように表します。

$$\lim_{n \to \infty} a_n = \infty$$

(3) の数列は (2) とは逆に、マイナスの大きい値をとるようになります。やはり際限がありませんから、この数列も収束しません。このような数列はマイナス無限大に発散すると言い、次のように表します。

$$\lim_{n \to \infty} a_n = -\infty$$

(4) の数列は 2 つの値（1 と -1）を交互にとります。それが永遠に続きます。したがって、定義を満たすような極限値がありませんから収束しないと判定されます。このように収束も発散もしないとき数列は振動すると言います。

1.3 数列の極限の性質

▶収束する数列の和・差・積・商の極限

複雑な数列は，複数の数列が組み合わさってできています。そのような複雑な数列の収束を調べる際には次の性質を知っていると便利です（証明は章末問題　問 1.7）。

> ● **定理 1.1**
>
> 数列 $\{a_n\}$, $\{b_n\}$ が収束する場合，次が成り立つ。
>
> (1) $\displaystyle\lim_{n\to\infty}(a_n+b_n)=\lim_{n\to\infty}a_n+\lim_{n\to\infty}b_n$
>
> (2) $\displaystyle\lim_{n\to\infty}(a_n-b_n)=\lim_{n\to\infty}a_n-\lim_{n\to\infty}b_n$
>
> (3) $\displaystyle\lim_{n\to\infty}(a_n\cdot b_n)=\lim_{n\to\infty}a_n\cdot\lim_{n\to\infty}b_n$
>
> (4) $\displaystyle\lim_{n\to\infty}\frac{a_n}{b_n}=\frac{\displaystyle\lim_{n\to\infty}a_n}{\displaystyle\lim_{n\to\infty}b_n}$　　　（ただし (4) に限り $\displaystyle\lim_{n\to\infty}b_n\neq 0$）

2 つの収束する数列があるとき，それらの和，差，積，商はすべて収束し，極限はそれぞれの極限の和，差，積，商になる。これが定理の意味です。n が十分に大きくなれば，数列 a_n と b_n の値はそれぞれの極限値とほぼ同じ値に落ち着くわけですから，これらの和，差，積，商の値が，極限値の和，差，積，商に落ち着くのは当たり前と言えば当たり前ですね。ところが，当たり前でいて結構便利な定理なんです。次の例題をやってみましょう。

> **例題 1.5**
>
> 一般項が次の式で与えられる数列の極限を求めてみましょう。
>
> $$\frac{\left(\dfrac{3n+1}{n}+0.5^n\right)\left(\dfrac{3n-1}{n}-0.3^n\right)}{\dfrac{7n+5}{n}+0.7^n}$$

解答

この複雑な数列は以下の 6 つの数列が組み合わさってできています。前節で学んだ知識から，これらはすべて収束し，

$$\lim_{n\to\infty}\frac{3n+1}{n}=3, \quad \lim_{n\to\infty}\frac{3n-1}{n}=3, \quad \lim_{n\to\infty}\frac{7n+5}{n}=7,$$

$$\lim_{n\to\infty}0.3^n=\lim_{n\to\infty}0.5^n=\lim_{n\to\infty}0.7^n=0$$

となります。ここで定理 1.1(1)(2) を使うと，

$$\lim_{n\to\infty}\left(\frac{3n+1}{n}+0.5^n\right)=\lim_{n\to\infty}\frac{3n+1}{n}+\lim_{n\to\infty}0.5^n=3+0=3$$

$$\lim_{n\to\infty}\left(\frac{3n-1}{n}-0.3^n\right)=\lim_{n\to\infty}\frac{3n-1}{n}-\lim_{n\to\infty}0.3^n=3-0=3$$

$$\lim_{n\to\infty}\left(\frac{7n+5}{n}+0.7^n\right)=\lim_{n\to\infty}\frac{7n+5}{n}+\lim_{n\to\infty}0.7^n=7+0=7$$

となります。分子は収束する数列の積ですから，定理 1.1(3) より

$$\lim_{n\to\infty}\left[\left(\frac{3n+1}{n}+0.5^n\right)\left(\frac{3n-1}{n}-0.3^n\right)\right]$$

$$=\lim_{n\to\infty}\left(\frac{3n+1}{n}+0.5^n\right)\cdot\lim_{n\to\infty}\left(\frac{3n-1}{n}-0.3^n\right)=3\cdot 3=9$$

となります。最後に分母が 0 でない値に収束することを確認して，定理 1.1(4) を適用すると，

$$\lim_{n\to\infty}\frac{\left(\frac{3n+1}{n}+0.5^n\right)\left(\frac{3n-1}{n}-0.3^n\right)}{\frac{7n+5}{n}+0.7^n}$$

$$=\frac{\lim_{n\to\infty}\left[\left(\frac{3n+1}{n}+0.5^n\right)\left(\frac{3n-1}{n}-0.3^n\right)\right]}{\lim_{n\to\infty}\left(\frac{7n+5}{n}+0.7^n\right)}=\frac{9}{7}$$

となります。このように定理 1.1 によって部分ごとに収束値を確定していくことで，全体の収束値が求められるのです。慣れてくると，一気に

$$\lim_{n\to\infty}\frac{\left(\frac{3n+1}{n}+0.5^n\right)\left(\frac{3n-1}{n}-0.3^n\right)}{\frac{7n+5}{n}+0.7^n}=\frac{(3+0)(3-0)}{7+0}=\frac{9}{7}$$

と計算できるようになるでしょう。

▶ 発散する数列を含む場合

定理 1.1 は便利ですが，$\{a_n\}$，$\{b_n\}$ のいずれかが発散する場合には使えません。

多くの人にとって発散する数列というのは馴染みが薄く，気持ちの悪い存在です。それに慣れるためにも，発散する数列が組み合わさっている場合，はじめのうちは数列全体がどのように変化するのかを冷静によく考えてほしいと思います（章末問題　問 1.3）。

そのような思考訓練を積み重ねていくと，発散する数列が組み合わさった場合にも，定理 1.1 をやや強引に適用した簡便法で極限値を調べられることがわかります。

その簡便法とは，まず例題 1.5 のように数列全体を四則演算で組み合わされた複数の部分に分けます。そして，部分ごとに極限値を求めて置き換えていきます。このときプラス無限大に発散する部分は「∞」という記号に，マイナス無限大に発散する部分は「$-\infty$」という記号に置き換えていきます。

次に，「∞」を下記の特別な演算ルールに従う，特別な数字と考えて演算を進めていきます。

● ∞ の特別ルール

a を任意の正の実数とするとき，

$$a + \infty = \infty \quad a - \infty = -\infty \quad a \times \infty = \infty \quad \frac{a}{\infty} = 0$$

$$\frac{\infty}{a} = \infty \quad \infty + \infty = \infty \quad -\infty - \infty = -\infty \quad \infty \times \infty = \infty$$

やや乱暴ですが，∞ を「とんでもなく大きい数」と考えればルールの意味もわかりやすく，覚えやすいでしょう。

実際に，この簡便法で次の例題を解いてみましょう。

> **例題 1.6**
>
> 一般項が次の式で与えられる数列の極限を求めてみましょう。
>
> $$\frac{(2+0.5^n)\left(\frac{1}{\sqrt{n}}-1\right)}{n^2+n+1}$$

解答

解き方は例題 1.5 とほぼ同じで，数列全体を分解してそれぞれの部分の収束や発散を判定しながら，全体の収束・発散を判定していけばよいのです。

まず本章で学んだ知識から，

$$\lim_{n\to\infty} n^2 = \infty, \quad \lim_{n\to\infty} n = \infty, \quad \lim_{n\to\infty} \sqrt{n} = \infty, \quad \lim_{n\to\infty} 0.5^n = 0$$

となりますね。数列を 3 つの部分に分けて，それぞれの数列の収束をまず調べましょう。簡便法により「∞」を数字のように扱って定理 1.1 と特別ルールを適用すると，

$$\lim_{n\to\infty}(2+0.5^n) = 2+0 = 2$$

$$\lim_{n\to\infty}\left(\frac{1}{\sqrt{n}}-1\right) = \frac{1}{\infty}-1 = 0-1 = -1$$

$$\lim_{n\to\infty}(n^2+n+1) = \infty+\infty+1 = \infty$$

となります。2 式目と 3 式目で簡便法を使っています。この結果から，分子は収束する数列の積であり，定理 1.1(3) より各極限の積 $2\times(-1) = -2$ に収束することがわかります。再び簡便法を使って，

$$\lim_{n\to\infty}\frac{(2+0.5^n)\left(\frac{1}{\sqrt{n}}-1\right)}{n^2+n+1} = \frac{\lim_{n\to\infty}\left[(2+0.5^n)\left(\frac{1}{\sqrt{n}}-1\right)\right]}{\lim_{n\to\infty}(n^2+n+1)} = \frac{-2}{\infty} = 0$$

となります。慣れてくると，一気に

$$\lim_{n\to\infty}\frac{(2+0.5^n)\left(\frac{1}{\sqrt{n}}-1\right)}{n^2+n+1} = \frac{(2+0)\left(\frac{1}{\infty}-1\right)}{\infty+\infty+1} = \frac{2(0-1)}{\infty} = \frac{-2}{\infty} = 0$$

と計算できるようになるでしょう。

この方法はとても便利なのですが，次の 2 点に注意が必要です。

① ∞は記号であって数字ではない

「∞ の特別ルール」を使った極限の導出方法はとても便利なのですが，最大の問題点は学生が「∞」を「非常に大きい数」と誤解しやすいことです。こうした誤解から，本来であれば「発散する」と表現すべきところを「数列が無限大に収束する」といった矛盾した表現をしてしまう学生をときどき見かけます。

ここでは「∞」をあたかも特別な数字であるかのように扱っていますが，これは記号であって数字ではありません。たとえば，$a + \infty = \infty$ は「ある実数 a（あるいは a に収束する数列）と際限なく大きくなる数列との和は全体としても際限なく大きくなる」ということを意味しているにすぎません。それは考えてみればわかることですが，いちいち考える手間を省いて機械的にやってもよいことをこのルールは示しているのです。

些細な誤解のように思われるかもしれませんが，「∞」を大きい数字と考えていると矛盾や混乱が生じて，より高いレベルの議論が理解できなくなってしまいます。

② 不定形の極限の場合

例題 1.5 や例題 1.6 のように部分ごとに極限値を特定していく導出方法に従っていると，計算過程で

$$\infty - \infty \quad \infty/\infty \quad 0/0 \quad a/0 \quad 0 \times \infty$$

が表れることがあります。これらは不定形の極限と呼ばれる厄介な存在です。不定形の極限とはこのままの単純な置き換えでは極限の導出や収束の判定ができないことを意味しているだけで，多くの場合，ちょっとした書き換えで数列を不定形にならない形に式変形することが可能です。

たとえば，例題 1.4 の (1) をもう一度見てみましょう。

例題 1.4　(1)　$a_n = \dfrac{3n+1}{n}$

分子も分母もそれだけをみればプラス無限大に発散するので，単純に置き

換えてしまうと ∞/∞ になってしまい，判定が不可能です。しかし，解答にあるように，この数列は簡単に書き換えることで 3 に収束することがわかります。

　よりレベルの高い数学を目指す人にとっては，この不定形の極限の扱いが一つの壁になります。それを超えるには，数列を不定形にならない形に式変形する技術が要求されます。簡単な式変形で不定形が消えることもあれば，なかなか不定形が消えないこともあります。でもそこが数学の面白いところです。パズルを解くような気持ちで不定形の極限に挑戦してみましょう。

　さて，5 つの不定形の極限の中で一つだけ異色なものが $a/0$ です。a は任意の実数なのでここでは話を簡単にするために 1 としましょう。多くの学生は安易に $1/0 = \infty$ としてしまいますが，これは間違いです。

　そうなるのは分母が常にプラスの値をとりながら 0 に収束する場合だけで，分母の値がマイナスの値をとりながら 0 に収束する場合にはマイナス無限大に発散しますし，分母の値が $(-0.9)^n$ のようにプラスとマイナスの値を交互にとりながら 0 に近づく場合には振動してしまいます。数列が収束しないことは確かなのですが，どのように発散するのかは調べてみないとわかりません。その意味でこれも不定形の極限なのです。ほかの不定形の極限と同様に発散の種類（プラスかマイナスか振動か）を識別して，慎重に演算を進めましょう。

　本章では少し詳しく数列の「極限」について学びました。この「極限」の発想によって数学は飛躍的な発展を遂げました。たとえば，円の面積が「半径 × 半径 × 円周率」であることも極限の考え方によって発見されたと考えられています（章末問題　問 1.5）。そして，本書の主題である微分法も「極限」の概念によって誕生した理論の一つなのです。

章末問題

問 1.1 数の性質
(1) 次の概念はどのような意味か。自分の言葉で説明せよ。
　　稠密性　　連続性（完備性）
(2) 次の数概念の中で、稠密性をもつものをすべて選べ。また、連続性（完備性）をもつものをすべて選べ。
　　自然数　　整数　　有理数　　無理数　　実数

問 1.2 収束と極限
(1) 数列が収束するとはどのようなことか。自分の言葉で説明せよ。
(2) 次の2つの式の意味をそれぞれ言葉で説明せよ。

$$\lim_{n\to\infty} a_n = 45 \qquad \lim_{n\to\infty} b_n = \infty$$

問 1.3 計算問題：数列の極限
一般項が次式で与えられる数列の収束を調べよ（(9) 以降は難問）。

(1) $a_n = \dfrac{n+1}{3n}$　　(2) $a_n = n^2$　　(3) $a_n = \dfrac{1}{2^n}$　　(4) $a_n = \left(-\dfrac{1}{2}\right)^n$

(5) $\left(3+\dfrac{2}{n}\right)\dfrac{3n}{7n-1}$　　(6) $\dfrac{(0.9^n+3)^2}{(0.5^n+2)^2}$　　(7) $\dfrac{(3+0.5^n)(3-0.5^n)}{\sqrt{n}+2}$

(8) $\dfrac{3n+1}{n^2}$　　(9) $(-1)^n \dfrac{\sqrt{n}+1}{\sqrt{n}+2}$　　(10) $\sqrt{n+1}-\sqrt{n}$　　(11) $\dfrac{n^2+2n-1}{3n^2+n+1}$

問 1.4 等比数列の収束
一般項 $a_n = \alpha^n$ の等比数列を考える（ただし α は実数の定数）。数列 $\{a_n\}$ が収束するか否かは α の値に依存する。数列 $\{a_n\}$ が収束するのは α の値がどのようなときで、どのような極限値に収束するか。また、収束しない場合、どのようなふるまいをするか考察せよ。

問 1.5 円の面積公式の証明
半径 r の円に内接する正 n 角形の面積を S_n とする（下図は $n=8$ のケース）。このとき、図のように正 n 角形を n 個の二等辺三角形に分けることができる。二等辺三角形の一辺は円の弦になっているが、この弦の長さを a_n とし、a_n を底辺としたときの二等辺三角形の高さを h_n とする。

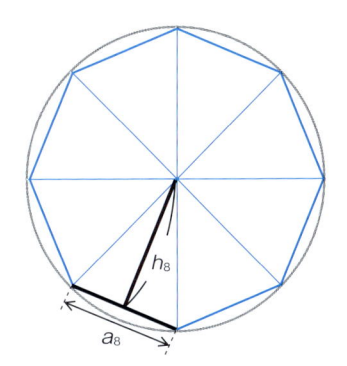

(1) 次の式が成り立つことを確認しなさい。

$$S_n = \frac{1}{2} n \cdot a_n \times h_n$$

(2) 次の数列の極限はどうなると考えられるか。

$$\lim_{n \to \infty} n \cdot a_n \qquad \lim_{n \to \infty} h_n$$

(ヒント：図のどの部分の長さに対応するかを考えよう。)

(3) (2) の結果から S_n の極限はどうなると予想されるか。

問 1.6　不定形の極限

下の例にならって，ともに 0 に収束し，かつ与えられた条件を満たすような数列 $\{A_n\}$, $\{B_n\}$ の例をあげよ。

例：$\{A_n/B_n\}$ が 2 に収束する。　　解答例　$A_n = \dfrac{2}{n}$, $B_n = \dfrac{1}{n}$

(1) $\{A_n/B_n\}$ が 0 に収束する。
(2) $\{A_n/B_n\}$ がプラス無限大に発散する。
(3) $\{A_n/B_n\}$ がマイナス無限大に発散する。
(4) $\{A_n/B_n\}$ が振動する。

問 1.7　発展問題

ε–N 論法を使って定理 1.1 を証明せよ。

問 1.8　発展問題

「数列 $\{a_n\}$ が収束しないならば，その値をすべて 2 乗した数列 $\{(a_n)^2\}$ も収束しない」。この命題の真偽を明らかにせよ。

問 1.9 発展問題

数列 $\{a_n\}$ が実数 a に収束するとき，

$$b_n = \frac{a_1 + a_2 + a_3 + \cdots + a_n}{n}$$

を一般項とする数列 $\{b_n\}$ は収束するか。

〈問題の証明〉

2 の平方根，すなわち方程式 $x^2 = 2$ の正の解が有理数であると仮定します。この仮定の下では，2 の平方根は既約分数 m/n で表すことができます（有理数の定義 A より）。正の数なので m と n はともに自然数とし，また既約分数ですから m と n の最大公約数は 1 です。

さて，m/n が方程式 $x^2 = 2$ の解であることより，

$$\left(\frac{m}{n}\right)^2 = 2$$

が成り立ちます。この式を書き換えると $m^2 = 2n^2$ となります。この式は m が 2 の倍数であることを意味しています。したがって，$m = 2k$ となるような自然数 k が存在します。これを $m^2 = 2n^2$ に代入すると，

$$(2k)^2 = 2n^2$$
$$\to \quad 4k^2 = 2n^2$$
$$\to \quad n^2 = 2k^2$$

となります。この式は n が 2 の倍数であることを意味します。m と n がともに 2 の倍数であることは，m と n が既約分数であること（あるいは m と n の最大公約数が 1 であること）に矛盾します。

この矛盾によって，2 の平方根は既約分数では表せない，つまり，2 の平方根が有理数でないことが証明されたことになります。

（証明終わり）

第2章

数列の極限の応用

本章の目的

本章では，前章で学んだ数列の極限の知識を発展させて次のことを学びます。
- 実数の連続性（数列の極限を使った表現）
- 無限等比数列の和
- 自然対数の底

アキレスと亀　アキレスが2倍の速度で亀を追いかけています。今，亀がいる地点にアキレスがたどり着くまでには時間がかかります。その間に亀はさらに前に進んでいます。そこまでにアキレスがたどり着くにはやはり時間がかかります。その間に亀はさらに前に進んでしまいます。そこまでにアキレスがたどり着くには……という具合にこのプロセスは果てしなく続いてしまい終わることはありません。だから，いつまでたってもアキレスは亀に追いつけません。

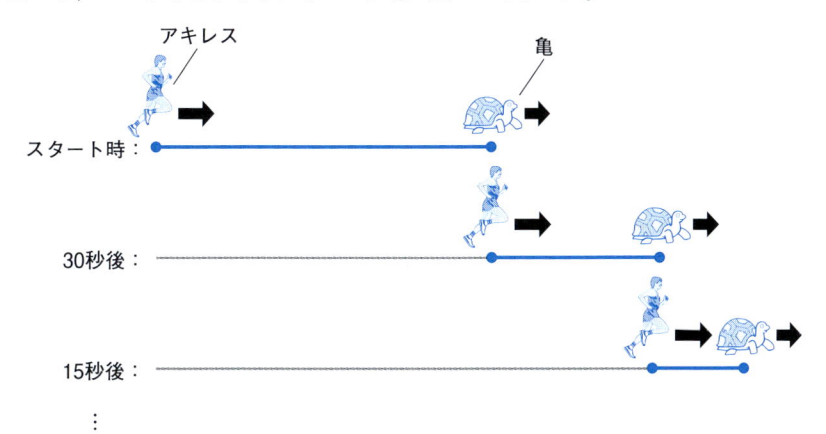

スタート時：

30秒後：

15秒後：

⋮

あれっ？絶対追いつくはずなのに，この説明に従うと追いつけないような気がしてしまいます。この説明のどこがおかしいのでしょうか？

2.1 実数の連続性
：数列の極限を使った表現

連続性（あるいは完備性）が実数に固有の性質であることを前章で説明しました。とても重要な性質ですが，単に「隙間がない」という概念だけでは証明に使いにくいので，数列の極限を使ってこの性質を次のように表現しなおします。

● 実数の連続性
有界で単調な実数の数列は必ずある実数に収束する。

「なんだこれ？」と思った読者も多いでしょう。私も最初はそう思いました。今でもとてもわかりにくい表現だと思いますが，とりあえず意味を説明しましょう。

ある数列 $\{a_n\}$ が「有界」であるとは，平たく言うと，数列の値のとりうる範囲が限られていて，発散する心配がないことを意味します。次に，ある数列 $\{a_n\}$ が「単調」であるとはどんどん大きくなる単調増加であるか，またはどんどん小さくなる単調減少であるか，のいずれかであることを意味します。

前章のチーズの例で登場した $a_n = 1/n$ という数列が有界で単調な数列の典型例です。この数列は 1 より大きくなることもなければ，0 より小さくなることもありませんので有界です。また，単調に減少していきます。実際，この数列は 0 に収束しますね。

とりうる値の範囲が限られていて単調に動くのだから，そのような数列はある値（極限値）に限りなく近づいていかざるをえません。上述した数列の極限を使った主張は，この当たり前の性質を言っているにすぎないのです。

するとみなさんは「その当たり前のことと隙間がないことがどう関係して

いるの？」と疑問に思うでしょう。まさにそこが重要なのです。

実は連続性という性質の重要な点は，「数列がある値に接近していく」ことではなくて，「その極限値が（実数の世界に）存在している」こと，あるいは「収束する先が実数である」ことなのです。

このことを理解するには連続性をもたない数を考えるのが一番わかりやすいでしょう。例として，先の命題の「実数」のところを「有理数」に置き換えて，

> 有界で単調な有理数の数列は必ずある有理数に収束する。

としてみましょう。この命題も成り立つような気がしますが，実は成り立ちません。

反例を示しましょう。第 n 項が 2 の平方根の小数第 n 位以下を消去した有限小数であるような数列を考えます。2 の平方根は 1.41421356… ですから，第 1 項は小数第 1 位以下を省略するので 1，第 2 項は第 2 位以下を省略するので 1.4 となり，

$$1,\ 1.4,\ 1.41,\ 1.414,\ 1.4142,\ \cdots$$

と続く数列を作ります。数列のすべての値は有限小数なので，この数列は有理数の数列です。しかも，有界かつ単調増加です。この数列は 2 の平方根に限りなく近づくのですが，2 の平方根は有理数ではありません。有理数の世界の中でこの数列が収束する先を見つけようとしても見つけることはできません。だから「有理数」に置き換えた上の命題は成立しないのです。

するとみなさんは，「2 の平方根より小さい有理数の中でもっとも大きい数に収束すると考えればいいのではないか？」と思うかもしれません。よい着眼点ですが，有理数の集合は稠密性をもつため，残念ながらそのような有理数を見つけることはできないのです（前章 p.4 参照）。

この反例が示すように，有理数という隙間だらけの数の世界では，有界で単調な数列であっても収束先が存在する保証がありません。

これに対して，実数の世界では有界で単調な数列には極限値が必ず存在します。実数の連続性はそのようなありがたい性質を意味しているのです。

2.2 無限等比数列の和

経済学や金融（ファイナンス）論では，<u>無限等比数列の和</u>がしばしば登場します。

無限等比数列の和はこの章の冒頭に紹介した「アキレスと亀」の話と深く関係しています。この話は，古代ギリシャ時代にゼノンという人が考えた有名なパラドックスです。本書では話を明快にするために，アキレスの速度を亀の速度の 2 倍としましたが，2 倍でなくても同じ結論になります。この主張が正しいとすると，どんなに速いものも，遅いものには追いつけないということになってしまいますから，結論は明らかに正しくありませんね。主張は一見正しいようですが，どこかにトリックが隠されています。それはどこでしょうか？

▶ パラドックスを解く

謎解きをするために，スタート時点で亀がいる場所にアキレスがたどり着くのに 30 秒かかるとしましょう。次のステップとして，スタートから 30 秒後の時点でアキレスがいる場所から亀がいる場所にアキレスがたどり着くのにかかる時間を考えます。

亀はアキレスの半分の速度で歩いているので，スタートから 30 秒間にアキレスが移動した距離（＝スタート時点におけるアキレスと亀の距離）の半分だけ亀は移動しています。つまり，30 秒後にはアキレスと亀の距離は半分に縮まっているのです。アキレスがこの距離を移動するのにかかる時間は 30 秒の半分の 15 秒です。

この 15 秒間に亀は先に進みますが，亀の速度が半分なのでアキレスと亀の距離はさらに半分になります。アキレスがこの距離を移動するのにかかる時間は（距離が 1/4 に縮まっているので）7.5 秒です。このように各ステップの所要時間は半減していくことがわかります。

よって，アキレスが最終的に亀に追いつくまでの所要時間の合計は

$$\frac{1}{2} + \frac{1}{4} + \frac{1}{8} + \frac{1}{16} + \frac{1}{32} + \cdots$$

です。これはどれぐらいの数だかわかりますか？ プラスの数を無限に足し続けるので，プラス無限大に発散してしまうと思う人もいるかもしれませんし，そうでなくてもかなり大きい数だと思う人もいることでしょう。実は，答えは1です。和が1になることは，図 2-1 の正方形を見てもらえば一目瞭然です。

この正方形の面積を 1 とします。1/2 はその半分の面積です。1/4 は半分の半分の面積です。1/8 はそのまた半分です。図 2-1 のように正方形から数列の各項に該当する面積を切り取っていきましょう。理屈の上ではこのプロセスはいつまでも終わることがありません。該当する面積を切り分けられなくなることも，最終的に切り残しが出ることもありません。切れ端の面積の和（これが求める数字です）はちょうど元の正方形の面積 1 にならなければなりませんね。

説明が長くなりましたが，所要時間の和は 1 分，つまりたかだか 1 分で追

■図2-1　正方形の面積による説明

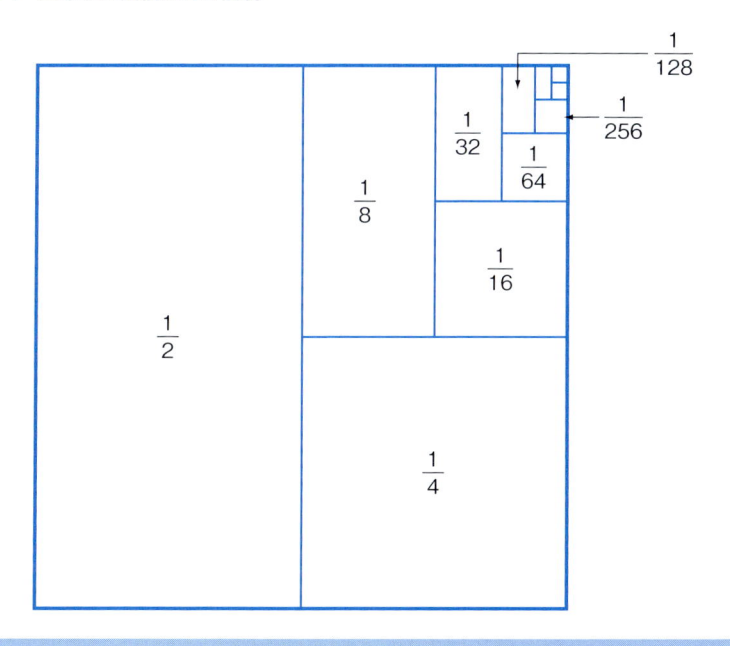

いついてしまうのです。たかだか1分で追いついてしまうのに，どうして追いつけないような錯覚をしてしまうのでしょう。

どうやら，アキレスと亀のパラドックスは，「無限」というとらえどころのない概念を巧妙に利用することで錯覚を引き起こしているようです。無限に関する次の事実が謎を解く鍵です。

> 事実：有限の大きさのものを無限個の断片に分けることができる。

正方形の図のように，有限のものを次々に切り分けていくことで，時間でもチーズでも何でも，理論上はいくらでも細かい断片に切り分けていくことができます。言われてみると当たり前ですが，パラドックスはこの事実を利用して，有限のものを無限であるかのように思わせているのです。無限ということは限りがない，終わりがないことですから，切り分けられた断片をわれわれが数えようとしても数えきることはできません。無限に分けられた追いつくまでのステップを数えようとしたら絶対に終わらないのです。つまり，ゼノンという人は「ステップ数を数えきれないこと」と「追いつけないこと」とを巧みにスリ替えることで錯覚を生み出していたのです。もちろん，無限に切り分けたところで断片の合計時間が元の大きさより大きくなることはありません。そう，アキレスは亀にたったの1分で追いつけるのです。

有限のものを無限個の断片に分けられるという事実は，次のように言い換えることができます。

> 事実：プラスの大きさのものを無限個足し合わせても，その和が無限大に発散するとは限らない。

「塵も積もれば山となる」という諺から，小さい塵でもいつまでも足していけばどんどん大きくなって1などは軽く超えてしまいそうな気がしてしまいます。しかし，その直感は正しくないのです。これがアキレスと亀のパラドックスから学ぶべき重要な教訓です。

数学では無限という概念を頻繁に使います。日常生活でも「可能性は無限

大」などと，われわれは比喩や誇張で「無限」という言葉をよく口にしますが，そういう比喩と数学における厳密な無限の概念は違います。数学における「無限」は，実はとても把握するのが難しい概念です。限りがない，終わりがないものですから，われわれはそれを目で見たり，数え上げたりして確認することはできません。そういうとらえどころがない人為的な概念が数学における無限なのです。それにもかかわらず，日常的な感覚，つまり比喩や誇張と同じ感覚で「無限＝非常に大きいもの」と考えていると，とんでもない間違いや錯覚を起こしてしまいます。同様に，「無限小」という概念も錯覚を引き起こしやすいものです。数学における極限の議論の難しさの一因は，まさにこの日常的な感覚とのギャップにあります。極限の議論で無限大や無限小を扱う際には，直感に頼らず，注意深く考える必要があるのです。

■参考　「無限」概念はそれだけで一冊の本が書けてしまうほど奥が深いのです。興味のある人は以下の本を読んでみましょう。
アミール=D=アクゼル（著）青木　薫（訳）『「無限」に魅入られた天才数学者たち』早川書房，2002 年

▶ 無限等比数列の和

経済学では，一定の比率で減少していく無限等比数列の和を頻繁に扱います。無限に続くプラスの数を足し合わせるのでプラス無限大に発散してしまうような気もしますが，アキレスが亀に必ず追いつけるように，この数列の和も必ず有限値に収束します。ここでは数列の極限の応用として，その計算方法をマスターしましょう。

まず，次の有限等比数列の和を考えます。正の r に対して

$$S_n = a + ar + ar^2 + ar^3 + \cdots + ar^{n-1} \tag{1}$$

a は初項，r は公比と呼ばれます。このままではとても計算しきれませんが高校数学で学んだように，S_n は次の方法で簡単に求められます。(1) 式の両辺に r を掛けて，

$$rS_n = ar + ar^2 + ar^3 + \cdots + ar^{n-1} + ar^n$$

これを (1) 式から引くと，

$$(1-r)S_n = a(1-r^n)$$

$$\therefore \quad S_n = \frac{a(1-r^n)}{1-r}$$

この和は 1 より大きい r に対しても計算できます。さて，われわれが求めたい無限等比数列の和とは終わりのない和，

$$S = a + ar + ar^2 + ar^3 + \cdots$$

ですが，この和は先に求めた有限個の和の極限です。

$$S = \lim_{n \to \infty} S_n = \lim_{n \to \infty} \frac{a(1-r^n)}{1-r}$$

r が 1 未満の場合，分子の r^n はゼロに収束しますので，

$$0 < r < 1 \text{ のとき,} \quad S = \lim_{n \to \infty} \frac{a(1-r^n)}{1-r} = \frac{a}{1-r}$$

となります。ちなみに，r が 1 以上の場合数列の和は発散してしまいます。

この計算結果は経済学で頻繁に使うので理解して覚えましょう。

●無限等比数列の和

$$S = a + ar + ar^2 + \cdots = \frac{a}{1-r} \quad (\text{ただし } 0 < r < 1)$$

ステップアップ 循環小数の分数表現

例題 2.1

循環小数 $9.99999\cdots$ が 10 と等しいことを証明しよう。

解答

無限等比数列の和の計算を利用すれば，どんな循環小数でも分数で表せます。例として $9.99999\cdots$ を考えましょう。この循環小数は，無限等比数列の和として次のように表現できることがわかります。

$$9.99999\cdots = 9 + 0.9 + 0.09 + 0.009 + 0.0009 + \cdots$$
$$= 9 \times (1 + 0.1 + 0.01 + 0.001 + 0.0001 + \cdots)$$
$$= 9 \times \left[1 + \frac{1}{10} + \left(\frac{1}{10}\right)^2 + \left(\frac{1}{10}\right)^3 + \left(\frac{1}{10}\right)^4 + \cdots\right]$$

公比は 1/10 で 1 より小さいので,先ほどの公式にあてはめて,

$$9.99999\cdots = 9 \times \frac{1}{1 - \frac{1}{10}} = 9 \times \frac{10}{9} = 10$$

と分数で表現することができるのです。0.1234123412341234 … のように循環が長くなると計算は面倒になりますが,数字が繰り返されているところに注目して,それを足し算の形にすれば同じ要領で計算をすることができます。よって,どんな循環小数でも分数の形で表すことができる,つまり循環小数は割りきれる数「有理数」なのです(章末問題 問 2.3 参照)。

ステップアップ　コンソル債の価値

毎年毎年 1 万円ずつ,永久に支払ってくれる債券を考えます。このような債券はコンソル債 (consols) と呼ばれ,イギリスで実際に発行されています。この債券の価値を求めるのに無限等比数列の和の計算を利用することができます。もらえるお金の合計に上限がないので価値も相当に高いと思われるかもしれません。しかし,実際にはそれほど高くないのです。

たとえば,銀行預金によって確実に年 2 ％の利子率で資金を運用できる場合を考えてみましょう。話を簡単にするために将来もこの条件が変わらないとします。このとき,今 1 万円を運用すると 1 年後には $1 \times 1.02 = 1.02$ 万円(1 万 200 円)になりますね。ということは,1 年後に 1 万円を得るためには 1/1.02 万円(約 9804 円)を運用すればよいことになります。この額を 1 年後の 1 万円の現在価値と言います。コンソル債がもたらすお金のうち 1 年後の 1 万円に限れば,その価値は 1/1.02 万円と言えるわけです。

同様に今 1 万円を運用すると 2 年後には $1 \times 1.02 \times 1.02 = 1.0404$ 万円になりますから,2 年後の 1 万円の現在価値は $1/1.02^2$ 万円となります。3 年後の 1 万円は $1/1.02^3$ 万円,4 年後は $1/1.02^4$ 万円となり,一般に n 年後の 1 万円は $1/1.02^n$ 万円になると言えます。

したがって，コンソル債が将来もたらすお金の現在価値の合計は

$$\frac{1}{1.02} + \frac{1}{1.02^2} + \frac{1}{1.02^3} + \frac{1}{1.02^4} + \cdots$$

となります。これは無限等比数列の和ですので，公式にあてはめることで簡単にその価値を求めることができます。

$$\frac{1}{1.02} + \frac{1}{1.02^2} + \frac{1}{1.02^3} + \frac{1}{1.02^4} + \cdots = \frac{\frac{1}{1.02}}{1-\frac{1}{1.02}} = \frac{1}{0.02} = 50$$

つまり，その価値はたかだか 50 万円ということになります。実際，年 2 ％の利子率であなたが 50 万円を預金していれば，毎年 1 万円の利子がつくので，コンソル債をもっていた場合に得るのと同じお金を永遠に手に入れることができます。このような状況でコンソル債を 50 万円以上の値段で買う人はいませんね。この意味でコンソル債の適正価格は 50 万円と言えるわけです。

一般に，P 円の現金収入（キャッシュフローと言います）を永久にもたらし続ける資産の価値は，（銀行預金などの安全な運用手段の）運用利子率に依存して決まります。運用利子率が年率 r（$= 100r$ ％）であるとき，n 年後の P 円の現在価値は

$$\frac{P}{(1+r)^n} 円$$

となり，資産価値は

$$\frac{P}{(1+r)} + \frac{P}{(1+r)^2} + \frac{P}{(1+r)^3} + \cdots = \frac{P}{r} 円$$

となります。この計算方法は，電力会社株などの安定した配当金をもたらす株式の価格を試算するのに実際に使われています。

2.3　複利計算と自然対数の底 e

本章の締めくくりとして，解析学の中でもっとも重要な無理数を紹介します。この無理数は，利子の計算から発見されたと考えられています。本書は経済数学の入門書でもありますので，利子に関する話から始めましょう。

▶ 複利計算

お金の貸し借りをすると，お金を借りた人は借りた分よりも多くのお金を返さなければならないのが普通です。借りたお金を元金と言い，返済額と元金の差を利子と言います。通常，一定期間がたつと借りたお金に対して一定割合（これを利子率と言います）の利子を請求されますが，その計算方法には次の2つがあります。

> 単利方式：当初の貸付資金である元金に対してのみ利子を計算
> 複利方式：元金だけでなく，貸付期間の途中で生じた利子に対しても利子を計算

個人的なお金の貸し借りでは（利子をとること自体があまりないでしょうが）利子を要求する場合は単利方式で計算するのが普通のようです。これに対して，みなさんが金融機関からお金を借りたり，あるいはお金を預けたりする場合は複利方式で利子が計算されます。

例として，100万円を年利20%で3年間借りた場合を考えてみましょう。100万円で年利20%ということは，1年たつと100万円の20%，つまり20万円の利子がつきます。次の年も利子がつきますが，単利方式では「借りたお金は100万円」と考えて，次の1年の利子も20万円。3年借りれば，合計で $20 \times 3 = 60$ 万円の利子がつき，3年後の返済額は 160万円になります。

ところが，銀行などの金融機関からお金を借りる場合は複利方式となるので，結論から言えば返済額は160万円よりも多くなります。どれぐらい多くなるかは，銀行が年に何回利子を計算するかによります。

1年複利の場合

もっとも簡単なケースとして，借りてから1年経過するごとに利子を計算する場合を考えてみましょう。

まず，1年経過すると20万円の利子がつきます。ここまでは個人間の貸し借りと同じです。違う点は1年経過した時点で「借りたお金＝借金」が100万円ではなくて，発生した利子も加えた120万円になってしまうことです。

借金がもはや100万円ではなく120万円になっているため，2年が経過し

た時点の利子は 20 万円ではなく，24 万円（120 万円の 20 %）になり，借金も 24 万円増えて，144 万円になります。

3 年が経過した時点では，この 144 万円に 20 %の利子がつくので，利子が 28 万 8000 円加わって，最終的な返済額は 172 万 8000 円になります。単利方式と比較すると，なんと 12 万 8000 円も多く返さなければならないことがわかります。

$$1 \text{年複利} : 100 \times (1+0.2) \times (1+0.2) \times (1+0.2) = 172.8$$

半年複利の場合

実際の長期の貸し借りでは，半年に 1 回複利計算をすることが多いようです。この場合には，半年経過した時点で 20 %の半分の 10 %分の利子が発生します。つまり，100 万円借りた場合，半年たった時点で借金が 110 万円になります。そして，借りてから 1 年が経過した時点では 110 万円に再び 10 %の利子 11 万円が発生し，借金は 121 万円になります。

1 年が経過した時点で 1 年複利の場合と比べて 1 万円借金が多くなっていることがわかります。複利計算は 3 年間で合計 6 回行われるので，3 年後の返済額は 177 万 1561 円になります。

$$\begin{aligned}\text{半年複利} : &100 \times (1+0.1) \times (1+0.1) \times (1+0.1) \times (1+0.1) \times (1+0.1) \times (1+0.1) \\ &= 100 \times (1+0.1)^6 \\ &= 177.1561\end{aligned}$$

1 カ月複利の場合

1 月ごとに複利計算した場合，毎月（途中に発生した利子も含めた）借金総額に対して，20 %の 12 分の 1 の利子が発生します。1 年に 12 回，3 年では 36 回利子が発生するので，3 年後の返済額は

$$1 \text{カ月複利} : 100 \times \left(1 + \frac{0.2}{12}\right)^{36}$$

となります。これはもう電卓でも計算するのが大変ですが，パソコンの表計算ソフトなどを利用すれば簡単に計算できます。1円以下を切り捨てると3年後の返済額は181万3130円になります。以上の計算から，一般に次のことが言えます。

> 事実：同じ金利でも複利計算をする回数が多いほど最終的な返済額が多くなる。

しかし，複利計算の回数が増えることで際限なく返済額が増えるわけではありません。上限があります。マイクロソフト社のExcelという表計算ソフトを使ってこれを計算してみましょう。準備として，一般に1年間にn回複利計算をする場合の3年後の返済額を式で表してみましょう。

$$100 \times \left(1 + \frac{0.2}{n}\right)^{3n}$$

これをExcelに計算させればよいのです。Excelの新規ワークシートを開いてA2のセルにnに入る数字を入力し，それに対応する返済額をB2のセルに計算しましょう。最初の値としてA2のセルには1を入れてみました。これは年1回複利計算をする場合です。上の数式にあたるものをB2のセルに入力すれば返済額が計算されます。Excelで上の数式を表現すると

```
=100*(1+0.2/A2)^(3*A2)
```

となります。この式をB2のセルに入力すると次のような結果が表示されます。

	A	B	C
1	計算回数	返済額	
2	1	172.8	
3			

先ほど計算したとおり，1年複利の場合には172.8万円になります。A2の数字を変えれば，対応する返済額が自動的に計算されます（とても便利です！）。

A2の数字を増やしていけば返済額はどんどん大きくなっていきます。しかし，際限なく大きくなるわけではなく，ある数（およそ182.21）に近づい

ていくことがわかります。この数字はどのような数字でしょうか。有理数でしょうか，それとも無理数でしょうか。

このような素朴な疑問から新しい無理数が発見されました。それが**自然対数の底 e** です（注：自然対数の底は，対数という概念の誕生に貢献した数学者 John Napier（1550–1617）の名前にちなんで，Napier（ネイピア，ネピア，ネーピアなどと読みます）数と呼ばれたり，まれに Euler（オイラー）数と呼ばれることもあります）。

▶ 自然対数の底 e の定義

自然対数の底 e が出現するのは，1 万円を年利 100 %で 1 年間借りるシンプルな状況です。一般に複利計算の回数が n 回のときの 1 年後の返済額は

$$\left(1+\frac{1}{n}\right)^n \text{万円}$$

となります。n が大きくなればなるほど返済額は先ほどのケースと同じく大きくなるので，これは単調増加数列です（注：厳密な証明は章末問題　問 2.8 を見てください）。また，その値は際限なく大きくなるわけではなく，3 を超えることはありません（これも章末問題　問 2.8 を見てください）。単調増加で有界なので，実数の連続性から，この数列は必ずある実数に収束していきます。その極限値こそが自然対数の底と呼ばれる実数 e なのです。

> ● 自然対数の底の定義
>
> $$e \equiv \lim_{n\to\infty}\left(1+\frac{1}{n}\right)^n = 2.7182818284590\cdots$$

上の極限値を手計算で求めるのは大変ですが，Excel などの表計算ソフトを使えば簡単に確かめることができます（章末問題　問 2.4 参照）。

π が円周率を表すのと同じように，数学の世界では e と書けばこの自然対数の底を表します。この数は無理数であることがわかっています（証明は簡

単ではありません）。無理数なので，表計算ソフトと言えども正確な数字を見つけることはできないのです。また，次第にわかることですが，この数は微分法において特別な性質をもつとても重要な数なのです。上の定義はとても大事ですから是非覚えましょう。

■**参考** 簡単な数列なので極限なんて簡単に求められる，と思ったら大間違いです。ありがちなのは強引に ∞ をあてはめて，

$$\lim_{n\to\infty}\left(1+\frac{1}{n}\right)^n = \left(1+\frac{1}{\infty}\right)^\infty = (1+0)^\infty = 1^\infty = 1$$

としてしまう間違いです。括弧の中が 1 に収束する点は正しいのですが，その累乗の指数（括弧の肩にある n）もどんどん大きくなる場合には数列全体として 1 に収束するとは限りません。実は，1^∞ も不定形の極限なのです。

▶図　解

自然対数の底はとても大事なので，グラフを使ってそれを表現してみましょう（図 2–2）。横軸に経過年数，縦軸に借金の額をとります。$n=1$，つまり複利計算が 1 回の場合，途中は利子の計算がなされず，1 年後に元金に対して 100 ％の利子がついて，返済額が 2 万円になります。

半年複利は $n=2$ のケースで，1 年のちょうど中間で 50 ％の利子 5000 円が発生し，借金が 1 万 5000 円になります。さらに半年経過すると，この 1 万 5000 円に 50 ％の利子 7500 円がついて，借金は最終的に 2 万 2500 円になります。図 2–2 では 3 カ月複利（$n=4$）のケースも描かれています。

この場合には点線が 3 回途中に折れ曲がり，最終的な借金は 2 万 4414.06 円になります。

このように借金の増え方を点線で結ぶと，右上がりの折れ曲がった線が描かれます。複利計算の数 n が増えるに従って，最終的な借金はどんどん無理数 e に近づいていきますが，同時に点線はそり上がっていきどんどんある曲線に近づいていきます。

この曲線は，**指数関数 $y = e^x$** のグラフです。高校では $y=2^x$ や $y=10^x$ など底数が自然数の指数関数を中心に学ぶでしょうから，底数が無理数であるような指数関数は気持ちが悪いと思うかもしれません。しかし，底数が無理数 e であるこの指数関数こそが指数関数の代表と言えるものなのです。

■図2-2 経過時間と借金指数関数のグラフ

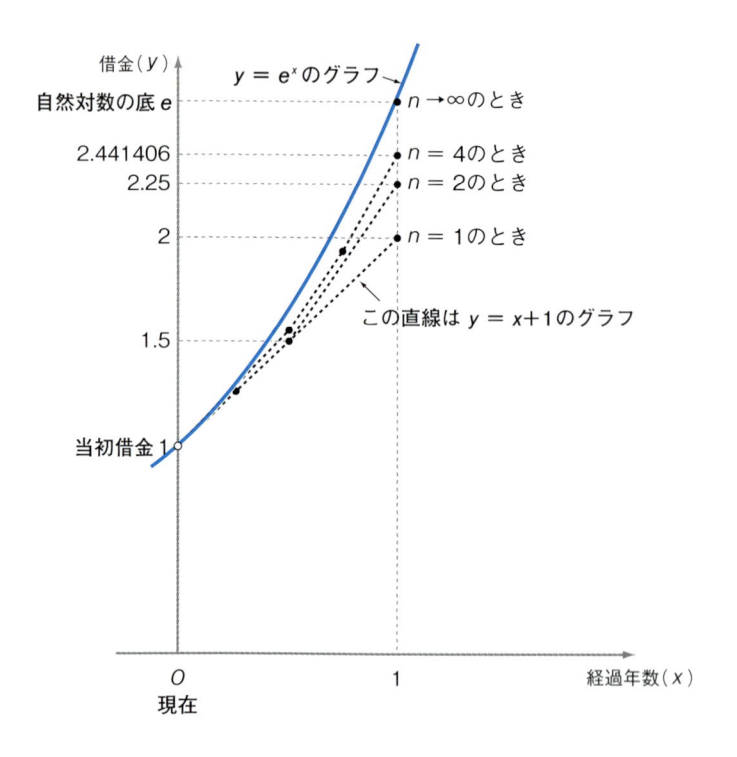

借金(Y)
$y = e^x$ のグラフ
自然対数の底 e　　　　　　　　　　$n \to \infty$ のとき
2.441406　　　　　　　　　　　　　$n = 4$ のとき
2.25　　　　　　　　　　　　　　　$n = 2$ のとき
2　　　　　　　　　　　　　　　　　$n = 1$ のとき
この直線は $y = x+1$ のグラフ
1.5
当初借金 1
O　　　　　　　　1　　　　経過年数(x)
現在

　実際，指数関数を英語で exponential functions と言いますが，定冠詞 the をつけた the exponential function はこの $y = e^x$ を指します。日本語に定冠詞はありませんが，日本語の数学書でも単に指数関数と言う場合は無理数 e を底数とするこの指数関数を指すのが普通です。この指数関数が特別である理由はいずれわかるでしょう。楽しみにしていてください。

　さて，われわれは $n = 1$ のケースの直線 $y = x + 1$ からスタートして，少しずつ n を大きくしていくことで指数関数 $y = e^x$ のグラフにたどり着きました。この過程から推測されるように指数関数 $y = e^x$ と直線 $y = x + 1$ とは点 $(0, 1)$ で接しています。つまり，

指数関数 $y = e^x$ の点 $(0, 1)$ における接線の傾きは 1

です。これは指数関数 $y = e^x$ の性質の中でももっとも重要なものの一つです。第 6 章での分析でも使いますので，覚えておきましょう。

章末問題

問 2.1　基礎概念確認
(1) 実数の連続性を数列の極限を使って表現しなさい。
(2) 自然対数の底 e の定義式を数列の極限を使って表現しなさい。
(3) 自然対数の底 e はおよそいくつか。

問 2.2　無限等比数列の和の計算
以下の無限等比数列の和の収束を調べなさい。

(1) $1 + 0.2 + (0.2)^2 + (0.2)^3 + (0.2)^4 + \cdots$

(2) $1 + \dfrac{1}{7} + \dfrac{1}{7^2} + \dfrac{1}{7^3} + \dfrac{1}{7^4} + \cdots$

(3) $3^4 + 3^3 + 3^2 + 3 + 1 + \dfrac{1}{3} + \dfrac{1}{3^2} + \cdots$

(4) $1 + 3 + 3^2 + 3^3 + 3^4 + \cdots$

問 2.3　無限等比数列の和の応用
以下の循環小数を分数で表しなさい。

$0.123123123123123123 \cdots$

問 2.4　Excel での計算演習：自然対数の底
Excel を使って自然対数の底 e の近似値を求めてみましょう。自然対数は一般項が次式で与えられる数列の極限です。

$$a_n = \left(1 + \dfrac{1}{n}\right)^n$$

これを Excel の式で表現して，n の値が変化すると数列の値がどのように変化するかを確認してみましょう。

問 2.5　応用問題：駐車場の価値

毎年確実に 10 万円の収入をもたらす駐車場がある。かりに永遠に 10 万円を生み出し続けるとしたら，この駐車場の価値はいくらになるか。ただし，銀行預金などの確実な運用手段の運用利子率は年 3 ％とする。

問 2.6　応用問題：プチ・ニューディール政策の効果

不況とは国民所得が低水準になる経済状態のことである。不況に悩むある島国はその対策として次のような政策を実施した。ある 1 人の失業者を臨時に 1 年間雇用し，役所の掃除をさせ，報酬として年収 400 万円を支払う。

この島国の人々は所得の半分を消費し，残りの半分を貯蓄するものとする。このことを前提として，経済担当大臣はこの不況対策の効果を強調し，次のように述べている。

「この失業者の所得の増加は 400 万円にすぎないが，彼はその半分 200 万円を消費するから，派生需要として食料品や衣料品などの売上げが合計で 200 万円増加する。これは食料品や衣料品を売る人たちの所得増加にほかならないから，派生需要は 200 万円分の追加的な所得増加をもたらす。さらに，この 200 万円の所得増加のうちの半分 100 万円は消費されるので，追加的な派生需要と所得増加を生む。このプロセスは永遠に続くので，たかだか 400 万円の不況対策であるが次々と派生需要と所得増加がもたらされることで，わが国は不況を脱することができる。」

この島国は本当に不況を脱することができるのだろうか？

(1)　経済担当大臣の主張が正しいとした場合，400 万円の追加的な財政支出はどれだけの国民所得の増加をもたらすと考えられるか。

(2)　経済担当大臣の主張の問題点を考えてみよう。

問 2.7　発展問題：自然対数の底 e の定義に慣れるための問題

次の 2 つの数列の極限値を調べなさい。

(1)　$\left(1+\dfrac{1}{n}\right)^{2n}$　　(2)　$\left(1+\dfrac{1}{2n}\right)^{n}$

問 2.8　発展問題

自然対数の底 e の定義式にある数列

$$\left\{\left(1+\dfrac{1}{n}\right)^{n}\right\}$$

について以下の問いに答えよ。

(1) この数列が有界であることを証明しなさい。

(2) この数列が単調増加であることを証明しなさい。

(ヒント：(1) は難問，(2) は超難問です。下の二項定理を使って証明を試みてみましょう。

$$(a+b)^n = a^n + n \cdot a^{n-1}b + \frac{n!}{2! \cdot (n-2)!}a^{n-2}b^2 + \frac{n!}{3! \cdot (n-3)!}a^{n-3}b^3$$
$$+ \cdots + nab^{n-1} + b^n$$
$$= \sum_{k=0}^{n} \frac{n!}{k! \cdot (n-k)!}a^{n-k}b^k$$

ただし，$n! = 1 \times 2 \times \cdots \times n$，また $0! = 1$ とする。)

第3章

関　　数

本章の目的

「微分する」というとき一体何を微分するのでしょう？ それは関数，より正確に言うと連続関数です。微分がわからないという人の中には，その対象である関数というものが何であるかをよく理解できていない人が多いようです。本章では，関数，そして連続関数とは何かを確認します。
■関数とは何かを正しく理解する。
■指数関数や対数関数など，本書で扱う関数についての基本的な性質を確認する。
■連続関数，逆関数，合成関数などの概念を理解する。

3.1　関数とは何か？

　関数という言葉は中学数学から登場しますが，その意味をしっかりと理解している学生はとても少ないようです。関数とは何でしょうか？ 学生に聞くと「2変数 x と y の関係を表す式」と答える人が結構います。それでは，$x^2+y^2=1$ は関数ですか？ この式は x と y の関係を表す式ですが，これは関数ではありません。では一体，関数とは何でしょうか。正解は以下のとおりです。

● **定　義**

　ある変数 x が決まると，それに対応してほかの変数 y の値がただ一つに定まるとき，y は x の関数 (function) であると言う。
（注：変数 x は複数でもよい。x が複数の関数は後半で扱う。）

　たとえば，正方形の一辺の長さ x を決めると，その正方形の面積 y は一つに定まります。したがって，正方形の「面積 y」は「一辺の長さ x」の関数であると言えます。この関数関係は数式 $y = x^2$ で表されます。

▶関数と方程式の違い

　先ほど $x^2 + y^2 = 1$ は関数でないと言いました。この関係式では，x の値を決めても，y の値は必ずしも一つに定まらないからです。たとえば，$x = 0$ とすると，この式を満たす y の値は 1 または -1 で，一つに定まりませんね。逆に y を決めても x が一意に定まりませんから，この式を満たす x と y の関係は関数関係ではありません。このような「2 変数 x と y の関係を表す式」は**方程式** (equation) と呼ばれます。方程式もとても重要ですし，方程式を満たす x と y が関数関係になっていることもありますが，常にそうであるとは限りません。

　$y = x^2$ のように関数関係が方程式で表現されることもありますが，3.4 節で紹介するように方程式で表現できない関数もあります。つまり，関数と方程式とはまったく異なるものなのです。

　微分をする対象は関数であって，方程式ではありません。関数を正しく認識することが微分を理解するための重要な一歩なのです。

■**参考**　方程式と言うと難しく聞こえるかもしれませんが，方程式を意味する英語 equation は単に等式，すなわち等号を含む数式という意味です。ただの等式ですから equation は変数がなくても（例：1+1=2），変数が複数あっても（例：$a + b + c = 0$）よいのです。どういうわけか日本では単なる等式と方程式を区別して，方程式＝「変数を含む等式」と定義しています。

■図3-1　関数の対応関係

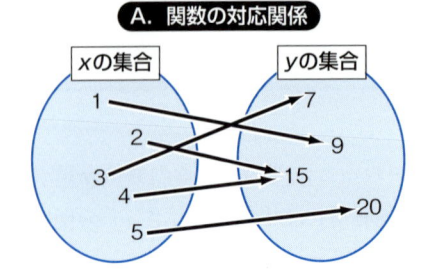

A. 関数の対応関係

xの集合: 1, 2, 3, 4, 5
yの集合: 7, 9, 15, 20

B. 関数ではない対応関係

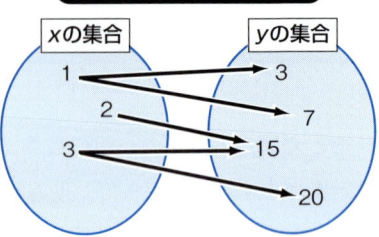

xの集合: 1, 2, 3
yの集合: 3, 7, 15, 20

▶関数関係の対応図

　関数関係の最大の特徴は，ある変数（y）がほかの変数（x）の値に依存して決まる「依存（dependence）」関係であるということです。依存関係には，依存する側とされる側があり，それぞれに立場が違います。この立場の違いがとても重要です。それは入力（input）と出力（output）の関係とも解釈できます。パソコンのキーを押す（入力）とその結果として画面に文字が表示（出力）されるように，xの値が定まるとその結果としてyの値が定まるのです。

　xとyの立場の違いを明確にするために，数学では図3-1Aのようにxとyの対応関係を矢印で表したりします。矢印を使うといろいろな対応関係を表現できますが，それが関数関係であるためには矢印の方向がxからyへの一方通行であり，各xの値から出る矢印は1本だけでなければなりません。図3-1Bの対応関係は2つめの性質を満たさないので関数とは言えないのです。

▶関数関係で使われる用語

　関数関係では，xとyの立場が異なるので，それぞれの変数には異なる呼び名があります。関数関係では，xの値がまず決まり，それに依存（depend）してyが決まるので，xを**独立変数**（independent variable），yを**従属変数**（dependent variable）と呼びます。yを「関数の値」と呼ぶこともありますが，いずれにしてもxとyの立場の違いを強調した呼び方が使われます。

関数を議論する際には，x がどのような値をとりうるのかをあらかじめ定めておくのが正しいやり方です。たとえば，正方形の一辺の長さ x であれば，x のとりうる値は正の実数，あるいは非負の実数であると定めておくのがよいでしょう。このように定められた「x のとりうる値の集合」を **定義域**（domain）と呼びます。定義域を定めると，それに対応して「y のとりうる値の集合」が定まります。これを **値域**（range）と呼びます。

例として冒頭に紹介した正方形の一辺の長さ x とその面積 y の関数関係（$y = x^2$）を考えましょう。概念上長さ x はマイナスにならないので，定義域を「非負の実数の集合（ゼロを含む）」と定めたとします。すると，値域も「非負の実数の集合」に定まります。定義域と値域は必ず一致するとは限りません。たとえば定義域を「自然数の集合」と定めた場合，対応する値域は $\{1, 4, 9, 16, 25, \cdots\}$ という「自然数の2乗の集合」になります。

定義域が明記されていない場合は，関数の値が一意に定まるすべての実数の集合が定義域になると考えます。たとえば単に関数 $y = x^2$ という場合，どのような実数に対しても関数の値が定まるので「すべての実数の集合」が定義域になります。ここで注意したいのは次のような分母に x がある関数（分数関数）と根号 $\sqrt{}$ の中に x を含む関数（無理関数）です。

分 数 関 数

表 3-1 の 2 つの分数関数では分母が 0 になると関数の値が定義できません。2 つめの例では分母と分子を x で割ると $1/(x-2)$ になるので「0 のときは $-1/2$ に値が定まる」と言いたくなる読者もいるかもしれません。しかし，そもそも x で割るという作業が許されるのは x が 0 でないことを前提にして

■表3-1 分数関数と無理関数の定義域の例

	分数関数		無理関数	
関数の例	$y = \dfrac{1}{x+1}$	$y = \dfrac{x}{x^2 - 2x}$	$y = \sqrt{x}$	$y = \sqrt{x - x^2}$
定義域	−1 を除く全実数	0 と 2 を除く全実数	0 以上の全実数	0 以上 1 以下の全実数

います。このような理由から，$x=0$ の場合には $0/0$ になり値が定められないと判断するのが適切なのです。

無理関数

根号 $\sqrt{}$ の中が負の数であるとき，それは 2 乗するとマイナスになる数を意味します。実数は 2 乗すると必ず 0 以上になるので，そのような数は実数ではありません（高校ですでに学んだと思いますが虚数になります）。このため，表 3-1 の 2 つの無理関数では根号の中が負になるような x の値を定義域から除外します。

例題 3.1

x を正方形の一辺の長さとして，z をその正方形の周の長さ（四辺の長さの和）とすると，z は x の関数である。以下の問いに答えよ。

(1) 関数関係を式で表せ。
(2) 次の 3 つの定義域に対応する値域はそれぞれどうなるか。式ではなく言葉で表現しなさい。
　(a) 定義域が「非負の実数の集合」の場合
　(b) 定義域が「自然数の集合」の場合
　(c) 定義域が「1 以上 10 以下の実数の集合」の場合

（解答は章末に掲載されています。）

▶関数の式と関数の名前

数学が苦手という人の中には，$y=f(x)$ という式を見るだけで難しいと感じてしまう人もいるかと思います。でも，この式自体はまったく難しいものではありません。通常，$y=f(x)$ が意味しているのは「変数 y が変数 x の関数である」ということだけです。

多くの関数は式で表すと $y=\cdots$ の形で表現されます。たとえば，

　　1 次関数は　$y=ax+b$

　　2 次関数は　$y=ax^2+bx+c$

指数関数は　　$y = a^x$

のように表現されますね。y と x の関係式が「$y=$ "x の式"」という形で表現されるなら，その式に具体的な x の値をあてはめれば y の値が一意に定まりますから，y は x の関数ですね。$y = f(x)$ という表現が意味するのは，まさに y と x の関係式が $y=$ "x の式" という形で表現されるという事実であり，この式を見せることで書き手は「変数 y は変数 x の関数ですよ」と読み手に伝えようとしているのです。

では f は何かというと，それは関数の名前です。テレビなどでも架空の話の登場人物を「A さん」なんて呼んだりしますね。登場人物に A という名前をつけておくと，「A さんの家族」とか，「A さんの職業」とか，この登場人物に関する議論をするときにとても便利ですね。関数も同じで，f という名前をつけておくと便利なのです。たとえば，「x が 3 のときの y の値」は $f(3)$ と表現されます。意味がわかれば，表記がとても簡単化でき，便利なのです。

名前ですから自由につけてもよいのですが，関数を英語で function というので f という名前がもっともよく使われます。しかし複数の関数を扱う場合は f だけでは足りないので g, h なども数学ではよく使います。

経済学では，消費量（<u>C</u>onsumption）は C，所得（＝報酬：<u>Y</u>ield）は Y のように変数の意味が連想しやすい文字を使います。また関数の名前にも，従属変数と同じ文字 C を使って $C = C(Y)$ と表現したりします。この方法は意味を連想しやすいことに加えて，登場する文字の数を減らす意味もあります。経済学ではたくさんの変数が登場するので，すぐに文字が足りなくなってしまうからです。アルファベットだけで足りないと，ギリシャ文字を使ったり，添え字をつけたりして対応します。見慣れないギリシャ文字が出てくるだけで「難しい」と感じてしまう学生も多くいるかと思いますので，巻頭付録で慣れておきましょう。

> **ステップアップ**　y が先か f が先か？

ここでは説明の都合上，x と y の関数関係が先にあって，その関数関係に名前 f をつけたと言いました。しかし，実際は独立変数 x に依存する関数 $f(x)$ を考えるというように，従属する変数に名前をつけずに，関数の名前 f だけを

使って議論をすることがよくあります。そして議論をしているうちに関数 f の値に名前があったほうが都合がよくなって，あとから y という名前をつけることがあります。この場合にはまさに y は「関数の値」であり，それを $y = f(x)$ と表現していると言えます。

▶関数のグラフ

図3-2A は3次関数 $y = x^3 - x$ のグラフです。描かれた曲線上の各点は起こりうる x と y の組合せの一つに対応していますから，このグラフの形状を見ることで x と y がどのように関係しているのかを視覚的に理解できます。式を見ただけではわかりにくいですが，グラフを見れば，x が 0 に近いときを除いて，x の増加は y を増加させることなどが読み取れます。

関数関係にない2変数間の関係もグラフで表すことができます。たとえば，$x^2 + y^2 = 1$ という方程式を満たす x と y の関係をグラフで表すと原点を中心とした半径1の円（図3-2B）になることがわかります。

それでは，関数 $y = f(x)$ のグラフだけがもつ特徴とは何でしょうか？ それは，どんな垂直線を描いても関数グラフと垂直線は1回しか交わらないことです。垂直線とグラフとの交点は，ある x の値に対応する y の値を示しま

■図3-2　関数関係のグラフの特徴

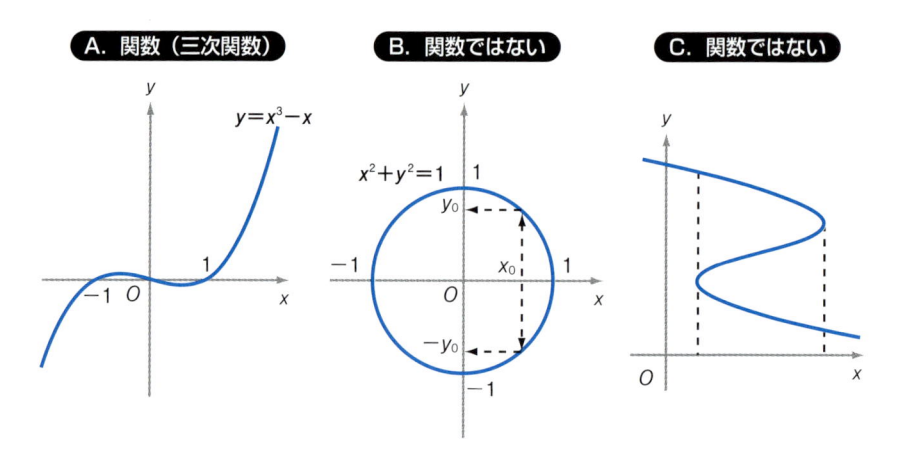

A. 関数（三次関数）　B. 関数ではない　C. 関数ではない

す。y が x の関数になっているならば，ある x の値に対応する y の値はただ一つだけですから，交点は1個でなければならないのです。図 3-2B の円のグラフは垂直線との交点が2つになる部分があるので円上の y は x の関数とは言えません。図 3-2B や C のように垂直線との交点が2つ以上あるような場合，「y が x の関数になっていない」と言えます。

ちなみに，どんな水平線を描いてもグラフと水平線が1回しか交わらない場合は，x が y の関数になっていると言えます（図 3-2C では x が y の関数になっていますが，図 3-2B ではこれも成り立ちません）。

3.2　逆関数

図 3-3 の左図は，x の各値から出ている矢印が1本だけなので関数の対応関係です。この場合，矢印の向きを逆にしても，y の各値から出ている矢印が1本だけになるので，x も y の関数になっていると言えます。

このように関数 f の対応関係（矢印の向き）を逆にしても，やはり関数関係が成り立つとき，これを元の関数 f の逆関数と呼び，その名前を f^{-1} で表します。対応関係が逆になっているので，逆関数は次の性質を満たします。

$$f(a) = b \quad \Rightarrow \quad f^{-1}(b) = a$$

■図3-3　逆関数のイメージ

矢印の向きを逆にしても，関数関係になっている！

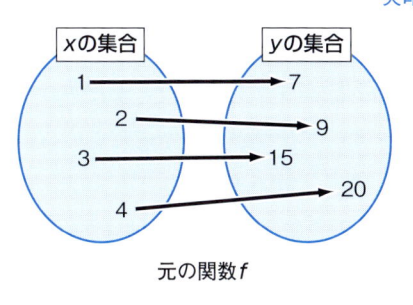

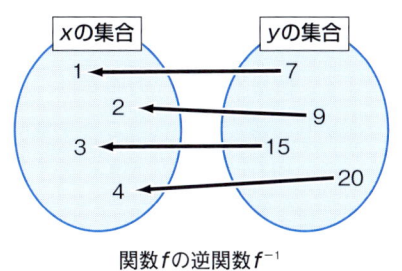

元の関数 f　　　　　　　　　関数 f の逆関数 f^{-1}

注意しなければならないのは，どんな関数でも逆関数をもつとは限らないということです。たとえば，図 3-1A の関数関係では矢印の向きを逆にすると関数になりません。y の値 15 に対する x の値が 2 または 4 と一つに定まらないからです。このように y が x の関数だからといって，逆に x も y の関数であるとは言いきれません。

図 3-1 と図 3-3 を見比べるとわかるように，逆関数が存在するためには，元の関数関係が 1 対 1 であること，すなわち，ある y の値に対応する x がただ一つだけであることが必要なのです。

> **例題 3.2**
>
> 逆関数があれば求めよ。
>
> (1) $y = 2x + 1$
>
> (2) $y = |2x + 1| = \begin{cases} 2x + 1 & \text{if } x \geq -\dfrac{1}{2} \\ -2x - 1 & \text{if } x < -\dfrac{1}{2} \end{cases}$
>
> (3) $y = x^2$
>
> (4) $y = x^2 \quad (x \geq 0)$

3.3　連続関数の直感的定義

本章の冒頭で述べたように，微分法では，関数の中でもとくに連続関数を扱います。関数が連続であるとは，直感的にはグラフを描いたときにそれが一つながりの線で描かれることを意味します。グラフが途中で切れている場合は，その切れているところでは不連続であると言います。

たとえば，図 3-4 の関数 f は x_1 と x_2 で不連続です。それ以外の x の値では連続ですが，このような関数を連続関数とは言いません。連続関数とは，定義域のすべての x で連続であるような関数を指します。みなさんが高校ま

■図3-4 不連続点のある関数の例

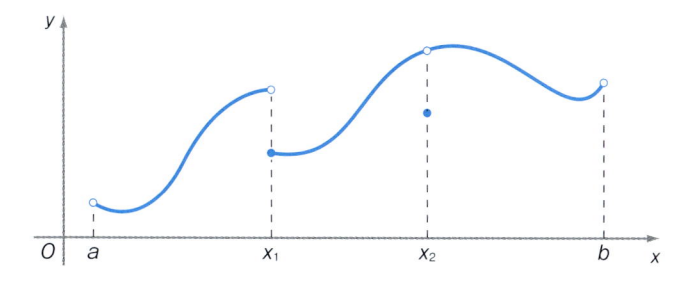

でに学んだほとんどすべての関数はグラフを描くと切れ目のない一つながりの線になっているので，それらはみな連続関数です。

「グラフを描いたときに線が切れていない」という表現はグラフを描いてみないとわかりませんし，やや曖昧な定義です。このため数学では関数の極限を使って，関数の連続性を厳密に定義します。これは次章で詳しく説明します。

例題 3.3

逆関数をもつ連続関数とはどのような連続関数か。その特徴を考えてみよう。

解答

図 3-2Aの3次関数は連続関数ですが，逆関数をもちません。なぜもたないかというと，たとえば $y = 0$ となる x の値が3つもあり，1対1関係にならないからです。一つながりの線で描かれる関数が1対1関係になるためには，関数のグラフが右上がり（↗）か，あるいは右下がり（↘）の単調なグラフになっていなければならないことがわかります。単調に増加するか単調に減少しなければならないのです。山（↗↘）や谷（↘↗）のように増減が入れ替わったり，グラフに平らな部分があったりしても駄目です。

ちなみに，関数 f が逆関数 f^{-1} をもつ場合，f^{-1} のグラフと f のグラフは直線 $y = x$ （45度線）に関して対称になります（図 3-5）。

■図3-5　逆関数のグラフは45度線に関して対称になる

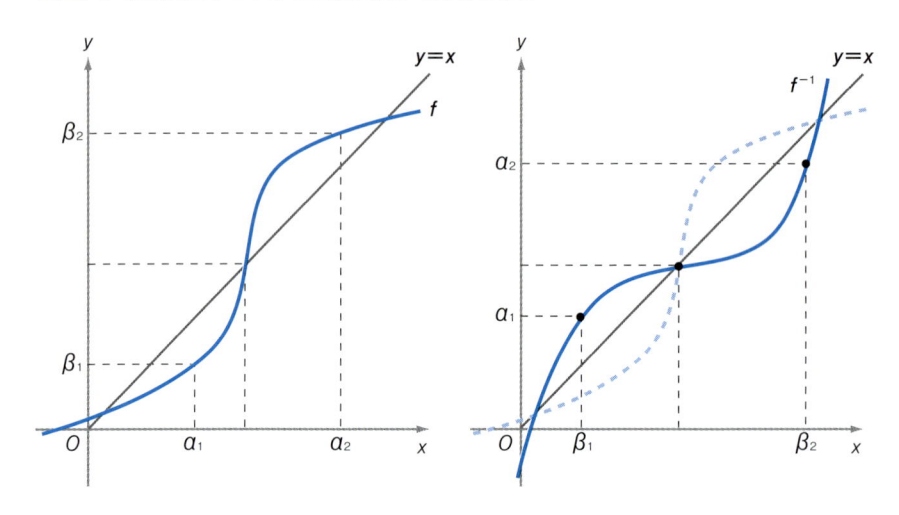

3.4　関数の例

　関数を理解するには，いろいろな具体例を見るのが一番です。まず，経済学でよく登場する関数を紹介します。とくに，指数関数と対数関数は経済学を学ぶ上で非常に重要です。ここで基本的な性質を確認しておきましょう。次に，関数に関する理解を深めるために少し特殊な関数の例を紹介します。

▶経済学で扱う基本関数

　経済学では，表3-2の4種類の連続関数とそれらの組合せによって作られる関数を主に扱います。

①定値（定数）関数

　すべてのxの値に対して同じyの値を対応させる関数を**定値関数**（constant function）あるいは**定数関数**と言います。

　たとえば，定値関数$y=2$の対応関係は，図3-6Aのようになります。xのどんな値に対しても2が対応するので，すべての矢印の先が一つの値に集中

■表3-2 経済学で扱われる連続関数

種 類	説 明
定値（定数）関数 constant function	すべてのxに対して同じ値を対応させる関数。 例：$f(x)=2$ for all x
べき関数 power function	$f(x)=x^a$で表される関数（aは任意の実数）。 例：x^3, x
指数関数 exponential function	$f(x)=a^x$で表される関数（aは任意の正の実数）。 例：$(1.3)^x$, 2^{-x}, e^x $(=\exp[x])$
対数関数 logarithmic function	$f(x)=\log_a x$で表される関数（aは任意の正の実数）。 例：$\log_2 x$, $\log_e x$ $(=\ln x)$

注：微分法（解析学）で扱う基本関数には，ほかに三角関数が含まれますが，学部レベルの経済学ではほとんど扱わないので，本書では詳しい議論を省略します。

■図3-6 定値関数$y=2$の対応関係とグラフ

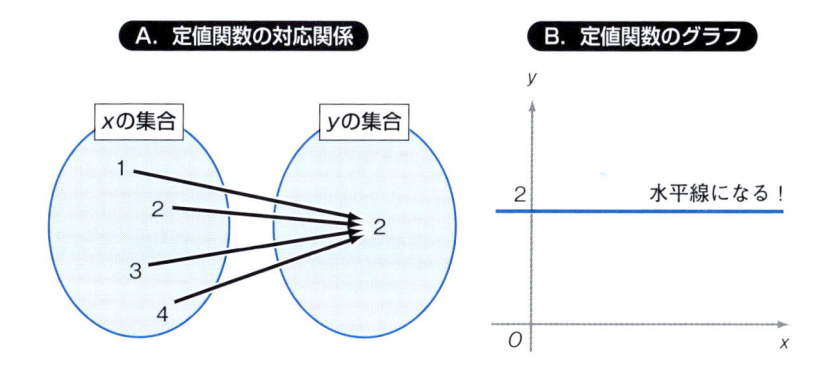

A. 定値関数の対応関係

xの集合 → yの集合
1, 2, 3, 4 → 2

B. 定値関数のグラフ

水平線になる！

します。この対応関係をグラフにすると図3-6Bのような水平な直線になります。

　xが変化してもyの値が変化しないのでちょっと特殊な関数ですが，関数の定義を満たした立派な関数なのです。

②べき関数

　$f(x)=x^a$ の形で表される関数をべき関数（power function）と言います。xの肩の数字aは定数で，「べき（冪）指数」あるいは「累乗の指数」などと呼ばれます。みなさんが学んできた1次関数，2次関数，3次関数はすべてべ

き関数で，a が自然数の値 1，2，3 になっています。一般に，a が自然数 n の場合のべき関数は **n 次関数** と呼ばれます。

これまでは見たことがないかもしれませんが，べき指数 a は自然数でなくても構いません。たとえば，

$$y = x^{0.5} \qquad y = x^{-1} \qquad y = x^{\sqrt{2}} \qquad y = x^{\pi}$$

などもべき関数です。あとの 2 つはともかく，最初の 2 つは何だかわかりますか？

0.5 乗は平方根を，(-1) 乗は逆数を意味し，それぞれ

$$x^{0.5} = \sqrt{x} \qquad x^{-1} = \frac{1}{x}$$

となります。こうすると見覚えのある関数ですね。

それでは，x の π 乗って何ですか？ そもそもなぜ 0.5 乗が平方根になって，-1 乗が逆数になるかを説明できますか？ このような疑問はとても大事ですが，「高校ではテスト対策として暗記したけど，どうしてそうなるかはわからないし，疑問に思ったこともない」という人がかなり多いようです。経済学や物理などの応用では，計算ができることよりもむしろその意味を理解していることのほうが大事です。理解に自信がない人は以下で復習をしておきましょう。

③指 数 関 数

指数関数 は $f(x) = a^x$ で表される関数です。a は 1 ではない正の定数です。べき関数とよく似ていて混同してしまう人が多いのですが，指数関数はべき指数（肩の数字）が変数となって変化します。

指数関数の具体例として，1 日で面積が 2 倍になる蓮（ハス）の葉を考えましょう。蓮というのは，池などでピンク色の美しい花を咲かせる植物で，水面に丸い葉を広げて繁殖していきます。話を簡単にするために，この蓮の葉は 1 日にちょうど面積が 2 倍になるような一定の率（つまり 100 %）で成長し続けると仮定します。

ここで x 日後の葉の面積を y とします。x が定まれば y は一意に定まるので，y は x の関数ですね。その関係式はどのようなものでしょうか。最初の

葉の面積を 1 とすると，1 日後の面積は 2，2 日後の面積は $4 = 2^2$，3 日後の面積は $8 = 2^3$ ですから，x が自然数の場合には y と x の関係式は

$$y = 2^x$$

となりますね。ここで，蓮の葉は一定の成長率で連続的に成長していますから，自然数以外の x についても対応する葉の大きさがあります。その関係を図示すると図 3-7 の曲線のようになるはずです。

この曲線こそが指数関数 $y = 2^x$ のグラフです。ここで 2^x は「2 を x 回掛けた値」ではなく，「1 日で 2 倍になるものの x 日後の大きさ」を意味しています。2^x を「2 を x 回掛けた値」と考えると「$2^{0.5}$ って何？」という疑問にぶち当たってしまいますが，このように考えれば $2^{0.5}$ の意味は明快ですね。

■図3-7　指数関数 $y=2^x$ のグラフ

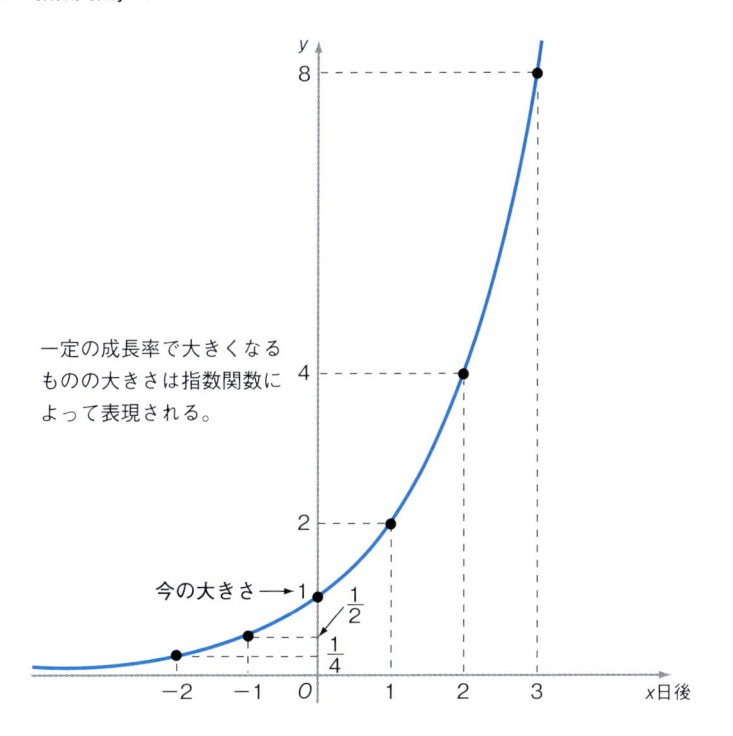

一定の成長率で大きくなるものの大きさは指数関数によって表現される。

「半日後の蓮の葉の大きさ」です。

同様に，2^0 は 0 日後の面積，つまり最初の面積のことですから，1 ですね ($2^0 = 1$)。2^{-1} はどうでしょう？ これは 1 日前の面積です。1 日で 2 倍になるわけですから，1 日前の面積は最初の大きさの半分，つまり 1/2 のはずですね ($2^{-1} = 1/2$)。このように考えれば 2^π の意味もわかりますね。π 日後，すなわち 3 日と少し経過したときの葉の大きさを意味するのです。

意味が明らかになったところで，次に値を考えます。$2^{0.5}$ はいくつでしょうか？ グラフをみると，1.5 よりは小さいとわかります。最初 1 だった葉の大きさが半日後に $2^{0.5}$ になるので，蓮の葉は半日で大きさが $2^{0.5}$ 倍になります。蓮の葉は一定のスピードで成長しているので，もう半日するとさらに $2^{0.5}$ 倍になって，1 日後には面積が $2^{0.5} \times 2^{0.5}$ になるはずです。1 日後の面積は 2 なので，$2^{0.5}$ は 2 乗すると 2 になる数，すなわち 2 の平方根 $\sqrt{2}$ であることがわかります。そうです。半日後の大きさはおよそ 1.414 なのです。予想通り 1.5 より小さい数になりましたね。同様に，$2^{1/m}$ は 2 の m 乗根（m 乗すると 2 になる数）であることがわかります。

ここまでは指数的に成長するものの大きさを考えました。これと反対に，1 日で大きさが半分になる物質の x 日後の大きさ y を考えてみましょう。自然数をいくつかあてはめると，y と x の関係式は

$$y = \left(\frac{1}{2}\right)^x$$

で表されることがわかります。また，この関係をグラフで示すと図 3-8 のような右下がりの曲線になることがわかります。このグラフは蓮の葉のグラフと縦軸に関して対称になっています。これは，最初の大きさを等しくとれば「1 日で大きさが半分になるものの x 日後の大きさ」と「1 日で大きさが 2 倍になるものの x 日前の大きさ」とが同じになることを意味しています。このことは式の上でも確認できます。$2^{-1} = 1/2$ ですから，

$$y = \left(\frac{1}{2}\right)^x = \left(2^{-1}\right)^x = 2^{-1 \times x} = 2^{-x}$$

となり，ちょうど $y = 2^x$ の x の符号を逆にしたものになっていますね。

■図3-8　$y=\left(\frac{1}{2}\right)^x$のグラフ

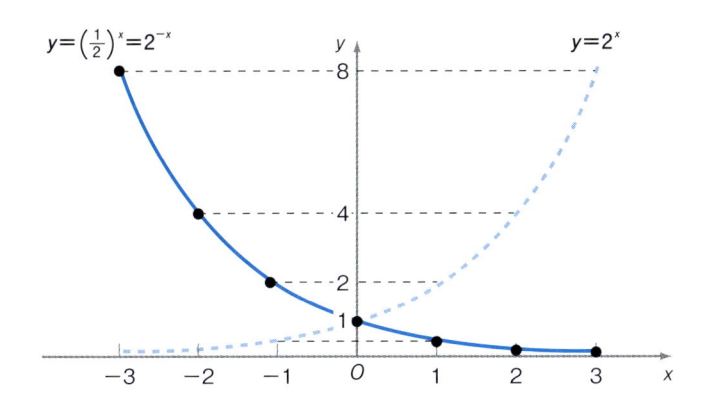

　ここまでは指数関数 $y = a^x$ のうち，$a = 2$ の場合と $a = 1/2$ の場合だけについて，説明をしてきましたが，a が正の実数であれば同様に考えることができます。すなわち，一定期間に a 倍になるペースで変化し続けるものの変化は指数関数 $y = a^x$ で表現することができるのです（図 3-9）。

　底数 a が 1 より大きい（$a > 1$）場合，時間の経過とともに大きくなるので関数 $y = a^x$ は単調増加となり，グラフは右上がりになります。一方，$0 < a < 1$ の場合には逆に，単調減少になって右下がりのグラフになります。底数 a が 1 の場合は，$y = 1$ となって，水平なグラフをもつ定値関数になります。通常，指数関数という場合，これを含めません。底数 a は 1 以外の正の数であれば何でもよいのですが，前章でも述べたように，数学でもっとも重要な指数関数は，底数が無理数 e の指数関数 $y = e^x$ です。無理数が底数と聞くと難しく感じるかもしれませんが，実はこの指数関数は扱いやすい性質をいくつももっているのです。たとえば前章2.3節で紹介した「$y = x + 1$ に接する」という性質も非常に便利な性質の一つです。

重要：指数法則

　指数関数の計算でもっとも重要なものが以下の指数法則です。

■図3-9　指数関数のグラフ

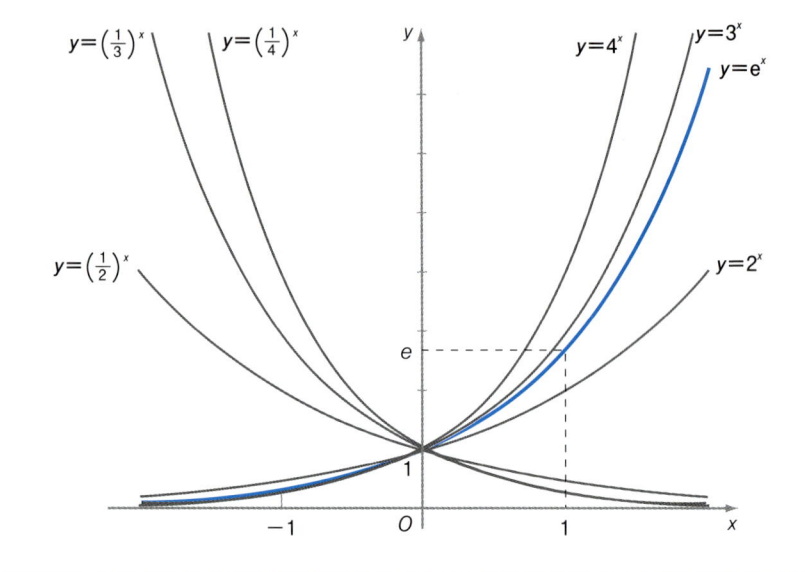

●指数法則

$$a^x a^y = a^{x+y} \qquad (a^x)^y = (a^y)^x = a^{xy} \qquad （ただし，a は正の数）$$

　$a^2 a^3$ は a を 2 回掛けたものに a を 3 回掛けたものを掛け合わせるのだから，全部で $2+3=5$ 回掛けることになりますね。だから，$a^2 a^3 = a^{2+3}$ となります。次に，$(a^2)^3$ は a を 2 回掛けたもの全体を 3 乗するわけですから，全部で $2 \times 3 = 6$ 回掛けることになり，$(a^2)^3 = a^{2 \times 3}$ となります。このように x と y が自然数のときに，この規則が成り立つということは a^x を「a を x 回掛けた値」と考えればすぐにわかります。

　実は，この指数法則はどんな実数 x, y に対しても成り立ちます。実際，$a^{-1} = 1/a$, $a^{1/2} = \sqrt{a}$ などはこの指数法則を使って導くことも可能です。たとえば，$x=2$, $y=-1$ として 1 つめの指数法則にあてはめると，

$$a^2 a^{-1} = a^{2-1} = a \quad \Rightarrow \quad a^{-1} = \frac{a}{a^2} = \frac{a}{a \times a} = \frac{1}{a}$$

となり，$a^{-1} = 1/a$ が導かれます．同様に $x = 1/2$，$y = 2$ として 2 つめの指数法則にあてはめると，

$$(a^{1/2})^2 = a^{(1/2)\times 2} = a$$

となるので，「$a^{1/2}$ は 2 乗すると a になる数」すなわち a の平方根であると言えるのです．

④対 数 関 数

「対数」という概念は日常生活ではほとんど使わないので，高校で学んでも大学に入るとすっかり忘れてしまう人が多いようです．ここでは，対数の意味から復習をしておきましょう．

先ほどの蓮の葉の話を詳しく調べていくと，「蓮の葉の大きさが今の 3 倍になるのはいつだろう？」のような素朴な疑問が浮かんできます（図 3-10）．この数字は無理数でおよそ 1.58 の数字です．この数字を「2 を底とする 3 の対数」と言い，$\log_2 3$ と書きます．

■図3-10　対数 $\log_2 3$ の発見

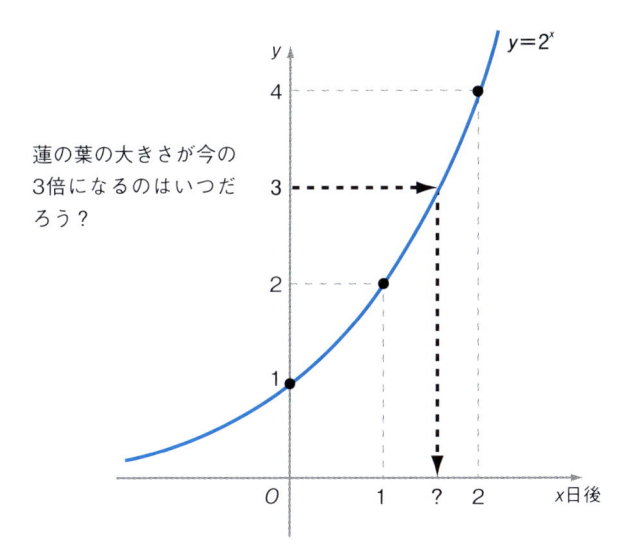

一般に，$\log_a M$ は「a を何乗すると M になるか」，あるいは「1 日に大きさが a 倍になるものが，M 倍の大きさになるのは何日目か」を表しています。普段使うことがない概念だからこそ，まずその意味を正しく理解することが大切です。

　蓮の葉の話に戻って，「大きさが x 倍になる時点を y 日後とする」とき，y は x の関数でその関係は

$$y = \log_2 x$$

という式で表されます。

　この対数関数 $y = \log_2 x$ と指数関数 $y = 2^x$ とは互いに逆関数の関係にあります（図 3-11）。「互いに」というのは，対数関数が指数関数の逆関数であると同時に，指数関数も対数関数の逆関数であるという意味です。この逆関数関係に注目すると次のことがわかります。

■図3-11　対数関数 $y = \log_2 x$ のグラフ

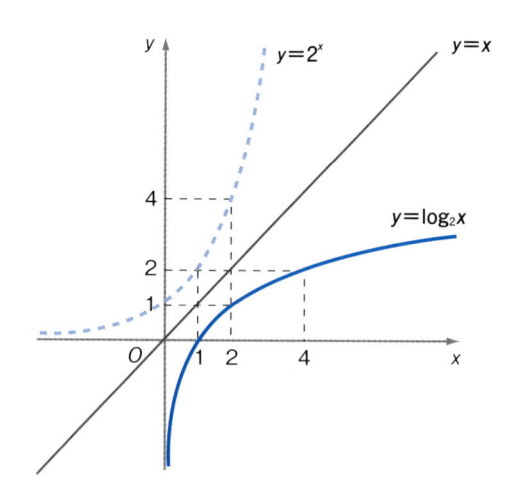

> ● **対数関数の主な性質**
> - 対数関数 $y = \log_a x$ のグラフは指数関数 $y = a^x$ のグラフと直線 $y = x$ のグラフ（45度線）に関して対称（逆関数関係であるため）。
> - どんな a に対しても $\log_a 1 = 0$。つまり，グラフが点 $(1, 0)$ を通る。
> - 対数関数 $y = \log_a x$ の定義域は正の実数，値域は全実数。
> - 底 a が 1 より大きいならば右上がり。
> - 底 a が 1 未満ならば右下がり。

　微分法においてもっとも重要な指数関数は底数が e のものです。そして対数関数の中でもっとも重要なものは，この指数関数の逆関数，つまり底数が e の対数関数 $y = \log_e x$ です（**図 3-12**）。底数が e であるこの対数には「**自然対数**（natural logarithm）」という特別な名前がついています。底数が 10 である対数 $\log_{10} a$ にも常用対数という特別な名前がついていますが，微分積分学の世界では自然対数のほうがずっと重要です。

　自然対数の底数 e をわざわざ書くのが面倒なので，省略して，$\log a$ と書いたり，特別に $\ln a$ と表記したりします。$\ln$ は自然対数を意味する英語 natural

■図3-12　自然対数関数のグラフ

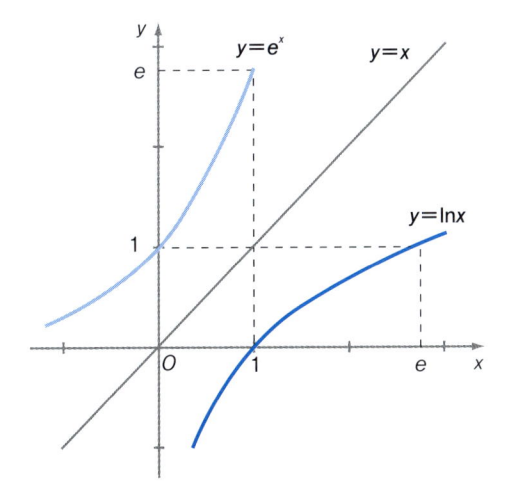

logarithm の頭文字に由来します。$\log a$ は常用対数 $\log_{10} a$ を表すのにも使われ，読者が混同しないよう本書では $\log_e x$ を $\ln x$ と表記することにします。

対数を扱う演算では，以下の対数の基本性質が重要になります。高校数学で学んだことを忘れてしまった人もここで復習しておきましょう。

●**対数の基本性質**

$$\log_a MN = \log_a M + \log_a N \qquad \log_a \frac{M}{N} = \log_a M - \log_a N$$

$$\log_a M^r = r \log_a M \qquad \log_a M = \frac{\log_b M}{\log_b a}$$

（ただし，a，b は 1 でない正数。M，N は正の数である。）

▶その他の関数

経済学ではそれほど扱いませんが，微分積分や統計学で登場する三角関数と階段関数を紹介します。

①三角関数

図 3-13A の xy 平面には，原点が中心で半径が 1 の円が描かれています。

■図3-13　三角関数 $y = \sin\theta$ のグラフ

A. 円上を回転する点P	B. 点Pの移動距離と座標の関係

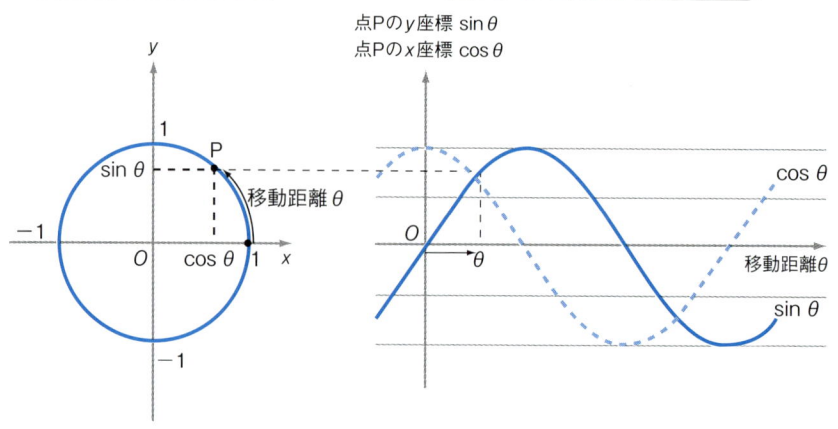

円周上の点 $(1, 0)$ から出発して円周に沿って時計と反対回りに点 P を移動させます。点 $(1, 0)$ からの移動距離を θ とすると、移動後の点 P の y 座標も定まるので、点 P の y 座標は移動距離 θ の関数になっています。この関数が三角関数 $y = \sin\theta$ です。

三角関数 $y = \sin\theta$ のユニークな点は図 3-13B のように θ の変化に対して関数の値が循環しながら変化することです。この性質を利用して、景気循環の仕組みを記述する際に三角関数が利用されることもあります。

点 P の x 座標もやはり移動距離 θ の関数であり、これが三角関数 $x = \cos\theta$ です。$x = \cos\theta$ のグラフは $y = \sin\theta$ のグラフを $\pi/2$ だけ左にシフトしただけで、同様の循環をします（図 3-13B の点線）。

ちなみに、点 P が y 軸上にいるときを除けば、x 座標と y 座標の比 $r = y/x$ も移動距離 θ の関数であり、これが三角関数 $r = \tan\theta$ です。

②階段関数

定形外郵便物（定形ではないが、大きさが一定の条件を満たす 4kg 未満の郵便物）の郵便料金は郵便物の重さによって表 3-3 のように決まります（2009 年 5 月現在）。

この料金表によれば、定型外郵便物の郵便料金 P（円）はその重さ W（g）のみに依存して決定されるので、P は W の関数であると言えます。

この関数のグラフを描くと図 3-14 のような階段のような図になるため、このような関数を**階段関数**と数学では呼びます。

階段関数の最大特徴は**不連続な点**をもつことです。たとえば 1kg 以上 2kg 未満の範囲内であれば重さが多少増えても料金は 850 円のままですが、2kg の壁を超えると料金は 1150 円に跳ね上がります。このため 2kg のところでグラフが切れて、不連続になっています。

■表3-3 定型外郵便物の料金表

重さ	50g まで	100g まで	150g まで	250g まで	500g まで	1kg まで	2kg まで	4kg まで
料金	120円	140円	200円	240円	390円	580円	850円	1150円

■図3-14 階段関数の例

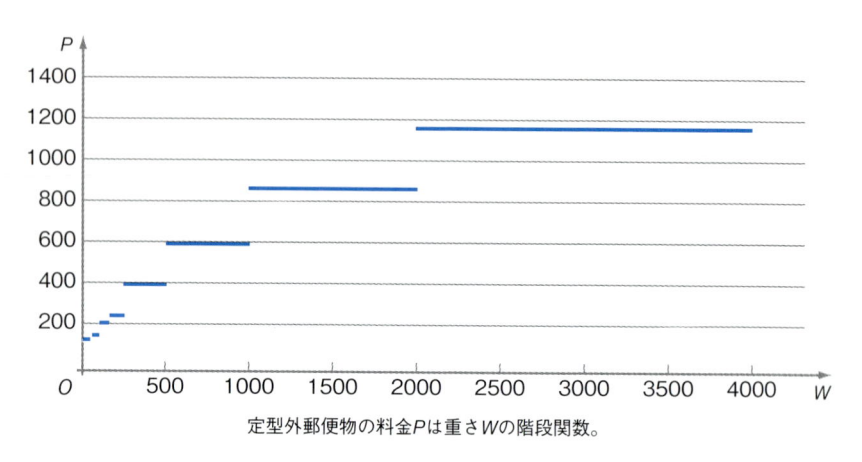

定型外郵便物の料金Pは重さWの階段関数。

あとに示すように，連続でない点では微分ができません。このため微分法では階段関数のような不連続な関数を扱いません。しかし，微分法で扱わないからといって，階段関数のような不連続関数が重要でないわけではありません。この例のように現実社会には階段関数がよく使われています。また，確率・統計の分野，さらに積分法の導入部分でも階段関数が登場します。階段関数は意外に重要な関数なのです。

③式に書けない関数

ある学校の1年3組の学生の身長を調べます（図3-15）。学生番号（下2桁）xの学生の現在の身長を$y$cmとするとき，yはxの関数と言えるでしょうか。

xを定めれば学生が決まるので，その学生の現在の身長yも決まりますね。ですから，yはxの関数です。しかし，この関数関係には規則性はないので，関数関係を式で表すことは難しそうです。

類似の例として，株価を見てみましょう。TOPIX（トピックスあるいは東証株価指数）と呼ばれる指数は東京証券取引所の一部市場で取引されている株式の時価総額に比例する株価指数です。TOPIXは，取引時間中であれば1分ごとに計算され公表されていますが，テレビのニュースなどで報道されるの

■図3-15 学生番号と身長の関数グラフ

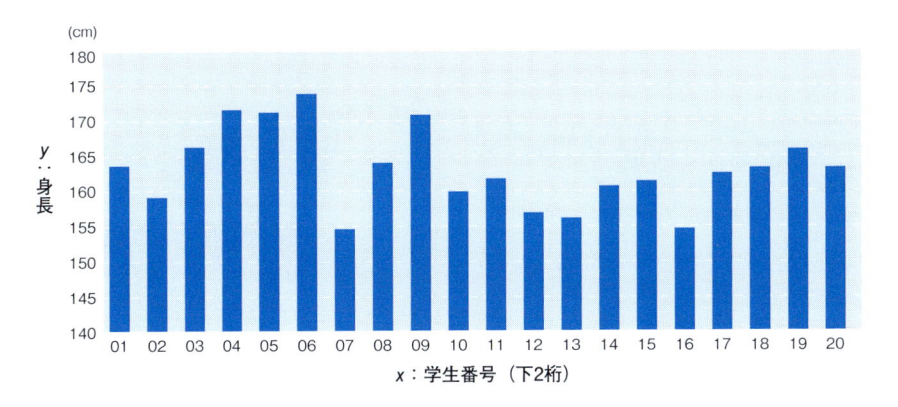

(cm) y：身長
x：学生番号（下2桁）

3.4 関数の例

はその日の最後の株価指数（終値）だけです。さて，東京証券取引所の営業日 D が決まれば，その日の TOPIX の終値 P も一意に決まるので，TOPIX の終値 P は営業日 D の関数と言えます。

図3-16 は 2007 年の全営業日の TOPIX の終値の推移を折れ線グラフで表現しています。図 3-16 から明らかなように，営業日と株価の関数関係もやはり数式で表すのは難しそうです。しかし，身長の例とは違って，株価の場合にはまったく規則性がないわけではないようです。株価の変動は連続的ですし，2007 年の最初の 2 カ月間は株価が直線的に上昇しているように見えます。株価の変化に何らかの規則性があるのであれば，それを知ることで将来の株価を予想できるかもしれません。そして，将来の株価が予想できれば株の取引で儲けることができるので，多くの人々が株価の変化に隠された関数関係を見つけようとしています。

株価に限らず，為替レートや物価，生産量や消費量などの変化の仕組みや規則性を調べて，将来の経済動向を予想することは経済学者の重要な仕事の一つです。それは，気象予報士が気象変動の仕組みや規則性を調べて将来の天気を予想するのとよく似ています。残念ながら，経済動向の予測は天気予報よりも難しく，なかなか当たらないのが現状です。今後の研究成果に期待

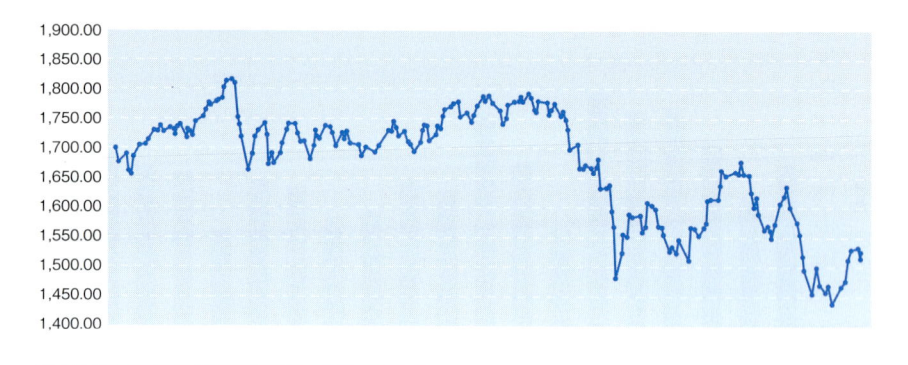

■図3-16　2007年中の株価の推移

したいところですね。

　この節では，いろいろな関数を見てきました。数学では連続な関数をもっぱら扱いますが，関数には不連続なものや数式で表せないようなものまでいろいろあることを理解しましょう。

3.5　合成関数

　「y が x の関数であり（$y = f(x)$），z が y の関数である（$z = g(y)$）」とします。このとき，x を決めると y が一意に定まり，y が決まることによって z も一意に定まるので，x を決めれば z は一意に定まります。つまり，z も x の関数になります。z と x の関数関係は，2 つの関数 f と g が組み合わさってできていますので，この関数を f と g の **合成関数** と言います（図 3-17）。

　具体的に，x と z の合成関数を求めるには，単純に $z = g(y)$ の y のところに $f(x)$ を代入することで求められます。つまり，$z = g(f(x))$ です。たとえば，$y = f(x) = 2x + 1$，$z = g(y) = y^2$ ならば，$z = g(f(x)) = (2x + 1)^2$ となります。

　合成関数は 2 つの関数が組み合わさったものなので複雑な形をしています

■図3-17　合成関数の対応関係

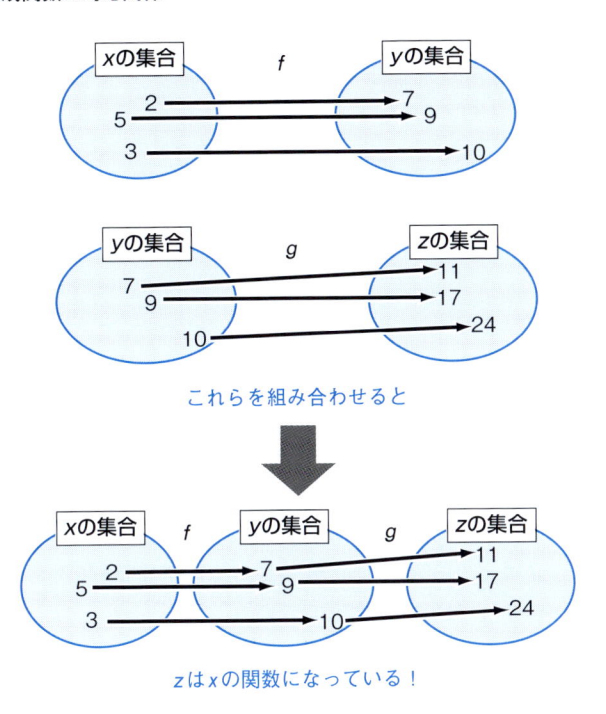

*x*の集合　*f*　*y*の集合
2 → 7
5 　　9
3 → 10

*y*の集合　*g*　*z*の集合
7 → 11
9 → 17
10 → 24

これらを組み合わせると

⬇

*x*の集合　*f*　*y*の集合　*g*　*z*の集合
2 → 7 → 11
5 → 9 → 17
3 → 10 → 24

*z*は*x*の関数になっている！

が，いくつかの関数を組み合わせて合成関数を作ることは難しくありません。問題なのはその逆の作業です。われわれが応用で使う関数の中には，複雑で分析できないようなものがいくつかあります。しかし，そういう複雑な関数も実はいくつかの簡単な関数が合成されてできている場合が多いのです。あとの章で示すように，一体どのような関数が合成されて複雑な関数ができているかを見破ることができれば，合成関数の知識を使って簡単に分析することができます。章末問題　問3.5で，合成関数を見破る練習をしておきましょう。

章末問題

問 3.1 基礎概念確認
次の言葉の意味を説明せよ。

関数　方程式　定義域　値域　逆関数　連続関数　定値関数　合成関数

問 3.2 基礎概念確認
変数 x と変数 y の関係式 $y = f(x)$ は何を意味しているか。また，$f(3)$ とは何を意味しているか。

問 3.3 関数関係の判定
変数 x と変数 y の関係式が 5 つ与えられている。それぞれの関係式について，下記の分類（A～D）に従って変数 x と変数 y の関数関係を判定しなさい。

分類　A　y は x の関数であるが，x は y の関数ではない。
　　　B　x は y の関数であるが，y は x の関数ではない。
　　　C　y は x の関数であり，かつ x も y の関数である。
　　　D　x と y の間に関数関係はない。

(1) $x^2 + y^2 = 1$　(2) $x^2 + y = 1$　(3) $2x + y = 1$

(4) $y = \begin{cases} 3x & \text{if } x \geq 0 \\ 2x & \text{if } x < 0 \end{cases}$　(5) $y = \begin{cases} 3 & \text{if } x \geq 0 \\ 2 & \text{if } x < 0 \end{cases}$

問 3.4 関数関係の判定
以下の 2 つの変数の間の関数関係を問 3.3 の分類にならって判定しなさい。わかる場合は関係を式で表しなさい。

(1) 面積が $1\,\text{m}^2$ の長方形の横の長さを $x\,\text{m}$，縦の長さを $y\,\text{m}$ とするときの x と y の関係。
(2) 一辺の長さが $x\,\text{m}$ の立方体の体積を $V\,\text{m}^3$ とするときの x と V の関係。
(3) 10g 200 円の紅茶と 10g 300 円の抹茶が売られている。紅茶を x g，抹茶を y g 買うときの料金の合計がちょうど 1000 円となるような x と y の関係。
(4) あなたが生まれてから D 日後の体重を W kg とするときの D と W の関係。
(5) 利子率 3 ％（1 年複利）で借りた 1 万円を Y 年後に返済するときの返済額を R 円とするときの Y と R の関係。

問 3.5　合成関数の分解

以下の関数は 2 つの関数を合成したものである。合成された関数を例にならって分解してみよう。

例：$y = (x^2+1)^3$ は $y = u^3$, $u = x^2+1$ を合成

(1)　$y = \sqrt{2x-1}$　　(2)　$y = e^{x^2+1}$　　(3)　$y = \ln\left(\dfrac{1}{x^2}\right)$

問 3.6　発展問題

「$y = f(x)$ と $z = g(y)$ の合成関数 $z = g(f(x))$ が連続関数ならば，$f(x)$ は必ず連続関数である」．この命題の真偽を明らかにせよ．

⟨例題 3.1 と例題 3.2 の解答⟩

例題 3.1　(1)　$y = 4x$　　(2)　(a) 非負の実数，(b) すべての 4 の倍数，(c) 4 以上 40 以下のすべての実数

例題 3.2　(1)　$y = \dfrac{x-1}{2}$，(4)　$y = \sqrt{x}$　(2) と (3) には逆関数が存在しない．

第4章

関数の極限

本章の目的

　第1章と第2章で数列の極限を学びました。これとよく似ていて混同してしまいがちなのが，関数の極限という概念です。微分法は関数の極限に基づいて定義されるものなので，微分を学んだ人は関数の極限についても学んでいるはずなのですが，学生の多くが関数の極限について間違った認識をしているようなのです。その結果，微分の計算はできるけど極限の計算は苦手という学生が非常に多いように思います。

　本章の目的は関数の極限の考え方を正しく理解し，自信をもって極限の計算ができるようになることです。

4.1　関数の極限と関数の連続性

　前章でも触れましたが，関数の極限の概念を使うことで「関数の連続性」を厳密に表現することができます。このことを理解するために，そして関数の極限を正しく理解するために，不連続な関数から議論を始めましょう。

　式とグラフが以下のように与えられた2つの関数を考えましょう（図4-1）。
　$f(x)$ は $x=2$ のところでグラフが切れており，$g(x)$ は $x=2$ のところで穴があいていますので前章で述べた理由から，いずれも $x=2$ のところで不連続です。

■図4-1　関数 f と関数 g のグラフ

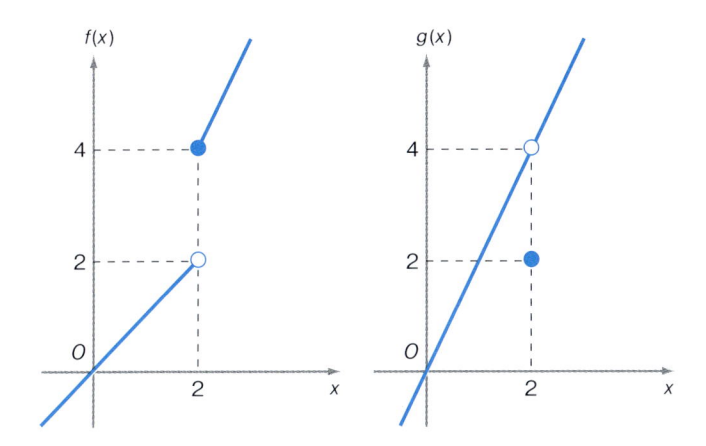

$$f(x) = \begin{cases} 2x & \text{if } x \geq 2 \\ x & \text{if } x < 2 \end{cases} \qquad g(x) = \begin{cases} 2x & \text{if } x \neq 2 \\ 2 & \text{if } x = 2 \end{cases}$$

さて，ここで x の値を 2 に近づけたときの関数 f と g の極限を考えましょう。すなわち，2 以外の値から x の値を少しずつ 2 に近づけていくときに，関数の値がどのような値に近づいていくかを考えます。

x の値を 2 に近づけるというのは，x と 2 の距離をどんどん小さくしていくことを指します。

たとえば，グラフ上の x の位置（値）を 1.9, 1.99, 1.999, … のように左から近づけても，2.1, 2.01, 2.001, … のように右から近づけてもよいですし，あるいは，1.9, 2.01, 1.999, 2.0001, … のように左右左右とジャンプしながら距離を縮めていっても構いません。

ただし，距離を 0 にしてはいけません。2 でない値をとりながら，距離をどんどん小さくしていく，これが第 1 の注意事項です。たとえば，1 回ごとに距離を半分にしていくような近づけ方を考えるとよいでしょう。この場合，

n 回目で距離は最初の $1/2^n$ になりますが，いつまでたっても（n をいくら大きくしても）距離が 0 になることはありませんね。関数の極限で「x をある値に近づける」というときは，このような近づけ方を意味します。

さて，このような方法で x の値を 2 に近づけるとき，関数 f の値はどうなるでしょうか。x の値を 1.9, 1.99, 1.999, … のように左から近づけると，f の値はどんどん 2 に近づいていきます。一方，2.1, 2.01, 2.001, … のように右から近づけると，f の値はどんどん 4 に近づいていきます。さらに，1.9, 2.01, 1.999, 2.0001, … のように左右左右とジャンプしながら近づけた場合には，2 と 4 の近くを振動してしまいます。このように，近づけ方によって関数の値が近づいていく値が異なる場合には「関数の極限」と呼べる値が存在しないので，「x が 2 に近づくときの関数 f の極限値は存在しない」と判定されます。

一方，関数 g では x の値を 1.9, 1.99, 1.999, … のように左から近づけても，2.1, 2.01, 2.001, … のように右から近づけても，さらに，1.9, 2.01, 1.999, 2.0001, … のように左右左右とジャンプしながら近づけたとしても，x が 2 に近づけば近づくほど関数 g の値は 4 に限りなく近づいていきます。どのように近づけても一つの実数 4 に近づくので，この 4 を「x が 2 に近づくときの関数 g の極限値」と呼び，このことを

$$\lim_{x \to 2} g(x) = 4$$

という式で表現します。この式は① x が 2 に近づくときの関数 g の極限値が存在して，②それが 4 である，という 2 つのことを意味しています。

以上の議論を一般化して，関数の極限を普通の教科書では次のように定義します。

● **関数の極限の定義**

関数 $f(x)$ において，x を a に限りなく近づけるとき，関数の値 $f(x)$ がある数 α に限りなく近づくならば，α を「x が a に近づくときの関数 f の極限値」，あるいは簡単化して「$x \to a$ のときの関数 f の極限値」と言い，このことを記号で次のように表す。

$$\lim_{x \to a} f(x) = \alpha$$

この表現はとても簡潔で覚えやすいのですが，近づける際に距離が 0 にならないように気をつけなければならないことや，どのように近づけても同じ値に向かっていかなければならないことなどが省略されていますので，誤解を招きやすいのです。

一番深刻な誤解は，「どんな関数でも迷わず $x = a$ のときの値に近づいていくはず」と決めつけ，

$$\lim_{x \to a} f(x) = f(a) \tag{4.1}$$

になるという思い込みです。これは必ずしも成り立ちません。冒頭の例で確かめてみましょう。

まず関数 f については $\lim_{x \to 2} f(x)$ が存在しませんので，$a = 2$ にしたときに (4.1) 式が成り立つはずもないですね。さらに関数 g については

$$\lim_{x \to 2} g(x) = 4$$

ですが，$x = 2$ のときの関数 g の値 $g(2)$ は 2 ですから，

$$\lim_{x \to 2} g(x) > g(2)$$

となって，やはり (4.1) 式は成立しません。

(4.1) 式が必ずしも成り立たないことは関数の極限の定義を考えれば明らかです。関数の極限値 $\lim_{x \to a} f(x)$ は a 以外の値をとりながら x を a に近づけたときの関数の値を調べているので，極限値は $x = a$ のときの関数 f の値 $f(a)$

とは無関係なのです。実際，定義域に a が含まれず，$f(a)$ が定まっていない場合やわからない場合でも $\lim_{x \to a} f(x)$ を調べることが可能なのです。

それにもかかわらず，(4.1) 式が成立すると誤解してしまうのはなぜでしょうか。

実は，その原因は「関数の連続性」にあるのです。冒頭の例で (4.1) 式が成立しないのは，$x = 2$ のところで関数グラフが切れていたり，穴があいていたりするからです。もしも関数グラフが $x = 2$ のところで連続的につながっていれば，関数の値は $x = 2$ のときの値 $f(2)$, $g(2)$ に近づかざるをえません。つまり，(4.1) 式が成り立つことと関数 f が $x = a$ で連続であることとは同じことなのです。実際，関数の連続性は (4.1) 式を使って次のように定義されます。

> ● 関数の連続性の厳密な定義
>
> $\lim_{x \to a} f(x) = f(a)$ が成立するとき，関数 f が $x = a$ で連続であると言う。

多くの学生がこのような誤解をしてしまうのは，高校数学で不連続な関数に触れることがほとんどないからでしょう。(4.1) 式が成立しないケースがあることを知らないのであれば，必ず成立すると思い込んでも仕方がないことのようにも思えます。しかし，もしも (4.1) 式が必ず成り立つのであれば，$f(a)$ と言えば簡単に済むことをなぜ $\lim_{x \to a} f(x)$ という複雑な概念でわざわざ置き換えるのだろう？という疑問が浮かんでくるはずです。なかなか実行は難しいのですが，数学力を磨くには，このような疑問をもつことが大事であり，納得できるまでとことん考えることが重要なのです。

4.2　x が限りなく大きく(小さく)なるときの極限

ここまでは x の値をある実数 a に近づけるときの関数の極限を考えましたが，次に x を限りなく大きくしていくときの関数の極限を考えましょう。たとえば，

$$f(x) = \frac{1}{x}$$

では，x を大きくすればするほど関数の値は小さくなり，0 に限りなく近づきますね。

　この例のように，x を限りなく大きくするときに関数 f の値がある値 α に限りなく近づくとき，α を「$x \to \infty$ のときの関数 f の極限値」と言い，このことを記号で

$$\lim_{x \to \infty} f(x) = \alpha$$

と表記します。

　同様に，x をマイナス方向に限りなく変化させる（小さくする）ときの関数 f の極限値を「$x \to -\infty$ のときの関数 f の極限値」と言い，$\lim_{x \to -\infty} f(x)$ で表します。

4.3　関数の極限が存在しないケース

　数列の極限と同様に，関数の極限も常に存在するとは限りません。図 4-1 の関数 f のように関数グラフが切れている点での極限は，グラフ上の x の位置（値）を左右どちらから近づけるかによって値が異なるので「存在しない」と判定されます。たとえば，階段関数の境界値での極限は存在しません。

　極限が存在しないのはこのほかに以下のようなケースがあります。

▶プラスおよびマイナス無限大に発散するケース

　関数 $f(x) = 1/x^2$ で，x を 0 に近づける場合を考えましょう（$x = 0$ が関数の定義域には含まれないことに注意）。グラフ上で x を右から 0 に近づけても，左から 0 に近づけても，近づけば近づくほど関数の値は際限なく大きくなっていき，極限値を見つけることはできません。

　この例のように，x をある値 a にどのように近づけても関数 f の値が際限

なく大きくなるとき,「$x \to a$ のとき関数 f はプラス無限大に発散する」と言い,

$$\lim_{x \to a} f(x) = +\infty$$

と表します。

逆にマイナス方向に際限なく変化する場合には,「$x \to a$ のとき関数 f はマイナス無限大に発散する」と言い,$\lim_{x \to a} f(x) = -\infty$ と表します。

このケースと関連して間違えやすいのが関数 $f(x) = 1/x$ の場合です。うっかり,

$$\lim_{x \to 0} \frac{1}{x} = +\infty$$

と書いてしまう人が多いのですが,これは間違いです。x を右から 0 に近づける場合には確かにプラス無限大に発散するのですが,左から 0 に近づけた場合には負の値をとり続け,マイナス無限大に発散してしまいます。極限が存在しないことに変わりはないのですが,プラス無限大ともマイナス無限大とも言えないので「極限は存在しない」と言うしかありません。

▶ 振動するケース

非常に珍しいケースですが,次の関数で x を 0 に近づけるとき,関数の値はどうなるかを考えてみましょう（この例でも $x = 0$ が関数の定義域には含まれないことに注意）。

$$f(x) = \sin \frac{1}{x^2}$$

x をグラフ上で左右どちらから 0 に近づけても $1/x^2$ は際限なく大きくなっていきます。このとき,三角関数の値は $1/x^2$ の変化に伴って,1 と -1 の間を循環して目まぐるしく変化し続け,ある値に近づいていくことはありません。0 に近づけば近づくほど激しい振動を繰り返すようになります。このように右から近づけても左から近づけても振動してしまうケースも存在するのです。

▶ 参考:数列の極限と関数の極限の関係

関数の極限は数列の極限とよく似ているので混同してしまいがちですが,異なる概念です。一体どこがどのように違うのでしょうか。よく似た例を使って確認してみましょう。次の例を見てください。上が数列の極限の例で下が関数の極限の例です。

$$\text{数列の極限の例}: \lim_{n \to \infty} \frac{n^2}{n^2 + 1}$$

$$\text{関数の極限の例}: \lim_{x \to a} \frac{x^2}{x^2 + 1}$$

第1の違いは n と x のとる値です。n は自然数 (1, 2, 3, 4, ⋯) をとりますが,x のとりうる値は実数です。たとえば,

$$\lim_{n \to 100} \frac{n^2}{n^2 + 1} \quad \text{と} \quad \lim_{x \to 100} \frac{x^2}{x^2 + 1}$$

という2つの表現を見てみましょう。後者は問題ありませんが,前者は誤りです。自然数は連続的ではないので,自然数 n を 100 に限りなく近づけることはできません。100 にもっとも近い自然数は 99 と 101 で,それ以上近づけると 100 になってしまいます。これでは「限りなく近づく」という極限のイメージに合いません。

数列の極限では,n をある値に近づけるのではなく,n を限りなく大きくしていったときに数列の値がどのように変化するのかということだけを問題にします。すなわち,$n \to \infty$ しか考えないのです。これは $x \to \infty$ のときの関数の極限 $\lim_{x \to \infty} f(x)$ と非常によく似ています。実際,上の例では,

$$\lim_{n \to \infty} \frac{n^2}{n^2 + 1} = \lim_{n \to \infty} \left(\frac{n^2 + 1}{n^2 + 1} - \frac{1}{n^2 + 1} \right) = \lim_{n \to \infty} \left(1 - \frac{1}{n^2 + 1} \right) = 1$$

$$\lim_{x \to \infty} \frac{x^2}{x^2 + 1} = \lim_{x \to \infty} \left(1 - \frac{1}{x^2 + 1} \right) = 1$$

と同じ極限をもちます。一般に $\lim_{x \to \infty} f(x) = \alpha$ ならば,一般項が $f(n)$ であるような数列の極限 $\lim_{n \to \infty} f(n)$ も α となります。$\lim_{x \to \infty} f(x) = \alpha$ が意味するの

は，x をどのように大きくしていったとしても，際限なく大きくしていけば関数の値は α に限りなく近づくということです。一方，数列の極限 $\lim_{n\to\infty} f(n)$ は n を 1, 2, 3, 4, $\cdots$ と自然数の値だけをとりながら大きくした場合を考えるものです。どのように大きくしても α に限りなく近づくのだから，自然数だけをとりながら大きくしてもやはり α に限りなく近づかなければならないのです。

逆に，$\lim_{n\to\infty} f(n) = \alpha$ が成り立つならば，$\lim_{x\to\infty} f(x) = \alpha$ も成り立つと言えるでしょうか？ 残念ながら，これは必ずしも成立しません。たとえば，数列 $a_n = \sin \pi n$ という数列は，常に 0 の値をとる数列 $\{0, 0, 0, \cdots\}$ なので $\lim_{n\to\infty} a_n = 0$ ですが，これと対応する関数 $f(x) = \sin \pi x$ の値は -1 から 1 までの値を循環するので収束しません。このように，$\lim_{n\to\infty} f(n)$ が収束するのに $\lim_{x\to\infty} f(x)$ が収束しないということは起こりえます。しかし，それぞれが異なる値に収束するということはありません。ともに収束するのであれば必ず同じ値に収束します。

数列の極限と関数の極限の対応でとくに重要なのが，次の例です。

$$\lim_{n\to\infty} \left(1 + \frac{1}{n}\right)^n \quad と \quad \lim_{x\to\infty} \left(1 + \frac{1}{x}\right)^x$$

すでに第 2 章で学んだように，前者（数列の極限）は自然対数の底 e の定義ですから，無理数 $e \fallingdotseq 2.718$ に収束します。それでは，それに対応する後者（関数の極限）は収束するでしょうか？ $f(x) = \sin \pi x$ のように，x が整数でないときに関数の値が振動していたりすると困るのですが，結論から言うとそのような不規則な変化をすることはありません。第 7 章の章末問題 問 7.2(4) で確認しますが，x が正のときにはこの関数は単調増加となりますので，数列の極限と同じ無理数 e に収束するのです。つまり，

$$\lim_{n\to\infty} \left(1 + \frac{1}{n}\right)^n = \lim_{x\to\infty} \left(1 + \frac{1}{x}\right)^x = e$$

となるわけです。

ステップアップ 関数の極限の厳密な定義

数列の極限と同様に，関数の極限の厳密な定義も少し難解です。

第1章で説明した数列の極限では，$\lim_{n \to \infty} a_n = \alpha$ は「どんなに小さい ε をとったとしても，数列の値 a_n がいずれ α の ε 近傍から外に出なくなる」ことを意味しました。

これと同様に，関数の極限において $\lim_{x \to a} f(x) = \alpha$ は「どんなに小さい ε をとったとしても，x の値を十分 a に近づければ，関数 $f(x)$ の値は α の ε 近傍から外に出なくなる」ことを意味します。

しかし，このままではどこまで近づければよいのかわかりづらいので，「x の値を十分 a に近づければ」という部分を，近傍という表現を使って「x の値を十分に小さい a の δ 近傍まで近づければ」と言い換えます。ここでの δ（デルタ）は x が収まるべき近傍のサイズです。ε 近傍が小さければ小さいほど，それに応じて δ も小さくしなければなりません。

数学者は曖昧で悠長な表現を嫌うので，関数の極限は次のように簡潔に表現されます。

● **定　義**

$\lim_{x \to a} f(x) = \alpha$ とは，任意の正の数 ε に対して，次の条件を満たす δ が存在することをいう。

$0 < |x - a| < \delta$ を満たすすべての x に対して，$|f(x) - \alpha| < \varepsilon$

条件中にはじめに出てくる不等式 $0 < |x - a| < \delta$ は「x が a の δ 近傍に入っている」ことを意味します。不等式に「$0 <$」があるのは，x を a に近づける際に距離を 0 にしてはならないからです。一方，2 つめに出てくる不等式 $|f(x) - \alpha| < \varepsilon$ は「関数の値 $f(x)$ が α の ε 近傍に入っている」ことを意味します。「どんなに小さい ε であっても，x が a の δ 近傍に入っていれば，対応する関数の値が α の ε 近傍に収まる」，そのような δ を見つけられることが「$x \to a$ のとき関数 f の極限値が α である」こと，すなわち $\lim_{x \to a} f(x) = \alpha$ の意味なのです。

したがって，$\lim_{x \to a} f(x) = \alpha$ を証明するには，正の数 ε がどんなに小さい値であっても，その ε の値に応じて条件を満たす δ を見つけられることを示せばよいのです。はじめのうちは ε の値を 0.1 など具体的に定めて，条件を満た

すδを見つける練習をするとよいでしょう．それができたら，任意のεに対してδの存在を証明する方法を習得していきましょう（以降の節や章末問題　問4.9 参照）．

数列の極限の厳密な定義の仕方がε–N論法と呼ばれるのに対し，上述した関数の極限の定義法は**ε–δ論法**と呼ばれます．これも多くの学生を挫折させる難解な概念です．しかし理解できるなら，スキップせずに身につけ，便利な道具として使えるようになってください．

4.4　関数の極限の求め方

ここでは関数の極限を求めるときのコツを紹介します．

▶ 関数の連続性を確認しよう

$x \to a$のときの関数の極限を計算で求める場合，まず$x = a$のところで関数グラフがどうなるのかを考えてみましょう．図 4-1 の関数fや関数gのように，単一の数式ではなく，xの値によって場合分けされた複数の式で与えられていて，$x = a$が場合分けの境界点になっている場合には，$x = a$で関数が連続になっているかどうかを注意深く調べる必要があります．もしも，$x = a$のところでグラフが切れていたり，発散していたりすれば，極限は存在しないことになります．図 4-1 の$g(x)$のように$x = a$のところで関数グラフに穴があいているケースでは極限が存在しますが，$x = a$のときの値$g(a)$に惑わされず，関数の極限を調べなければなりません．

われわれが応用で扱う関数の多くは，単一の数式で与えられる連続関数です．前章で述べたように，定値関数，べき関数，指数関数，対数関数，三角関数はすべて連続関数です．とくに$x = a$が定義域に含まれる場合には，連続関数の性質から

$$\lim_{x \to a} f(x) = f(a)$$

となるので，xのところにaを代入することで極限値が簡単に求められます．

しかし，$f(x) = 1/x$ のように定義域に含まれない x の値（この例では 0）への極限を調べる場合には，グラフが発散している可能性を確認する必要があります。以下に示す不定形の極限になっている場合も多いので注意が必要です。

▶複雑な関数は分解しよう

複雑な関数は，複数の関数が組み合わさってできています。関数の極限も数列の極限と同様に以下の性質をもつので，これを利用して関数を分解し，極限を調べれば比較的簡単に極限を求めることができます。

> ● **定理 4.1**
>
> x の関数 $f(x)$ と $g(x)$ が $x \to a$ の極限値をもつとき
>
> (1) $\lim_{x \to a}(f(x) + g(x)) = \lim_{x \to a} f(x) + \lim_{x \to a} g(x)$
>
> (2) $\lim_{x \to a}(f(x) - g(x)) = \lim_{x \to a} f(x) - \lim_{x \to a} g(x)$
>
> (3) $\lim_{x \to a}(f(x) \cdot g(x)) = \lim_{x \to a} f(x) \cdot \lim_{x \to a} g(x)$
>
> (4) $\lim_{x \to a} \dfrac{f(x)}{g(x)} = \dfrac{\lim_{x \to a} f(x)}{\lim_{x \to a} g(x)}$ （(4) に限り $\lim_{x \to a} g(x) \neq 0$）

この定理はプラス無限大やマイナス無限大に発散する関数を含む場合には厳密には成り立ちません。しかし，数列の極限の場合と同様，「∞」を以下のルールを満たす特別な数字であるかのように扱う簡便法を使うことで，発散する関数にも定理 4.1 を強引にあてはめて極限を調べることができます。

> ● **∞の特別ルール**
>
> a を任意の正の実数とするとき，
>
> $a + \infty = \infty \quad a - \infty = -\infty \quad a \times \infty = \infty \quad \dfrac{a}{\infty} = 0$
>
> $\dfrac{\infty}{a} = \infty \quad \infty + \infty = \infty \quad -\infty - \infty = -\infty \quad \infty \times \infty = \infty$

不定形の極限

定理 4.1 と無限大の特別ルールを使って極限を求めようとすると

$$\infty - \infty \quad \infty/\infty \quad 0/0 \quad a/0 \quad 0 \times \infty$$

という形になることがあります。数列の極限と同様に，関数の極限でもこれら **不定形の極限** の扱いが大きな難関です。

誤解されがちなのでもう一度確認しますが，不定形の極限は，極限が存在しないことや振動することを意味するのではありません。不定形になった場合，このままでは極限が存在するかどうかを判定できないだけであって，不定形にならない形に式変形することで関数の極限がわかる場合がほとんどです。以下の例題をやってみましょう。

> **例題 4.1**
>
> 次の関数の極限を求めよ。
>
> $$f(x) = \frac{x^2 - 4x + 3}{x^2 - 5x + 6}$$
>
> (1) $x \to 3$ のとき　　(2) $x \to 2$ のとき　　(3) $x \to \infty$ のとき
> (4) $x \to -\infty$ のとき
>
> (解答例を見る前に自分で考えてみましょう。)

解答例

極限を考える前に，この関数の定義域を考えましょう。この関数は $x = 3$ および $x = 2$ のとき分母の値が 0 になるので，これらは定義域に含まれません。定義域は $x = 2, 3$ 以外の全実数となります。

分母と分子はともに連続関数なので，分母と分子の極限は簡単に調べることができますが，(1)〜(4) のいずれの場合にも不定形になってしまいます。それをいかに解消するかが問題を解くカギです。

(1) $x \to 3$ のとき，分母も分子もともに 0 に限りなく近づきますので，これは不定形の極限 $0/0$ のケースです。極限を調べるには不定形にならない形に関数を変形する必要があります。このケースでは分母と分子を因数分解することで不定形にならない形に書き換えることができます。

$$\lim_{x \to 3} \frac{x^2 - 4x + 3}{x^2 - 5x + 6} = \lim_{x \to 3} \frac{(x-3)(x-1)}{(x-3)(x-2)}$$

ここで $x \neq 3$（定義域に含まれない）だから $x - 3$ は 0 でないので約分をすることができます。よって

$$= \lim_{x \to 3} \frac{x-1}{x-2} = \frac{3-1}{3-2} = 2$$

となり $x \to 3$ のときの極限が 2 になることがわかります。

(2) 一方，$x \to 2$ のときは分母だけが 0 に収束するタイプの不定形の極限です。$x > 2$ では関数の値は常に正なので右から 2 に近づけたときの極限はプラス無限大に発散します。一方，x を左から 2 に近づけると関数の値はいずれ負となり，2 に近づければ近づけるほど関数の値はマイナス無限大に発散していきます。近づけ方によって発散の方向が異なるため，$x \to 2$ のときの極限は存在しないと判定されます。

(3)(4) この問題では (1) のように分母と分子を約分できますので，簡単化してから極限を調べてもよいのですが，問題によっては分母と分子が約分できない場合もあります。

そのような場合でも，次のように分母と分子を共通変数で割ることで簡単に $x \to \infty$ または $x \to -\infty$ のときの極限が求められることがよくあります。この場合は最高次の x^2 で分母と分子を割ります。すると，

$$\lim_{x \to \infty} \frac{x^2 - 4x + 3}{x^2 - 5x + 6} = \lim_{x \to \infty} \frac{1 - \frac{4}{x} + \frac{3}{x^2}}{1 - \frac{5}{x} + \frac{6}{x^2}} = \frac{1 - \lim_{x \to \infty} \frac{4}{x} + \lim_{x \to \infty} \frac{3}{x^2}}{1 - \lim_{x \to \infty} \frac{5}{x} + \lim_{x \to \infty} \frac{6}{x^2}}$$

$$= \frac{1 - 0 + 0}{1 - 0 + 0} = 1$$

となります。同様に，$x \to -\infty$ のときの極限も 1 となります。

ちなみに，この関数のグラフは図 4-2 のようになっています。冒頭で述べたように，この関数は $x = 2, 3$ を定義域に含みません。しかし，$x = 2$ と 3 とで関数はまったく異なる振る舞いをします。$x = 2$ に近づくときは，右からはプラスに，左からはマイナスに発散してしまいます。一方，$x = 3$ に近づくときは関数は 2 という値に収束します。そして，x がプラスあるいはマイナス無限大に発散するとき，関数の値は 1 に収束します。

■図4-2　(1)と(2)共通の関数グラフ

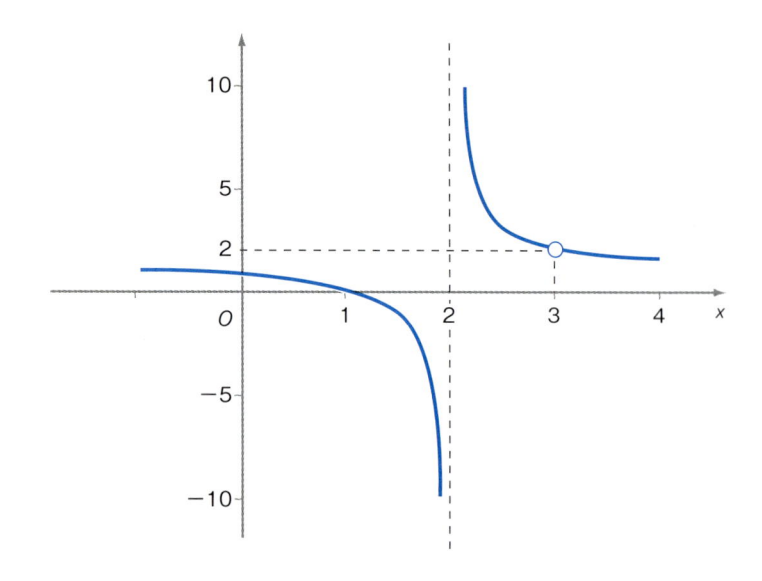

さて，やや細かい話ですが読者のみなさんは，

$$\frac{x^2 - 4x + 3}{x^2 - 5x + 6} = \frac{x - 1}{x - 2}$$

と書き換えられるのだから「最初から関数を右辺のように書いておけばよいのではないか？」とか「$x = 3$ も関数の定義域に含めて $f(3) = 2$ とすればよいのではないか？」と疑問に思ったかもしれません。

なるほど当然の疑問ですが，結論から言えば最初から書き換えをすることも，定義域に $x = 3$ を含めることもできません。

なぜなら，上のような書き換えができるのは，そもそも $x = 3$ が定義域に含まれておらず，$(x - 3)$ が 0 でないからです。9/12 を 3 で約分して 3/4 とできるのは，0 でない共通の数字（この例では 3）で分母と分子を割っても分数の値が変わらないからです。しかし，「0/0 を共通の数字 0 で割って 1/1 になる」とはできないのです。第 2 章で説明したように，そもそも 0/0 自体，値を特定できない厄介なものなのです。

また，最初から関数を書き換えてしまうと，$x=3$ が定義域に含まれないことが見落とされてしまいかねません。つまり，関数が書き換えられることと定義域に $x=3$ が含まれないことは密接に関係しているのです。関数の値が定義されないような x の値があるというのは気持ちが悪いかもしれませんが，現実問題でこの左辺のような関数が出てきた場合には，通常，$x=3$ は特別な意味をもっていて定義域に含められない理由がちゃんとあるのです。

4.5 連続関数の性質

前節で説明したとおり，関数が連続であることがわかればその極限を簡単に調べることができます。したがって，どのような関数が連続になるかを知っておくことはとても大事です。

まず，前章で紹介した**定値関数**，**べき関数**，**指数関数**，**対数関数**はすべて**連続関数**です。また経済学ではあまり扱いませんが**三角関数**も連続関数です。

例題 4.1 で登場した関数

$$f(x) = \frac{x^2 - 4x + 3}{x^2 - 5x + 6}$$

のグラフ（図 4-2）は $x=2$ と 3 のところでもグラフがつながっていないので連続関数ではないように見えます。しかし，連続関数とは「定義域におけるすべての点で連続な関数」ですから，これも連続関数となります。不連続と言える点 $x=2$ と 3 が定義域に含まれていないので問題ありません。

前章では連続＝「グラフが一つながりであること」と説明しましたが，厳密にはこれは x が定義されている区間での話です。そもそも定義域が切れている場合には，グラフが切れてしまうのは当たり前なので，そのことをもって「この関数は不連続である」とは言わないのです。定義域が切れていない連続した区間であるのにもかかわらず，関数のグラフが切れているときにはじめて「不連続」と言います。

また，連続関数を足したり，引いたり，掛けたり，割ったりしたものも連続

関数になりますし，さらに連続関数を合成したものも連続関数になりますので，経済学で扱うほとんどすべての関数は連続関数であると言えます。このことはとてもありがたいことで，多少複雑な関数でも，組み合わされた個々の関数の連続性を利用することで簡単に極限を調べることができるのです。たとえば，

$$f(x) = e^{x^2 + \ln x}$$

はとても複雑ですが，この関数は指数関数にべき関数と対数関数の和を合成してできているのでやはり連続関数です。連続関数なのですから，定義域に含まれる値への極限であれば簡単に求めることができます。対数は真数が正のときしか定義できないので，この関数の定義域は $x > 0$ の全実数です。よって連続関数の性質より，任意の正数 a に対して

$$\lim_{x \to a} e^{x^2 + \ln x} = f(a) = e^{a^2 + \ln a}$$

となります。

連続関数の極限計算で少し厄介なのは，定義域の境界への極限です。この例では $x \to 0$ への極限がそれにあたります。この場合，対数関数がマイナス無限大に発散するので，累乗の指数がマイナス無限大になることから極限が 0 になることがわかります。∞ を数字のように扱う簡便法で表現すると，

$$\lim_{x \to 0} e^{x^2 + \ln x} = e^{-\infty} = 0$$

となります。このように，基本となる連続関数（べき関数，指数関数，対数関数など）の性質がわかれば関数の極限を比較的簡単に求められるのです。

連続関数がもつ基本的な性質として，次の2つの定理も重要です。

> ● **中間値の定理**
>
> 関数 $f(x)$ が区間 $[a, b]$ において連続であり，$f(a) \neq f(b)$ ならば，$f(a)$ と $f(b)$ の間の任意の実数 m に対して，
>
> $$f(c) = m \quad \text{かつ} \quad a < c < b$$
>
> となるような c が必ず存在する。

● **最大値・最小値の定理**

関数 $f(x)$ が区間 $[a, b]$ において連続ならば，$f(x)$ はこの区間 $[a, b]$ において最大値および最小値をもつ。

この表現では少し抽象的なので，具体的な例を考えてみましょう。かりに $f(a) < f(b)$ とすると，連続関数 $f(x)$ のグラフは点 $(a, f(a))$ とその右上方に位置する点 $(b, f(b))$ を結ぶ切れ目のない線になるはずです。切れ目がなければ直線でも曲線でも構いませんが，関数のグラフなので垂直線を描いたときにグラフとの交点が 1 つでなければなりません。みなさんも自由に曲線を描いてみましょう。

図 4-3 には 2 つのケースを図示しました。連続関数には実に多様な関数が含まれますので，これらはその中の 2 つの例にすぎないのですが，上記の 2 つの定理の意味を理解するには十分でしょう。

まず中間値の定理ですが，点 $(a, f(a))$ と点 $(b, f(b))$ を線で結ぼうとすると，どうしても $f(a)$ と $f(b)$ の中間にある m という値を経由せざるをえません。関数の値が m になるような x の値（これを c としています）が必ず区間

■図4-3　中間値の定理と最大値・最小値の定理の図解

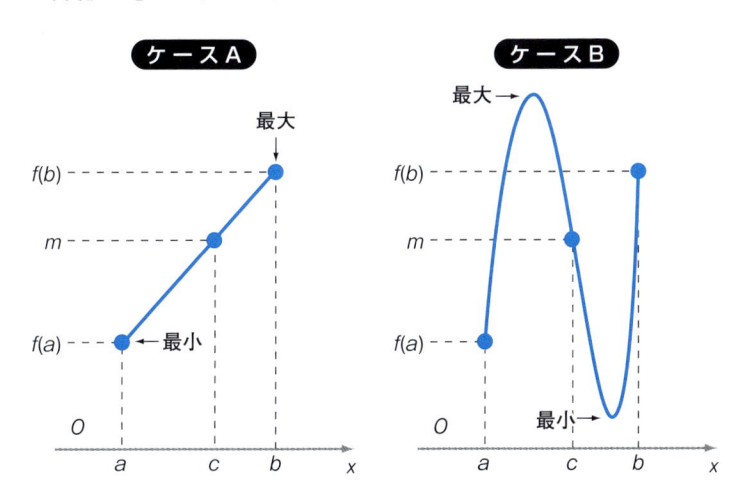

[a, b] の中になければならない。これが中間値の定理の意味です。当たり前と言えば当たり前ですね。

次に、最大値・最小値の定理を考えましょう。点 (a, f(a)) と点 (b, f(b)) を連続な線で結んだら、必ず一番高い点と一番低い点がなければなりません。ケース A では端点 a と b がそれぞれ最小点と最大点となりますが、ケース B のように区間の内点で最大値、最小値をもつこともあります。いずれにしても必ず最大値と最小値が両方存在する。これが最大値・最小値の定理の意味です。

この例だけでは最大値・最小値の定理の「ありがたさ」がよくわからないかもしれません。この定理が重要なのは、定理の条件を満たさない場合には関数が最大値・最小値をもたない危険があるからです。たとえば、定義域が端点を含まない開区間 (a, b) である場合や関数が不連続な場合には最大値と最小値をもたないことがあります。図 4-4 を見てください。

左側の開区間のケースは定義域に端点を含みません。グラフから明らかなように関数の値は x が b に近づくほど大きくなることがわかりますが、$x = b$ のときの関数の値は定義されていません。「b より小さい実数の中で一番大きい数」で関数は最大値をもつと言いたいところですが、第 1 章で説明したよ

■図4-4　最大値・最小値をもたないケース

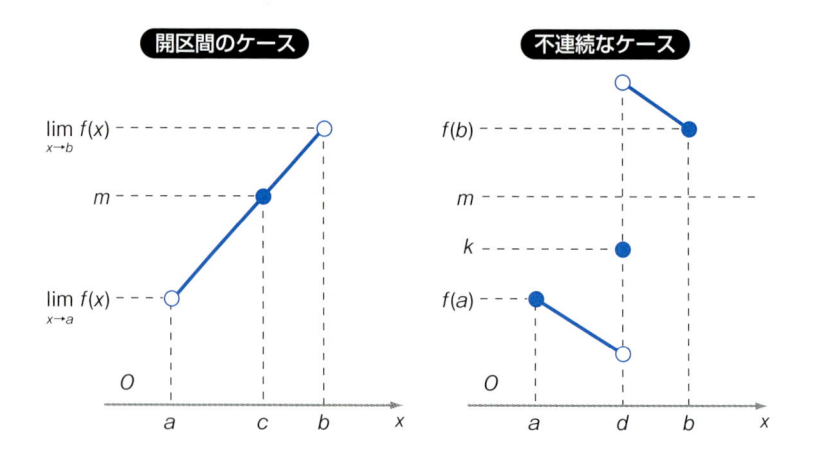

うに実数は稠密性をもつため，そのようなものは存在しないのです。ですから，最大値は存在しないと判定されます。同様に最小値も存在しません。

右側の不連続なケースでは不連続点 d に右側から近づくとどんどん大きくなりますが，不連続点 d における関数の値は k なのでこれは最大値にも最小値にもなりえません。ここでも，「d より大きい実数の中で一番小さい数」で最大値をもち，「d より小さい実数の中で一番大きい数」で最小値をもつと言いたいところですが，いずれの数字も存在しませんので，最大値も最小値も存在しないのです。ちなみに，このケースでは中間値の定理も成立していませんね。このように不連続な関数と比較すると2つの定理の意味とありがたさがわかります。

実際，中間値の定理は方程式の解を見つける際に重要な手掛かりを与えてくれますし，最大値・最小値の定理は経済問題で企業や家計の最適行動を特定するための条件として利用されています。

章末問題

問 4.1 基礎概念確認
次の式の意味を言葉で説明しなさい。
(1) $\lim_{x \to 3} f(x) = 7$　　(2) $\lim_{x \to -\infty} g(x) = +\infty$

問 4.2 基礎概念確認
関数の極限 $\lim_{x \to a} f(x)$ が存在しないのはどのような場合か説明しなさい。

問 4.3 基礎概念確認
$\lim_{x \to a} f(x) = f(a)$ が成り立つのはどのような場合か説明しなさい。

問 4.4 計算練習問題
次の関数の極限を求めよ。

(1) $f(x) = \begin{cases} x^2 & \text{if} \quad x \geq 3 \\ x & \text{if} \quad x < 3 \end{cases}$ とするとき，$\lim_{x \to 3} f(x)$

(2) $g(x) = \begin{cases} 2x & \text{if } x \neq 2 \\ 0 & \text{if } x = 2 \end{cases}$ とするとき，$\lim_{x \to 2} g(x)$

(3) $h(x) = \begin{cases} x^2 & \text{if } x \geq 1 \\ 1 & \text{if } x < 1 \end{cases}$ とするとき，$\lim_{x \to 1} h(x)$

(4) $\lim_{x \to 2} x^3$ (5) $\lim_{x \to 0} e^x$ (6) $\lim_{x \to 1} \ln x$

問 4.5 計算練習問題

以下の各関数について，「$x \to \infty$ のとき」「$x \to 0$ のとき」「$x \to -\infty$ のとき」の極限値があれば求めよ。

(1) x^3 (2) $\dfrac{1}{x}$ (3) e^x (4) $\dfrac{2x+1}{x-2}$ (5) $\dfrac{1}{e^x}$

(6) $\dfrac{1}{x^2}$ (7) $\sin x$ (8) $\cos x$ (9) $\sqrt{x}$ (10) $\ln x$

問 4.6 計算練習問題

次の関数の極限を求めよ。

(1) $\lim_{x \to 0}(x + e^x)$ (2) $\lim_{x \to -\infty} \dfrac{e^x}{1 + e^x}$ (3) $\lim_{x \to 1} \dfrac{x^2 - 3x - 1}{x^2 + 2x + 2}$

(4) $\lim_{x \to 0} \dfrac{e^{2x} - 3e^x - 1}{\ln(x+1)}$

問 4.7 不定形の極限

次の関数の極限を求めよ。不定形の極限に注意せよ。

(1) $\lim_{x \to \infty}(x^3 - x^4)$ (2) $\lim_{x \to 0} \dfrac{x^2 + x}{x}$ (3) $\lim_{x \to \infty} \dfrac{x+1}{x^2 + 2x + 1}$

(4) $\lim_{x \to -\infty} \dfrac{x^3 + 4}{2x^3 + 5x + 1}$ (5) $\lim_{x \to 0} \dfrac{(x+1)^2 - 1}{x}$ (6) $\lim_{x \to a} \dfrac{x^3 - a^3}{x - a}$

(7) $\lim_{x \to -\infty} \dfrac{e^x - e^{-x}}{e^x + e^{-x}}$ (8) $\lim_{x \to -\infty} \dfrac{x^3 + 4}{2x^3 + 5x + 1}$ (9) $\lim_{x \to \infty}(\sqrt{x+1} - \sqrt{x})$

(10) $\lim_{x \to \infty}\{\ln(x+2) - \ln x\}$ (11) $\lim_{x \to \infty}(\sqrt{x^2 + 2x} - 2x)$

問 4.8 関数の極限と自然対数の底 e

以下の事実を利用して，次の関数の極限を求めよ。

$$\lim_{x \to \infty}\left(1 + \dfrac{1}{x}\right)^x = e$$

(1) $\displaystyle\lim_{x\to\infty}\left(1+\frac{1}{x}\right)^{2x}$ (2) $\displaystyle\lim_{x\to\infty}\left(1+\frac{2}{x}\right)^{x}$ (3) $\displaystyle\lim_{x\to-\infty}\left(1+\frac{1}{x}\right)^{x}$

問 4.9　発展問題

ε–δ 論法を使って定理 4.1 の (3) と (4) を証明せよ。

定理 4.1(3)　$\displaystyle\lim_{x\to a}(f(x)\cdot g(x))=\lim_{x\to a}f(x)\cdot\lim_{x\to a}g(x)$

定理 4.1(4)　$\displaystyle\lim_{x\to a}\frac{f(x)}{g(x)}=\frac{\displaystyle\lim_{x\to a}f(x)}{\displaystyle\lim_{x\to a}g(x)}$

ただし，議論を簡単にするために次のように仮定してよい。

$$\lim_{x\to a}f(x)=\alpha>0 \qquad \lim_{x\to a}g(x)=\beta>0$$

第5章

微分係数と導関数

本章の目的

　さあ，いよいよ微分に入ります。本章の目的は微分の意味を理解することです。「微分の計算問題はできるけど意味はわからない……」という大学生が大勢いるようです。計算ができても意味がわからなければ，それを道具として使うことも，議論を発展させることもできません。これでは役に立たない勉強に終わってしまいます。そうならないためにも意味をしっかりと理解するところから始めましょう。
■ 1次関数（直線）と傾きの意味
■ 微分可能性と微分係数
■ 導関数

5.1　はじめに

　次の問題ができるようになるのが本章の大きな目標です。微分の意味を理解していればできるはずです。高校で微分をすでに学んだ人は挑戦してみましょう。

例題 5.1

図 5-1 の関数 f を微分して得られる導関数 f' のグラフのおおよその形を描きなさい。

■図5-1　関数 f のグラフ

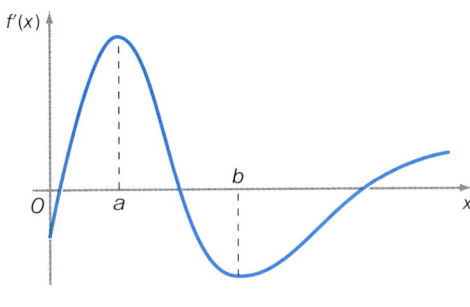

（解答は章末にあります。）

「関数の式がわからなければ導関数の形がわかるはずがない」と思うかもしれませんが，解答と同じようなグラフを描くことができる学生がいます。彼らが導関数のグラフを描けるのは，次のことが頭に入っているからです。

微分とは関数の傾きを調べる作業である。

例題の関数グラフはグニャグニャと曲がった曲線です。はじめは傾きが急な右下がりで，それが徐々に緩やかになり，ちょうど x の値が a のところで傾きがゼロになっています。そして，そこから傾きはプラスに転じて……というように，x の値が変化すると傾きも変化します。詳しいことはあとで説明しますが，各 x の値に対する関数の傾きを教えてくれているのが導関数なのです。

つまり，導関数の正しいイメージは図 5-2 のような感じです。たとえば，x の値 3 に対応する導関数の値 $f'(3)$ は「x が 3 のときの関数グラフの傾き」を意味しています。この「傾きを教えてくれる関数」を求める作業を微分と言います。だから，「微分する」とは関数の傾きを調べる作業だと言えるわけです。

微分を正しく理解するために，まずこの「傾き」という言葉の意味を確認することから始めましょう。

■図5-2　導関数のイメージ

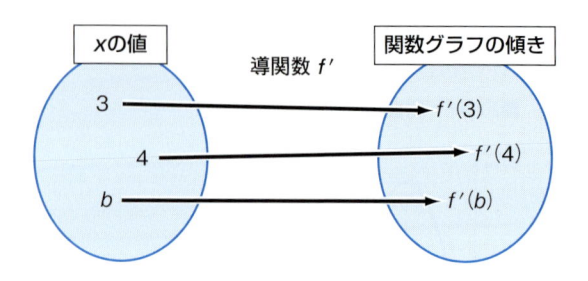

```
 ┌─────┐           ┌─────────┐
 │ xの値 │  導関数 f'  │関数グラフの傾き│
 │  3  │──────────→│   f'(3)    │
 │  4  │──────────→│   f'(4)    │
 │  b  │──────────→│   f'(b)    │
 └─────┘           └─────────┘
```

5.2　1次関数（直線）と傾きの意味

　「傾き」という概念は中学校の 1 次関数のところで学んだはずです。たとえば，$y = 2x + 1$ という 1 次関数の傾きは，2 ですね。ちなみに 1 は切片（あるいは y 切片）と言います。一般に，1 次関数 $y = ax + b$ の傾きは a です。

　さて，この「傾き」とは一体何を意味しているのでしょう？ 1 次関数のグラフは直線ですが，傾きというぐらいですから，この直線がどれぐらい傾いているかを意味しています。では，傾きが 2 のとき，グラフについて何が言えるのでしょうか（図 5-3）。

　「直線の角度」と答える学生もいますが，もちろん，傾きが 2 の直線の角度は 2 度ではありません。グラフをよく見ると，「傾き」は次の 2 つのことを表していることがわかります。

> ● **傾きの意味（直線の場合）**
> 意味 1：x が 1 増加するとき，y がどれだけ増加するかを示す（マイナスなら減少）。
> 意味 2：x が増加するとき，y がその何倍増加するかを示す（マイナスなら減少）。

■図5-3 傾きの意味

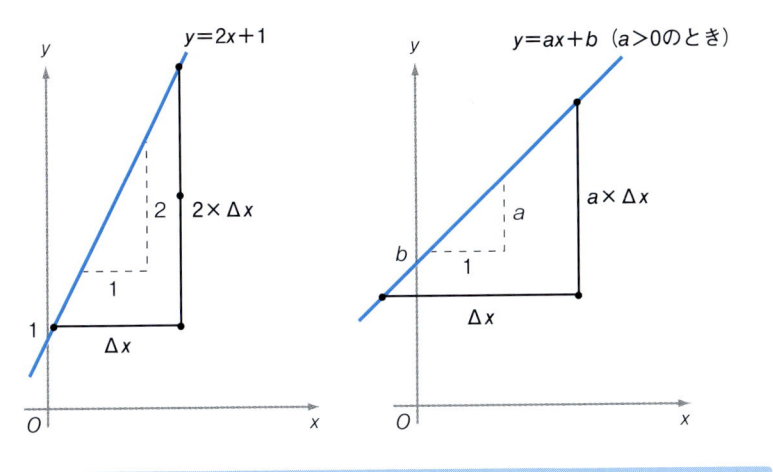

直線 $y = 2x + 1$ 上では，傾きが常に 2 で一定なので，どこの点から x を増加させても，x が 1 増えれば y は 2 増加します。また，x の任意の増加に対して，y は必ずその 2 倍増加します。

意味 1 は目盛りを省略した直線グラフの傾きを表現するのによく使われます。図 5-4 のように直線を斜辺とする小さい直角三角形を描けば，x 軸と y 軸の目盛を描かなくても，左の直線は傾き 15，右の直線は傾き -4 であることがわかります。

微分の意味を理解する際には意味 2 のほうがより重要です。意味 2 を簡単に言い換えれば，傾きとは「x の変化と（それに対する）y の変化の比率」なのです。式で書けば

$$\text{直線の傾き} = \frac{y \text{ の変化}}{x \text{ の変化}} = x \text{ の変化に対する } y \text{ の変化の比率}$$

となります。意味 2 は本章でよく使いますので覚えましょう。

もっと大雑把な表現をすれば「傾き」は「独立変数 x が従属変数 y に与える影響の大きさ（インパクト）」を表しているとも言えますね。傾きの符号は影響の方向を示します。傾きがプラスであれば，独立変数 x の変化が従属変数 y を同方向に変化させます。マイナスであれば，逆方向に変化させます。

■図5-4　グラフの傾き

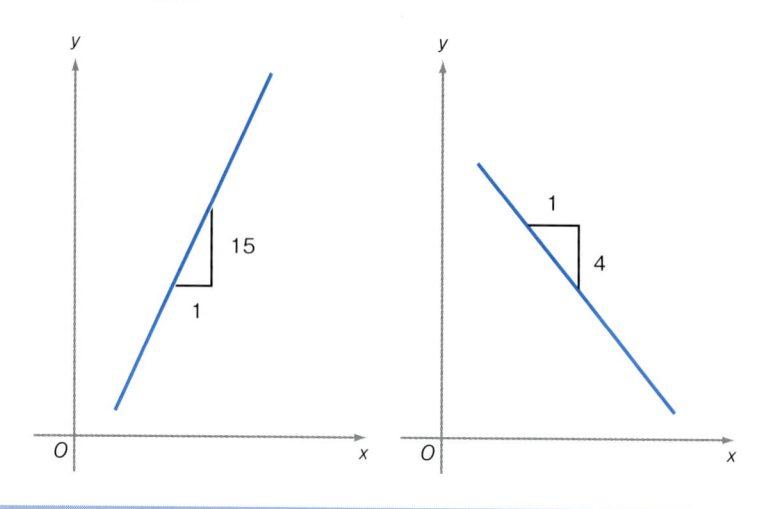

傾きの絶対値は影響の大きさを示します。

> **例題 5.2**
>
> (1) ある自動車の走行時間 x（時間）と走行距離 y（km）の間に $y = ax$ という関係が成立している。このとき傾き a は何を意味するか。また，この自動車はどのような運動をしているか。
>
> (2) 通話時間 x（分）のときの電話料金 y（円）が $y = ax + b$ であるという。このとき a は何を意味するか。
>
> (3) 1次関数 $f(x) = ax + b$ が与えられている。$f(1) = 3$, $f(4) = 12$ である。1次関数の傾き a はいくつか。

解答

(1) 傾き a は走行距離の変化（移動距離：km）と走行時間の変化（移動時間：時間）の比率なので，この自動車の速さ（時速：km/時）を表します。時速が a km/時で一定ですから，等速運動をしていると言えます。

(2) 通話時間が1分長くなると電話料金は a 円高くなるので，1分当たりの通話料金ということができます。ちなみに，通話時間とは無関係に b 円の料金を取られ

ます。これは固定料金とか基本料金と呼ばれます。
(3) 2つの通る点がわかるので a も b も両方わかるのですが、この問題で知りたいのは a だけなので次のように解くのが簡単です。x の値は 1 から 4 に変化していますから、3 増加しています。これに対して y は 3 から 12 へ変化しているので 9 増加しています。傾き a は「x の変化に対する y の変化の比率」ですから、傾き $a = 9/3 = 3$ となります。

5.3 微分可能性と微分関数

直線の傾きの意味と調べ方はわかりましたね。それでは曲線の傾きを考えましょう。曲線では、x の値が変化すると傾きも変化します。たとえば、図5-5 において、$x = b$ のときと比べて、$x = a$ のときのほうが傾きがやや急ですね。このように直感的に傾きの大小を比較することはできますが、より正確に x が a のときの傾きを測るにはどうしたらよいでしょうか？そもそも「曲線の傾き」とはどのように定めたらよいのでしょうか？

この問いに対する数学者の結論はとっても簡単です。「接線の傾きで測れば

■図5-5 曲線グラフの傾きとは？

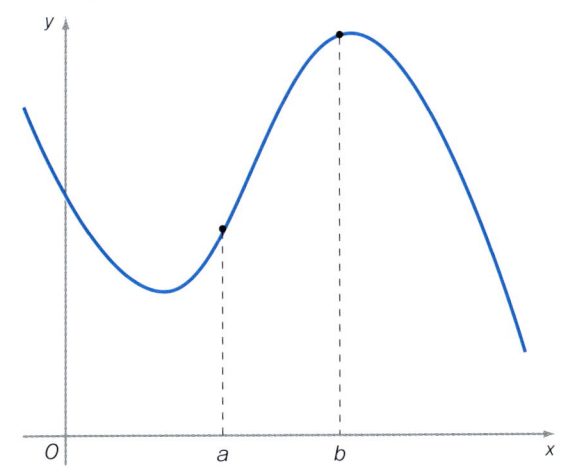

よい」というものです。つまり，数学者は $x=a$ における関数 f の傾きを，図 5-6（左）の青い接線の傾きで測ります。$x=b$ における接線を描くと，より傾きが緩やかであることが確認できますね。

　地球の表面は宇宙から見ると丸いですが，地面に立ってわれわれが見ている地球の表面は平らな平面ですね。それと同じように放物線のような滑らかな曲線も顕微鏡で拡大すれば直線に見えます。曲線の傾きを「接線の傾きで測る」というアイデアはこのような直感から来ています。

　関数 f のグラフを顕微鏡で眺めるように点 $(a, f(a))$ の周辺で十分に拡大すれば，図 5-6（右）の円の中に描かれた黒い直線のようになるはずです。そして，この直線は接線（青い線）と一致するはずですね。つまり，接線の傾きで測るということは，このように「グラフを十分に拡大して得られる直線の傾き」で測るのと同じことなのです（そもそも元の関数のグラフが直線の場合「直線の接線って何？」と思うでしょうが，そういう場合はこの拡大したグラフを考えてください。直線ならば，顕微鏡で拡大してもやはり直線ですね）。

■図5-6　曲線の傾きは接線で測る

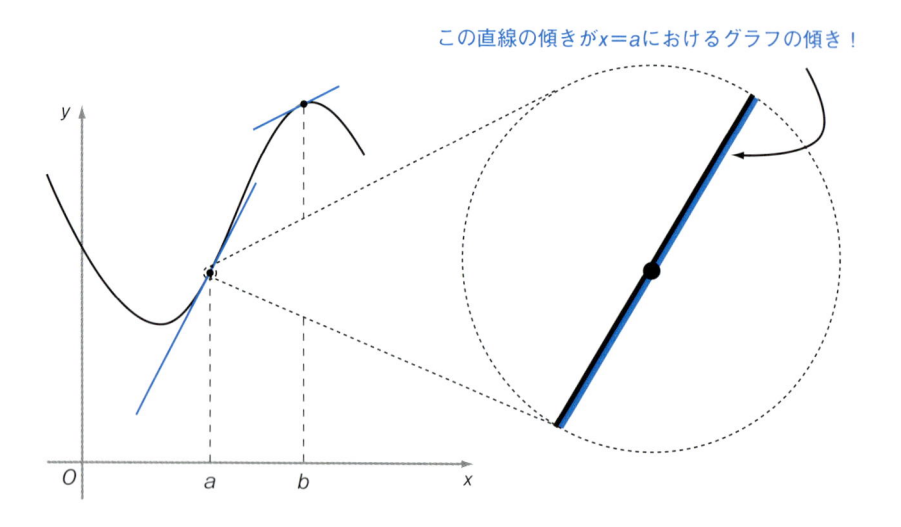

この直線の傾きが$x=a$におけるグラフの傾き！

このように測定された $x=a$ における関数 f の傾きを見つけることができるとき「関数 f は $x=a$ において微分可能である」と言います。微分可能な場合があれば，微分不可能な場合もあります。詳しい定義はあとで説明しますが，図 5-6 のようにグラフを拡大したときに直線になる場合ではないと傾きがうまく定められないので「微分不可能」と判定されます。たとえば，図 5-7 の関数の不連続点 A, B や屈折点 C はいずれも「微分不可能」な点です。

微分可能な点では関数の傾きが一つに定まりますが，この傾きを「$x=a$ における関数 f の微分係数（あるいは微係数）」と言い，

$$f'(a) \quad \text{または} \quad \frac{df(a)}{dx}$$

と表記します。微分を学ぶ学生にとって悩ましいのは，微分係数の表記法が複数あることです。できれば一つに統一したいところですが，この2つの表

■図5-7　微分不可能なケースの例

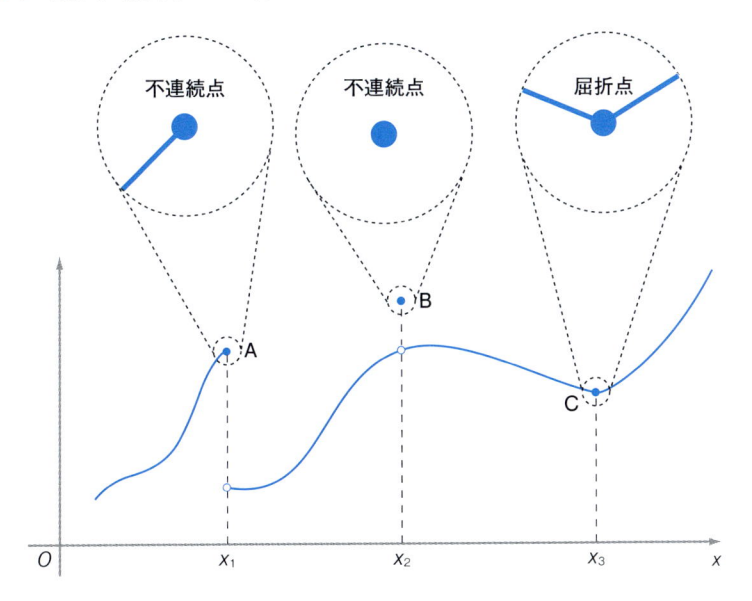

記法には一長一短があり，通常目的に応じて使い分けられます。$f'(a)$ は簡潔ですが，独立変数が何であるかが見えにくくなっています。これに対して，$df(a)/dx$ という表現は独立変数が x であることが明らかであり，かつ意味が理解しやすい反面，表現が複雑で嫌だという人も多いようです。このため，本書では $f'(a)$ を主に用い，必要に応じて $df(a)/dx$ を使うようにします。微分係数の表現にはこのほかに

$$y'|_{x=a} \quad \text{や} \quad \left.\frac{dy}{dx}\right|_{x=a}$$

などもありますが，本書ではこれらの表現は使用しません。

　数式による厳密な定義は後回しにして，ひとまず重要事項をまとめておきましょう。

●重要事項のまとめ：微分係数

　関数 f のグラフを $x = a$ のところで十分に拡大すると直線となるような場合，
- その関数は $x = a$ において微分可能であると言う。
- その直線の傾きを $x = a$ における関数 f の微分係数と呼び，

$$f'(a) \quad \text{または} \quad \frac{df(a)}{dx}$$

と表記する。

　拡大しても直線にならない場合は微分不可能であると言う。

5.4 微分係数 $f'(a)$ の厳密な定義

▶傾きを式で表そう

　曲線グラフであっても拡大して直線にすることができるならば，接線の傾き $f'(a)$ は簡単に調べられます。傾きの意味 2 より，傾きが「x が変化したときに y がその何倍変化するか」，あるいは「x の変化に対する y の変化の比率」であったことを思い出して，ほぼ直線になるぐらいに拡大したグラフ上で傾きを表現してみましょう。

　図 5-8 は図 5-5 と同じグラフを拡大したものです。図中の●は，$x = a$ に対応する点 $(a, f(a))$ です。この x の値を a から h だけ変化させて $a + h$ にすると，y の値は $f(a)$ から $f(a + h)$ に変化します。x の変化を Δx（デルタ），それに対する y の値の変化を Δy とすると，傾きは x の変化に対する y の変化の比率ですから，

■図5-8　傾きを式で表す

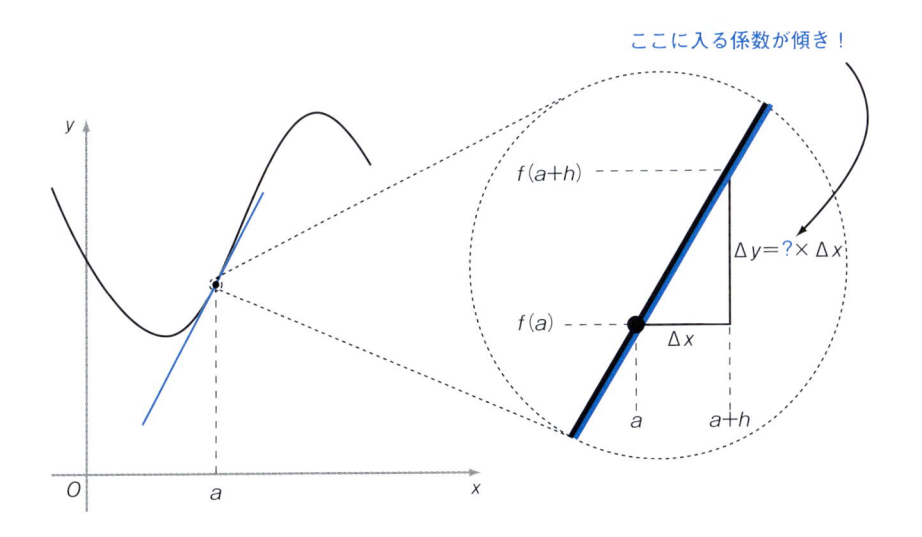

$$\frac{\Delta y}{\Delta x} = \frac{f(a+h) - f(a)}{h} \quad \begin{matrix} \leftarrow y \text{ の値の変化} \\ \leftarrow x \text{ の値の変化} \end{matrix}$$

と表すことができます。図 5-8 では，h をプラスの値にとっていますが，マイナスの値でも構いません（h がマイナスの場合，分母と分子がともに逆符号になりますが，分数の符号と値は変わりません）。

　この傾きの式は 0 以外のどんな h であっても定めることができますが，この傾きが「曲線を直線に見えるぐらいに十分拡大したときの傾き」であるためには，この h は非常に小さい変化でなければなりません。顕微鏡で大きく見えるものが実際にはとても小さいように，図 5-8 における変化 h の実際の長さもとても短いのです。それでは h はどれぐらい小さくとればよいのでしょうか。

　残念ながら一般にこれで十分という小ささはありません。数学で扱うどのような曲線のグラフであっても，h の大きさがわずかにでも異なれば，傾きにも微小な誤差が出てしまいます。誰が測っても同じ傾きになるような究極の傾きを目指して h の大きさをどんどん小さくしていった結果，数学者がたどり着いたのが極限です。こうして接線の傾き $f'(a)$ を以下のように極限で定義することになったのです。

● **微分係数の定義式**

$$f'(a) = \lim_{h \to 0} \frac{f(a+h) - f(a)}{h}$$

　この式は，微分法の最大のハードルと言ってよいでしょう。はじめて見たら「何だこれ？」と悩んでしまうかもしれませんが，そう思うのが普通です。多くの学生がこの式を理解できずに挫折するか，この式を理解しないまま先に進んでしまいます。確かに見た目は複雑ですが，じっくりと考えればそれほど難しいことはありません。

　要点をまとめると，微分係数 $f'(a)$ は接線の傾きであり，接線の傾きは，大雑

把には x の微小な変化 $\Delta x\,(= h)$ に対する y の変化 $\Delta y\,(= f(a+h) - f(a))$ の比率 $\Delta y/\Delta x$ です。これを式に書いて h を 0 に近づけていったときの極限 $\lim_{h\to 0}(\Delta y/\Delta x)$ が厳密な微分係数 $f'(a)$（＝接線の傾き）の定義です。このように素直に理解して，素直に覚えるのが王道です。

定義式を見て多くの人が難しいと感じるのは，定義式の中に h という新しい変数が入っているからでしょう。以下の点を理解することが重要です。

① この極限は「x の微小な変化 h を独立変数とする新たな関数」の極限である。
② h はマイナスの値をとっても構わないが，$h = 0$ では定義できない（不定形の極限になるケース）。
③ しかし，h が 0 に近づくときの極限は定義できる。

例を使って以上のことを確認してみましょう。

2 次関数 $y = x^2$ の $x = 1$ における接線の傾きを調べてみましょう。関数 $f(x)$ と a の値がそれぞれ具体的に，$f(x) = x^2$, $a = 1$ と与えられたわけです。定義式にあてはめると，$x = 1$ における接線の傾きは

$$f'(1) = \lim_{h\to 0} \frac{f(1+h) - f(1)}{h} = \lim_{h\to 0} \frac{(1+h)^2 - 1^2}{h}$$

$$= \lim_{h\to 0} \frac{1 + 2h + h^2 - 1}{h} = \lim_{h\to 0} \frac{2h + h^2}{h}$$

となります。分数の分母は x の変化であり，分子は y の変化を表します。

さて，$x = 1$ における接線の傾き $f'(1)$ は①h を独立変数とする新しい関数 $(2h + h^2)/h$ の極限ですね。さらに，②h はマイナスでも構いませんが，h が 0 のときには分子だけでなく分母も 0 になってしまうので関数の値は定義できません。傾きは x の変化に対する y の変化ですが，変化が 0 のときには傾きを定めようがないのです。このため，微分係数は必ず不定形の極限と

■図5-9　$y=x^2$の$x=1$における傾き

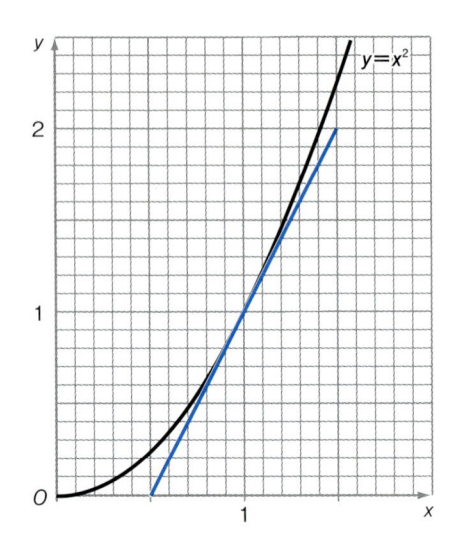

なります。しかし、③hを0に近づけていくときの関数の極限を調べることはできます。実際、分数の部分をhで約分すると不定形でない形に書き換えられ

$$f'(1) = \lim_{h \to 0} \frac{2h + h^2}{h} = \lim_{h \to 0} (2 + h)$$

となります。hがどんどん0に近づいていくと、この値は2に限りなく近づきますね。ですから、極限は2。接線の傾きはちょうど2なのです。図 5-9 で確認してみましょう。

> **例題 5.3**
>
> 第 2 章で説明したように，指数関数 $y = e^x$ のグラフは直線 $y = x + 1$ と点 $(1,0)$ で接します。図 5–10 から明らかなように，これは「$x = 0$ における $y = e^x$ の接線の傾き（＝微分係数）が 1 である」と言い換えられます。このことを式を使って表現しなさい。
>
> ■図5-10　$y=e^x$の$x=0$における傾き

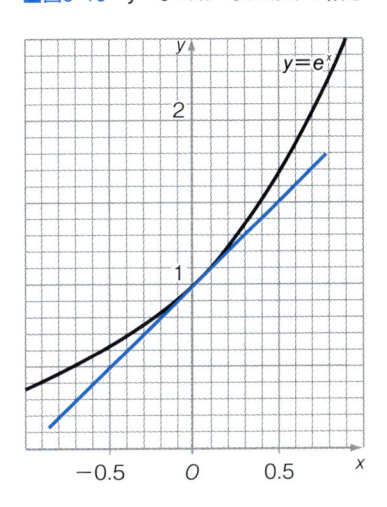

解答

まず「$x = 0$ における $y = e^x$ の接線の傾き（＝微分係数)」を式で表します。x が 0 から h だけ変化したときの関数の値の変化 Δy は

$$\Delta y = e^{0+h} - e^0 = e^h - 1$$

ですから，微分係数の定義式より接線の傾きは

$$\lim_{h \to 0} \frac{e^h - 1}{h}$$

となります。これがちょうど 1 なので，例題 5.3 の答えは

> **●指数関数の性質**
>
> $$\lim_{h \to 0} \frac{e^h - 1}{h} = 1$$

となります。この式は指数関数の微分公式を証明する際に使いますので覚えておいてください。

▶ 微分係数 $f'(a)$ の意味

単に定義式を覚えていても，意味がわからなければ何の役にも立ちません。ここまで微分係数は，「関数グラフの接線の傾き」あるいは「グラフを拡大して得られる直線の傾き」と説明してきました。このようなグラフ上での視覚的な理解もとても大事ですが，世の中にはグラフが苦手な人がたくさんいます。そのような人たちには，何と言って説明すればよいでしょうか？

直線の傾きには 2 つの解釈があったことを思い出しましょう。極限という部分に注意すると，微分係数の意味も次のように 2 通りの解釈が可能です。

> 意味 1：x が a から 1 単位増加するときに，y がおよそ何単位変化するかを示す。
> 意味 2：x が a から微小に増加するとき，y がその何倍変化するかを示す。

注意しなければならないのは，x の変化の大きさです。極限をとっているのは，x の変化が十分に小さくなければならないからです。意味を考える際には，このことを忘れないようにしましょう。

経済学者は説明のわかりやすさから，意味 1 を使って微分係数を説明することが多いようです。確かに，小さい変化を 1 円や 1mm など具体的に表現するとイメージがしやすいですね（1 銭や 1 ナノメートルなどでもよいのですが，こういうあまり使わない単位を使うと聞き手はかえって混乱してしまいます）。しかし，小さいとは言えこれら 1 単位にも幅があるので，「対応する y の値の変化」と「接線の傾き」との間には微小な誤差が生じてしまいま

す。このため，意味 1 では「およそ」という表現を加えています。

一方，意味 2 では x の変化が「微小」であると断っているので，「およそ」はなくても意味が通じます。意味 2 を式で表してみましょう。x が a から微小に Δx だけ変化するときの y の変化を Δy とすると，Δy は Δx の微分係数倍だから，

$$\Delta y \fallingdotseq f'(a)\Delta x \quad \text{つまり,} \quad \frac{\Delta y}{\Delta x} \fallingdotseq f'(a)$$

が成り立ちます（記号 $\fallingdotseq$ は「およそ等しい」を意味します）。関数 f が直線でない限り，若干の誤差が出ますが，Δx を十分小さくとれば無視できます。つまり，意味 2 は

> 微分係数＝x の微小変化に対する y の変化の比率

と言い換えることもできるわけです。

先に微分係数を $df(a)/dx$ と表現するとわかりやすいと言いました。dx を「x の微小変化」，$df(a)$ を対応する関数の値 $y = f(x)$ の変化と解釈すれば，$df(a)/dx$ は意味 2 をストレートに表現したものと言えます。$f'(a)$ という表現を見ても微分係数の意味は連想できませんが，$df(a)/dx$ という表現は微分係数の意味を教えてくれる親切な表現になっているのです。

▶ミクロ経済学への応用：限界費用

経済学，とりわけミクロ経済学には「限界○○」という専門用語がたくさん登場します。もっともよく登場するのは限界費用，限界収入，限界利潤，限界効用，限界生産物などでしょう。これら「限界○○」という専門用語には，対応する○○関数というものがあって，「限界○○」は○○関数の微分係数を表しています。

たとえば，限界費用は費用関数の微分係数を表しています。ボールペンを作る会社を考えましょう。ボールペンを作るには費用がかかります。企業はできるだけコストを削減しようと努力していますが，どこまでも低くするこ

5.4 微分係数 $f'(a)$ の厳密な定義

とはできません。このため，作るボールペンの本数 x が決まるとそれを生産するのに最低限必要なコスト C は定まります。つまり費用 C は本数 x の関数になっているはずです。この関数をミクロ経済学では**費用関数**と言い，

$$C = C(x)$$

という式で表現します。この例のように，経済学で〇〇関数という場合，それは〇〇が従属変数になっている関数のことです。関数の名前と従属変数の名前に同じアルファベット（この例では C）を使うのも経済学ではよく見られる表現です。

現在の生産量 $x = a$ に対応する費用の額 $C(a)$ も重要ですが，企業の行動を考える場合には，費用そのものよりも微小に生産量 x を変化させたときの費用 C の変化のほうが重要になります。これは微分係数 $C'(a)$ のことですが，経済学ではこれを**限界費用**と呼びます。限界費用は微分係数 $C'(a)$ ですから，次のような意味をもちます。

> グラフ上の意味：費用関数 $C = C(x)$ のグラフの生産量 $x = a$ における傾き。
> 意味1：生産量 x を生産量 a から1単位（ボールペンの場合1本）増加するときに，費用 C がおよそ何単位変化するかを示す。
> 意味2：生産量 x を生産量 a から微小に増加するとき，費用 C がその何倍変化するかを示す。

限界費用は経済学で頻繁に使われます。見慣れない用語を見るとそれだけで難しく感じてしまう人もいるとは思いますが，微分係数の意味を覚えておけばもう怖くありませんね。経済学も楽しく理解できるようになるでしょう。

5.5 導関数 f′(x)

　関数 $y = f(x)$ が定義域のすべての x の値で微分可能であるとき，つまり，関数 f が連続で滑らかなグラフをもつとき，x の値を決めれば，それに対応して関数 f の微分係数が定まります。つまり，微分係数もまた x の関数になります。この関数のことを，関数 f の**導関数**（derivative function）と呼び，$f'(x)$ などと表記します（図 5-11）。

　そして，元の関数から導関数を導くことを「微分する」と言います。導関数は各独立変数の値における関数のグラフの傾きを教えてくれるので，(すでに述べましたが) 微分とは「関数の傾きを調べる作業」と言えるわけです。

▶導関数の表記

　このように導関数の意味自体はとても簡単です。悩ましいのは表記法がいくつもあることです。微分係数と同じように

$$f'(x) \quad \text{と} \quad \frac{df}{dx}(x)$$

の2つがもっともよく使われます。関数に f という名前がついている場合には，これらの表記がよいでしょう。しかし，「$y = x^2$ を微分しなさい」のよう

■図5-11　導関数のイメージ

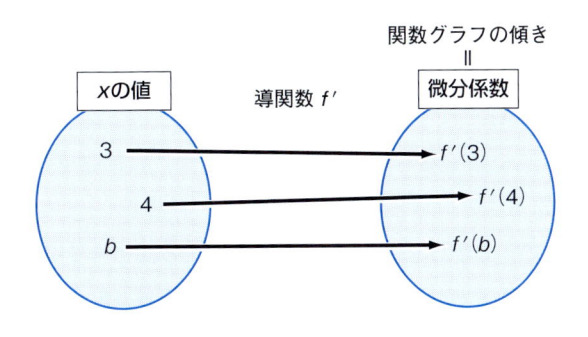

に，まだ関数に名前がついていない場合は，

$$y' \quad \text{や} \quad \frac{dy}{dx}$$

あるいは

$$\{x^2\}' \quad \text{や} \quad \frac{d}{dx}\{x^2\}$$

などと表現することもよくあります。

■補足　**微分の表現について**　このように複数の表現があるのは，それぞれ微妙に意味が違うからです。f' と df/dx は導関数という関数の名前です。一方，y' と dy/dx は導関数の従属変数，すなわち微分係数につけられた名前です。元の関数 $y = f(x)$ において，f は関数の名前，y は従属変数の名前でしたね。同様に f' は導関数の名前，y' は導関数の従属変数の名前なのです。

これに対して，$\{x^2\}'$ や $d\{x^2\}/dx$ は x^2 という関数に対して，微分という演算を施していること示す記号と考えることができます。この表記法の優れた点は，どのような関数が微分されているのか，すなわち導関数の元になる関数式が明示されることです。たとえば，$y' = 2x$ では元の関数が何かわかりませんが，$\{x^2 + 3\}' = 2x$ とすれば元の関数が $y = x^2 + 3$ であることがはっきりとわかるのです。

▶グラフがわかれば導関数の大まかな形はわかる！

微分とは単に「関数の傾きを調べる作業」ですから，関数のグラフがわかっていれば導関数の大雑把な形状は誰にでもわかります。次の例題をやってみましょう。

例題 5.4

2次関数 $f(x) = x^2$ のグラフからその導関数 $f'(x)$ を調べよう。

すべての x の値について調べることはできませんが，5つの整数の値 (-2, $-1, 0, 1, 2$) についてなら簡単に調べられます。$x = 1$ のときの微分係数 $f'(1)$ が 2 になることはすでに調べましたね。正確なグラフを描くことは不可能なので，グラフから 2 であると断言することはできませんが，点 $(1, 1)$ における接線の傾きがおおよそ 2 になることは図 5–12 からわかります。同様にグラフの接線の傾きから $x = 2$ のときの微分係数 $f'(2)$ を測るとだいた

■図5-12　$f(x)=x^2$のグラフ

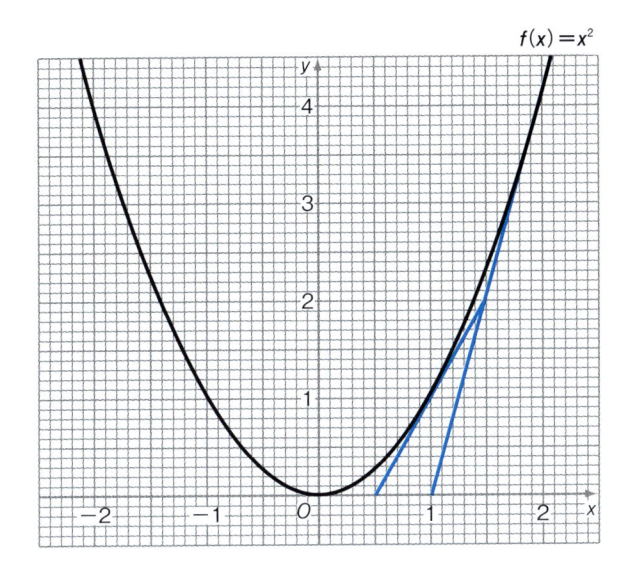

い 4 ぐらいの値になりそうだとわかります。

　グラフが y 軸に関して左右対称であることに注意すると，$x=-1$ のときの微分係数 $f'(-1)$ はおよそ -2，$x=-2$ のときの微分係数 $f'(-2)$ はおよそ -4 になることがわかります。$x=0$ のときは放物線の頂点にあたり，傾きが水平になっているので微分係数 $f'(0)$ は 0 になりそうですね。結果を表にまとめると次のようになります。

x の値	-2	-1	0	1	2
微分係数 $f'(x)$	-4	-2	0	2	4

　この表から x と微分係数の間に面白い関係があることがわかりますね。微分係数は x の値のちょうど 2 倍，$2x$ になっています。そうです。2 次関数 x^2 を微分すると 1 次関数 $2x$ になるのです。これを式で表せば

$$\{x^2\}' = 2x$$

となります。思い出しましたか？ みなさんよく知っている公式ですね。「何

だそんなことか」と思うかもしれませんが，この例題5.4で学んでほしいのはこの公式ではありません。それは

> 関数のグラフを見れば導関数のおおよその見当がつく。

という事実です。微分と言うととても難しいことのように思っている人がいますが，グラフがわかっていればどんなに難しい関数でも導関数の形状が大体わかります。上の表をグラフにとれば，導関数のグラフも描けます。本章の冒頭の練習問題はそうやって解けばよいのです。

次章以降でたくさんの微分の公式を紹介します。証明をするのは難しい公式でも，グラフの形から導関数の形を簡単に調べられるものが多くあります。

典型例として，対数関数 $f(x) = \ln x$ のグラフからその導関数 $f'(x)$ がどうなるかを予想してみましょう（図 5-13）。やり方の検討がつかない人は次の手順を参考にしてください。

■図5-13　$f(x) = \ln x$ のグラフ

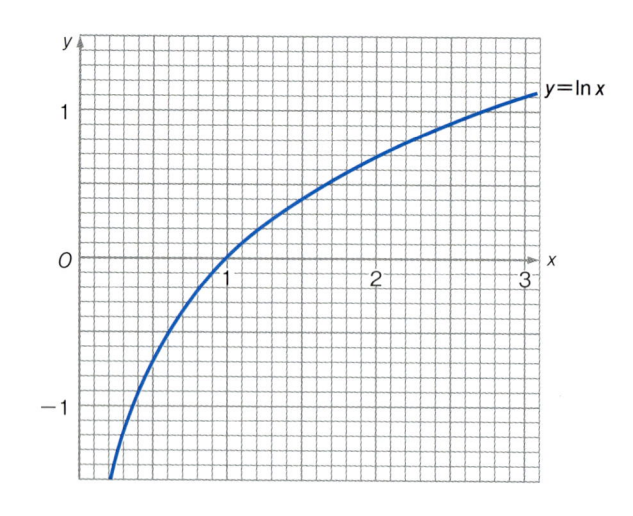

Step1：いくつかの x の値に対し，定規で薄く接線を描き入れる。
Step2：接線と補助目盛に囲まれた直角三角形を見つけて，x の変化に対する y の変化の比率を調べる。この比率が微分係数。
Step3：x と微分係数（=接線の傾き）の関係を表にする。

どうでしょう？　まず，接線の傾きは x が大きくなるにつれてどんどん小さくなることがわかりますね。どのように小さくなるか，規則性まで見出せればたいしたものです。丁寧に傾きを調べて表を作ると，

x の値	$\frac{1}{2}$	1	2	3
微分係数 $f'(x)$	2	1	$\frac{1}{2}$	$\frac{1}{3}$

のようになります。実際に測定をすると，1/3 ではなく 0.32 のような値となるかもしれません。しかし，よく調べていけば微分係数の値がだいたい x の逆数 $1/x$ になっていることが見えてきます。そうです。対数関数 $\ln x$ を微分すると分数関数 $1/x$ になるのです。

● **対数関数の微分の公式**

$$\{\ln x\}' = 1/x$$

　次章で紹介しますが，この公式の証明ははっきり言って難しいです。証明が難しくて理解できないなら無視してもよいでしょう。証明なんかしなくてもグラフを見れば公式が成り立ちそうだとわかるからです。視覚的に「なるほどそうなりそうだな」と納得できればそれで十分です。納得して理解していれば，公式を忘れることも少なくなり，忘れてもすぐに思い出せるでしょう。
　もちろん，この方法だけで十分という訳ではありません。グラフからわかるのはおおよその形であって正確な導関数ではありませんし，時間と手間がかかります。みなさんがこれから学ぶ微分法とは，計算によって導関数を正確に求める方法のことです。これを身につければ，接線を引いて傾きを測るという面倒な作業をせずに，正確な導関数を知ることができるようになるの

です。

そして，微分法がもっとも威力を発揮するのは関数グラフの形がわからない場合です。微分法によって導関数がわかれば，関数の傾きを調べることができます。そして，傾きの情報を使えば，関数グラフがどのような形であるかがわかるのです。詳しい方法は第 9 章で学びます。

▶ 導関数の定義式と意味

導関数は任意の x における微分係数を与える関数ですから，定義式は

$$f'(x) = \lim_{h \to 0} \frac{f(x+h) - f(x)}{h}$$

となります。微分係数の定義式の a を x に置き換えただけです。微分係数を議論するとき a は 3 や -5 のようなある具体的な定数であると考えましたが，導関数では x の値を a に固定するのではなく，いろいろな値をとる変数と考えています。a を x に置き換えているのはそのような考え方の違いを表しているのです。

導関数の値は微分係数にほかならないので，その意味は次のようになります。

> 意味 1：任意の x から x が 1 単位増加するときに，y がおよそ何単位変化するかを示す。
> 意味 2：任意の x から x が微小に増加するとき，y がおよそその何倍変化するかを示す（x の微小変化に対する y の変化の比率）。

「x の微小変化」を dx，「y の微小変化」を dy で表していると解釈すれば，dy/dx という表現は導関数の意味 2 をストレートに表現したものであると言えます。

▶ 導関数を定義式に従って求める方法

これからみなさんが学ぶのはいろいろな関数の導関数の求め方です。導関数を求めるにはいろいろな方法があります。いろいろな方法の中でもっとも

原始的なものが定義式に従って導関数を求める方法です。

　具体的な関数の数式を，上の定義式の関数 f のところに代入して，極限を計算します。ここではもっとも簡単な例として 2 次関数 $f(x) = x^2$ の導関数を求めてみましょう。

$f(x+h) = (x+h)^2$ であることに注意して代入すると，

$$\{x^2\}' = \lim_{h \to 0} \frac{(x+h)^2 - x^2}{h}$$

となりますね。分母と分子に $h=0$ を代入するとともに 0 になるので，不定形の極限です。注意深く不定形でない形に書き換えると，

$$= \lim_{h \to 0} \frac{x^2 + 2hx + h^2 - x^2}{h} = \lim_{h \to 0} \frac{2hx + h^2}{h} = \lim_{h \to 0} (2x + h)$$

となり，h が 0 に近づいていけば，値が $2x$ に近づくことがわかります。よって，

$$\{x^2\}' = 2x$$

となるわけです。

▶微分法の学び方

　前項の計算は，高校数学 II の教科書を見れば必ず書いてあります。ところが，数学を入試科目で選択する大学生でもこの計算ができない人が大勢います。これはとても残念なことですが，考え方によっては次のようにポジティブに解釈することもできます。

> 微分の極限計算ができなくても，応用上はそれほど困らない。

　実際，このように割りきっている人は多く，経済学者の中にもそういう人がいます。定義式や極限のことがよくわからなくても，導関数の意味（それが接線の傾きを意味すること）を理解していて，導関数を求める便利な方法を知っていれば，それを使って計算問題や応用問題を解くことができますし，

経済や物理などの応用分野でその知識を使って高度な分析を行うこともできます。もしも極限の概念や導関数の定義式がどうしても理解できない，覚えられないというのなら，それを理解しようとするのはいったんやめて，先に進んでもよいと思います。ここで挫折するぐらいなら，そのほうがずっとましでしょう。

　もちろん，理解できるのであれば，ぜひ理解して，覚えて，使えるようになってください。定義式を使って導関数を求める方法は原始的であると言いました。しかし，どのような発展の歴史にも原始時代があります。次章以降で紹介する便利な公式はすべてこの原始的な方法によって発見されたものです。極限の概念と導関数の定義式を正しく理解し身につけていれば，かりに公式をうっかり忘れてしまったとしても，自力でそれを導出することができます。

　また，教科書に載っていない関数やあまり知られていない関数を微分しようとする場合にも原始的な方法が役に立ちます。教科書に載っている数学は便利な道具です。その便利な道具をただ使うだけでなく，新しい道具を開発したり，新しい道具を使いこなす仕事がしたいのであれば，このような基礎的な知識を是非とも身につけておきたいものです。

❖コラム　デリバティブ

　導関数という呼称は，まさにこの関数が関数 f から「導かれた」関数であるところから来ています。英語名の derivative function も同じです。数学の分野で derivative と言えばこの導関数を意味しますが，ファイナンスの分野で derivatives というと先物やオプションなどの特殊な金融商品を意味します。これらの金融商品には元になる証券（株式など）があります。その元になる証券をもらう権利や一定の価格で買う権利（買わなくてもよい）などを金融商品にしたものです。数学の derivative にも，ファイナンスの derivatives にも元になるものがあって，そこから「導かれた」あるいは「派生した」ものであるという点では共通しているのです。

章末問題

問 5.1　基礎概念確認

次の式の意味を言葉で説明しなさい。
(1)　$f'(3) = 7$　　(2)　$g'(x) = 3x + 1$　　(3)　$\{3x^2 + 2\}' = 6x$

問 5.2　基礎概念確認

「微分係数とは（ア）変数の（イ）に対する（ウ）変数の変化の（エ）である」。文章中の空欄を埋めなさい。

問 5.3　基礎概念確認

全実数で定義された関数 $g(x)$ は $x = 2$ で微分不可能であるという。関数 $g(x)$ のグラフは $x = 2$ のところでどのような形状をしていると考えられるか。

問 5.4　基礎概念確認

次のような導関数をもつ関数はどのような関数ですか。
(1)　$f'(x) = 0$　　(2)　$g'(x) = -1$　　(3)　$h'(x) = 2x$

問 5.5　基礎概念確認

導関数の定義式を書きなさい。

問 5.6　基礎概念確認

次のようなグラフをもつ関数 $f(x)$ について以下の問いに答えなさい。

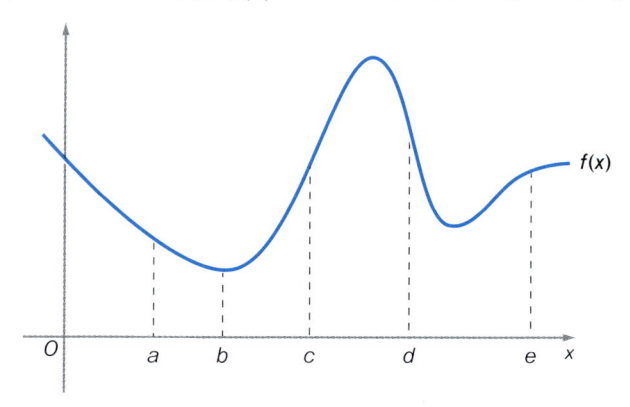

(1)　x の 5 つの値 (a, b, c, d, e) を微分係数の大きいものから順に並べなさい。
(2)　描かれた区間における導関数グラフのおおよその形を描きなさい。

問 5.7 基礎概念確認

以下は指数関数 $y = e^x$ のグラフである。接線の傾きを調べて，導関数を予想しなさい。

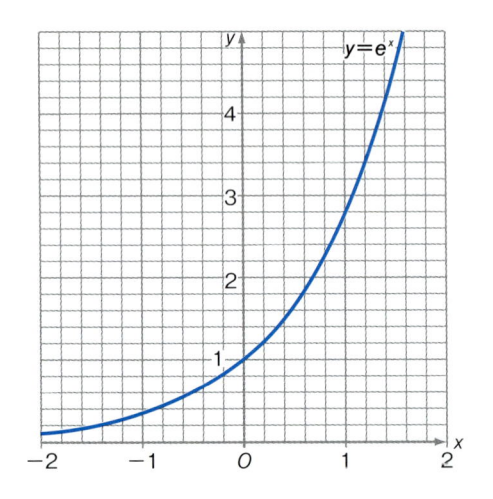

問 5.8 定義式による導関数の導出

極限を使った定義式に従って以下を求めなさい。
(1) $y = x^2$ の $x = 2$ における微分係数
(2) $y = x^3$ の導関数
(3) $y = 1/x$ の導関数

問 5.9 応用問題

自然対数関数 $y = \ln x$ の $x = 2$ における微分係数は $1/2$ である。以下の問いに答えなさい。ただし $\ln 2$ はおよそ 0.693 である。
(1) $x = 2.01$ のときの関数の値 $\ln 2.01$ はおよそいくつか。
(2) 図の直線は点 $(2, \ln 2)$ における関数 $y = \ln x$ の接線である。接線の y 切片はおよそいくつか。

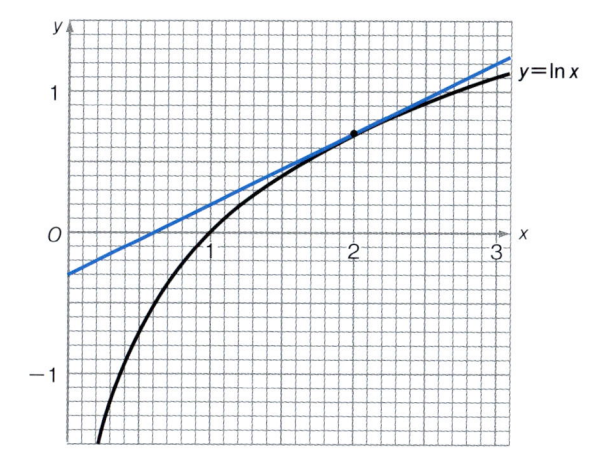

問 5.10　発展問題

関数が連続でない点や屈折している点においては微分ができない（＝接線の傾きが定められない）。厳密な定義に従えば，それは極限

$$\lim_{h \to 0} \frac{f(a+h) - f(a)}{h}$$

が存在しないことを意味する。図 5-7 の 3 つの点 x_1，x_2，x_3 では極限が存在しないが，どのような理由で極限が存在しないのかを明らかにせよ。

問 5.11　発展問題

次の性質を証明しなさい。

> ● **指数関数の性質**
>
> $$\lim_{h \to 0} \frac{e^h - 1}{h} = 1$$

（ヒント：自然対数の底 e に関する定義式を使います。）

〈例題 5.1 の解答図〉

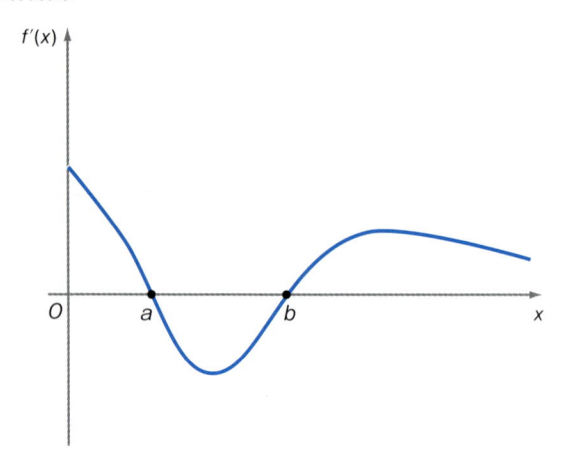

第6章

微分の基本公式

> **本章の目的**
>
> 前章では微分が導関数を求める作業であることを学びました。導関数は定義式に従って極限を計算すれば求められますが，関数の形が複雑になるととても面倒で手に負えません。でも，心配する必要はありません。導関数のもつ性質を上手に利用すれば，極限計算をしなくても導関数を簡単に求めることができます。本章の目標は以下のような関数を極限計算せずに微分できるようになることです。
>
> $$y = (2x+1)(x^2 - x - 2) \qquad y = (2x+1)\ln x \qquad y = \frac{x}{3e^x + 1}$$

6.1 導関数の性質

▶ 導関数の基本性質

冒頭にあげられた3つの関数は確かに複雑ですが，よく見るとみなさんが知っている1次関数，2次関数，指数関数，対数関数を足したり，引いたり，掛けたり，割ったりしてできています。このように複数の関数が組み合わされた関数を微分する際には，以下の公式を知っているととても便利です。

●導関数の基本性質

2つの関数 f と g がともに微分可能であるとき,次が成り立つ。

(1) $\{f(x) + g(x)\}' = f'(x) + g'(x)$

(2) $\{c \cdot f(x)\}' = c \cdot f'(x)$　　（ただし c は定数）

(3) $\{f(x) \cdot g(x)\}' = f'(x) \cdot g(x) + f(x) \cdot g'(x)$　　【積の微分の公式】

(4) $\left\{\dfrac{1}{g(x)}\right\}' = -\dfrac{g'(x)}{\{g(x)\}^2}$

(5) $\left\{\dfrac{f(x)}{g(x)}\right\}' = \dfrac{f'(x) \cdot g(x) - f(x) \cdot g'(x)}{\{g(x)\}^2}$　　【商の微分の公式】

(ただし (4)(5) において $g(x) \neq 0$)

　これらの公式を,機械的にあてはめれば計算問題を簡単に解くことができるのですが,意味も理解せずに丸暗記しようとすると,覚えるのも大変ですし,いったん覚えてもすぐに忘れてしまいます。そうならないために公式が何を意味しているのか,どうして成り立つのかを理解するようにしましょう。厳密な証明がわからなくても「なるほど成り立ちそうだ」と納得できれば十分です。

　たとえば,公式 (1) は「2つの関数の和 $f(x) + g(x)$ の導関数が,それぞれの関数の導関数の和 $f'(x) + g'(x)$ になる」ことを意味します。導関数の意味1を思い出しましょう。

意味1：x が1単位増加するときに y がおよそ何単位変化するかを示す。

　y は関数の値ですから簡単に言えば,導関数とは x が1単位増加するときの「関数の値の変化」です。このように考えれば,公式 (1) は当たり前の性質です。

　つまり「$f(x) + g(x)$ の導関数」は関数 $f(x) + g(x)$ の値の変化です。実際に x が1単位増加すると,関数 f はおよそ $f'(x)$ 単位変化し,関数 g はおよそ $g'(x)$ 単位変化するので,関数 $f(x) + g(x)$ は合わせて $f'(x) + g'(x)$ 単

位だけ変化します。だから，$f(x)+g(x)$ の導関数は $f'(x)+g'(x)$ となるのです。

同様に公式 (2) は「ある関数 $f(x)$ を定数倍した関数 $c \cdot f(x)$ の導関数が，関数 f の導関数 $f'(x)$ の定数倍 $c \cdot f'(x)$ になる」ことを意味します。あるいは「微分しても係数はそのまま残る」と言ってもよいでしょう。これも導関数の意味を考えれば明らかです。x が 1 単位増加するとき，関数 f の値はおよそ $f'(x)$ 単位増加します。このとき関数 $c \cdot f(x)$ の値はいくつ増加するでしょうか。定数 c は増加分にも影響するので，関数 $c \cdot f(x)$ の値は $c \cdot f'(x)$ 単位増加します。これが $c \cdot f(x)$ の導関数です。

もちろん，公式 (1)(2) は定義式に従って原始的な方法で証明することもできます。

$$\begin{aligned}
\{f(x)+g(x)\}' &= \lim_{h \to 0} \frac{\{f(x+h)+g(x+h)\}-\{f(x)+g(x)\}}{h} \\
&= \lim_{h \to 0} \left(\frac{f(x+h)-f(x)}{h} + \frac{g(x+h)-g(x)}{h} \right) \\
&= \lim_{h \to 0} \frac{f(x+h)-f(x)}{h} + \lim_{h \to 0} \frac{g(x+h)-g(x)}{h} \\
&= f'(x)+g'(x)
\end{aligned}$$

$$\begin{aligned}
\{c \cdot f(x)\}' &= \lim_{h \to 0} \frac{c \cdot f(x+h) - c \cdot f(x)}{h} \\
&= \lim_{h \to 0} c \cdot \frac{f(x+h)-f(x)}{h} = c \cdot \lim_{h \to 0} \frac{f(x+h)-f(x)}{h} \\
&= c \cdot f'(x)
\end{aligned}$$

公式 (3)(4)(5) ははじめて見る人も多いでしょう。そして，これらは必ずしも当たり前ではありません。公式 (5) は，公式 (3) と (4) を組み合わせて得られるものなので，重要なのは (3) と (4) の 2 つです。一つずつ見ていきましょう。

▶ 公式（3）：積の微分の公式

> ● 積の微分の公式
>
> $$\{f(x) \cdot g(x)\}' = f'(x) \cdot g(x) + f(x) \cdot g'(x)$$

導関数が「x が 1 単位変化したときの関数の値の変化」であることに注目して，公式 (3) の意味を言葉で表してみましょう。公式 (3) は 2 つの関数の積 $f(x)g(x)$ の導関数が 2 つの部分①関数 f の変化の影響と②関数 g の変化の影響に分解できることを示しています。そして①関数 f の変化の影響は「関数 f の変化」と「関数 g の変化前の値」の積になることを意味しています。②も同様に考えることができるので，公式 (3) の意味は次のようになります。

積 $f(x) \cdot g(x)$ の変化 ＝①関数 $f(x)$ の変化 × 関数 $g(x)$ の変化前の値
　　　　　　　　　　　　＋②関数 $g(x)$ の変化×関数 $f(x)$ の変化前の値

意味を理解したところでなぜこうなるのかを考えながら，証明していきましょう。

公式の左辺「積 $f(x) \cdot g(x)$ の導関数」を定義に従って表現すると，

$$\{f(x) \cdot g(x)\}' = \lim_{h \to 0} \frac{f(x+h) \cdot g(x+h) - f(x) \cdot g(x)}{h}$$

となります。極限の分子部分が積 $f(x) \cdot g(x)$ の変化を表していますが，これは次のように 3 つの要素①②③に分解できます。

$$
\begin{aligned}
&f(x+h) \cdot g(x+h) - f(x) \cdot g(x) \\
&= [f(x+h) - f(x)] \cdot g(x) &&\leftarrow ① \\
&\quad + f(x) \cdot [g(x+h) - g(x)] &&\leftarrow ② \\
&\quad + [f(x+h) - f(x)] \cdot [g(x+h) - g(x)] &&\leftarrow ③
\end{aligned}
$$

■図6-1　積$f(x) \cdot g(x)$の変化を3分割する

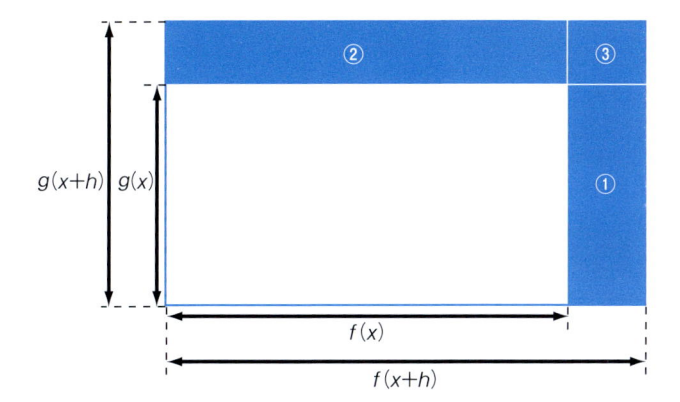

このように分解できることは次のように考えるとわかりやすいでしょう。関数 f の値を横の長さ，関数 g の値を縦の長さとする長方形を考えます。話を簡単にするために関数の値はともにプラスで，関数の値の変化もプラスとしましょう（$f(x+h) > f(x) > 0, \ g(x+h) > g(x) > 0$）。このとき積 $f(x) \cdot g(x)$ は図 6-1 の白い長方形の面積で表されます。x の値が h だけ増加して $x+h$ になると，長方形は大きくなってその面積は $f(x+h) \cdot g(x+h)$ になります。

積 $f(x) \cdot g(x)$ の変化 $f(x+h) \cdot g(x+h) - f(x) \cdot g(x)$ は青い部分の面積になります。青い部分は図のように①②③に分割できますね。それぞれの部分の面積を式で表すことで，上の分割式が得られるわけです。ここで分割した①と②は冒頭に言葉で説明した①関数 f の変化の影響と②関数 g の変化の影響に対応していることに注意してください。公式には③に対応するものがないですね。なぜそうなるかは極限をとればわかります。分割式を定義式の分子に代入すると次のように③の部分は 0 になるのです。

$$\{f(x) \cdot g(x)\}'$$
$$= \lim_{h \to 0} \left\{ \underbrace{\frac{[f(x+h) - f(x)] \cdot g(x)}{h}}_{\text{①に対応する部分}} + \underbrace{\frac{f(x) \cdot [g(x+h) - g(x)]}{h}}_{\text{②に対応する部分}} \right.$$
$$\left. + \underbrace{\frac{[f(x+h) - f(x)] \cdot [g(x+h) - g(x)]}{h}}_{\text{③に対応する部分}} \right\}$$
$$= \left(\lim_{h \to 0} \frac{[f(x+h) - f(x)]}{h} \right) \cdot g(x) + f(x) \cdot \left(\lim_{h \to 0} \frac{g(x+h) - g(x)}{h} \right)$$
$$+ \left(\lim_{h \to 0} \frac{f(x+h) - f(x)}{h} \right) \cdot \underbrace{\lim_{h \to 0}\{g(x+h) - g(x)\}}_{\uparrow g \text{ は連続なのでこの極限は } 0 \text{ になる！}}$$
$$= f'(x) \cdot g(x) + f(x) \cdot g'(x)$$

（証明終わり）

　長方形の図は積の微分の公式の意味を直感的に理解するのに役立ちます。x の変化は長方形の横の長さと縦の長さを変化させます。積の導関数はこのときの面積の変化を意味します。①関数 f の変化の影響が $g(x)$ の変化前の長さに依存するのは，「横の長さが変化することによる面積への影響が変化前の縦の長さに依存する」という事実に対応しています。変化前の縦の長さ $g(x)$ が大きければ，横の長さ f の変化は面積に大きい影響を与えますが，$g(x)$ が小さければ f の影響も小さくなります。②関数 g の変化の影響も同様に考えることができます。

　重要なのは，図 6-1 の③にあたる部分の影響が消えてしまうことです。$f(x)$ も $g(x)$ も連続関数なので，h をどんどん小さくしていくと，$f(x+h)$ は $f(x)$ に $g(x+h)$ は $g(x)$ に限りなく近づいていきます。このとき図 6-2 のように①②③すべての面積が小さくなりますが，③の面積は①と②と比べてずっと速いスピードで小さくなります。このため，十分に小さい h に対しては③は無視してもよいのです。

■補足　証明では③を h で割ったものの極限を $f'(x) \cdot \lim_{h \to 0}\{g(x+h) - g(x)\}$ としましたが，$g'(x) \cdot \lim_{h \to 0}\{f(x+h) - f(x)\}$ とすることもできます。いずれにしても f と g はとも

■図6-2 ③の面積は無視できる

に連続関数なので（連続関数でなければそもそも微分できません），極限の部分は 0 になります。

> **例題 6.1　応用問題**
>
> 　少子化は玩具メーカーなどにとっては深刻な問題の一つです。しかし，子どもの数が減少する一方で，子ども1人当たりの玩具への支出は増えています。次の3つの主張のうち正しいのはどれでしょうか。
>
> 主張1：玩具への総支出は「子ども数×子ども1人当たりの支出」である。マイナスの効果（子どもの減少）とプラスの効果（子ども1人当たりの支出の増加）の積はマイナスだから，玩具への総支出は減少すると予想される。
>
> 主張2：玩具への総支出は，子どもの減少数（n 人減少）と子ども1人当たりの支出の増加額（m 円増加）を比較して，$n > m$ ならば減少し，$n < m$ ならば増加する。
>
> 主張3：玩具への総支出は，子ども数の減少率（絶対値）が子ども1人当たり支出の増加率（絶対値）を上回れば減少し，下回れば増加する。

解答

　子どもの数を N 人，子ども1人当たりの支出を M 円とすると，玩具への総支出は積 $N \times M$ 円になります。さて積の微分の公式が教えてくれるように，積の変化は

$$N \text{ の変化} \times M + M \text{ の変化} \times N$$

となります。第 1 項は子ども数 N の減少効果でマイナス，第 2 項は 1 人当たり支出 M の増加効果でプラスです。総合的な影響はこれらの大小関係で決まります。上の式は次のように書き換えられますね。

$$NM \times (N \text{ の変化}/N + M \text{ の変化}/M)$$

括弧の中の第 1 項は N の変化率（マイナス），第 2 項は M の変化率（プラス）です。NM はプラスですので，総合的な影響は N の変化率と M の変化率の絶対値の大小によって決定されます。よって主張 3 が正しいと言えます。

▶ 公式（4）：関数の逆数の微分

> **● 逆数の微分の公式**
>
> $$\left\{ \frac{1}{g(x)} \right\}' = -\frac{g'(x)}{\{g(x)\}^2}$$

おそらく，もっとも直感的に理解しがたいのがこの公式でしょう。意味を理解するためにこの公式も言葉で表現してみましょう。導関数を（x の変化に対する）関数の値の変化と解釈すれば，

$$1/g(x) \text{ の変化} = -\frac{g(x) \text{ の変化}}{g(x) \text{ の 2 乗}}$$

となります。関数 $1/g$ の変化が g の変化に関係するのは当然ですが，「なぜマイナスがつくの？」「なぜ分母に g の 2 乗があるの？」という疑問が浮かぶでしょう。

計算上こうなることは，原始的な方法で丁寧に導関数を導出していけば簡単に確かめられます。力試しだと思って挑戦してみましょう。

> **例題 6.2**
>
> 導関数の定義に従って公式 (4) を証明しなさい。

> **証明**

導関数の定義にあてはめると，関数 g の逆数の導関数は

$$\left\{\frac{1}{g(x)}\right\}' = \lim_{h \to 0} \frac{\frac{1}{g(x+h)} - \frac{1}{g(x)}}{h}$$

となります。ここで極限の分子部分は x が h だけ変化したときの関数 $1/g(x)$ の変化です。これを書き換えると

$$1/g(x) \text{ の変化} = \frac{1}{g(x+h)} - \frac{1}{g(x)} = \frac{g(x) - g(x+h)}{g(x+h) \cdot g(x)}$$

$$= -\frac{g(x+h) - g(x)}{g(x+h) \cdot g(x)} \tag{6.1}$$

となります。これを極限の式に代入して計算すると，

$$= \lim_{h \to 0} \frac{-1}{g(x+h) \cdot g(x)} \cdot \frac{g(x+h) - g(x)}{h}$$

$$= \frac{-1}{g(x) \cdot g(x)} \cdot g'(x) = -\frac{g'(x)}{\{g(x)\}^2}$$

（証明終わり）

(6.1) 式の書き換えが証明のもっとも重要な部分です。この式の段階で，すでに公式 (4) の主要な特徴「マイナスの符号」と「分母に $g(x)$ の 2 乗」が表れているからです。

計算でこれらの性質が成り立つことを確認したところで，次にその直感的な理由を考えましょう。これら 2 つの性質は，「g の変化と逆数 $1/g$ の変化との関係」を考えればわかります。

まずマイナスの符号ですが，これは $g(x)$ の変化が逆数 $1/g(x)$ の値を逆向きに変化させるためです。分母が大きくなればなるほど，分数の値は小さくなりますね。g' がプラスならば，$1/g$ は x の増加によって減少する，すなわち $\{1/g\}'$ はマイナスになります。逆に g' がマイナスならば $\{1/g\}'$ はプラスになります。これがマイナスの符号の理由です。

次に，$g(x)$ の 2 乗で割る理由を考えましょう。このことを理解するために $g(x)$ が非常に大きい場合を考えてみましょう。たとえば $g(x)$ が 1000 だとす

ると，分数の値は非常に小さく $1/1000 = 0.001$ です。この状態から $g(x)$ の値が 1 だけ増加すると，分数の値は若干減少して $1/1001$ になります（変化の方向が逆になっていることを確認してください）。これは 0.001 とほとんど変わりませんが，その差は $1/1001000$ で，ほぼ $1/1000^2$ だけ減少したことなります。このように変化前の分母 $g(x)$ の値が大きいと，g の変化が分数 $1/g$ の値に与える影響は小さくなり，ほぼ $1/g(x)^2$ 倍の影響しか与えないのです。逆に $g(x)$ が非常に小さい場合には，分子 $g(x)$ の変化は分数 $1/g(x)$ の値を大きく変化させます。公式 (4) の分母に $g(x)$ の 2 乗があるのはこの効果を表現しているのです。

丸暗記しようとすると公式 (4) はとても覚えにくい公式ですが，上の 2 つの性質を理解していれば，覚えやすく忘れることも少なくなります。

それでも忘れてしまったらどうしましょう？ 極限を使った定義に従って導出するのもよいですが，ちょっと面倒くさいですね。実は，公式 (4) は次章で学ぶ合成関数の微分の公式を使うと簡単に導出できます。とても簡単に導出できるので，あえて公式 (4) を覚えない人もいます。さらに「なぜマイナスの符号になるのか？」や「なぜ $g(x)$ の 2 乗で割るの？」という問いに対して違った視点で答えることができるようになります。これについては次章で議論することにしましょう。

▶ 公式 (5)：関数の商の微分

> ● **商の微分の公式**
>
> $$\left\{\frac{f(x)}{g(x)}\right\}' = \frac{f'(x) \cdot g(x) - f(x) \cdot g'(x)}{\{g(x)\}^2}$$

公式 (5) は，公式 (3) の $g(x)$ を $1/g(x)$ に置き換えて，公式 (4) を適用すれば簡単に導くことができます。やってみましょう。

> **例題 6.3**
>
> 公式 (3)(4) を使って，公式 (5) を証明しなさい．

証明

$$\frac{f(x)}{g(x)} = f(x) \times \frac{1}{g(x)}$$

であるから，公式 (3) より

$$\begin{aligned}
\left\{\frac{f(x)}{g(x)}\right\}' &= f'(x) \cdot \left\{\frac{1}{g(x)}\right\} + f(x) \cdot \left\{\frac{1}{g(x)}\right\}' \\
&= \frac{f'(x)}{g(x)} - \frac{f(x) \cdot g'(x)}{\{g(x)\}^2} \quad \because \text{公式 (4)} \\
&= \frac{f'(x) \cdot g(x) - f(x) \cdot g'(x)}{\{g(x)\}^2}
\end{aligned}$$

（証明終わり）

公式 (5) があてはまる問題でも，公式 (3) と公式 (4) を覚えていれば問題なく対応できますので，暗記の苦手な人は無理して暗記していなくてもよいでしょう．慣れてくると自然と覚えてしまうものです．

覚える際には次の 3 つの特徴に注意するとよいでしょう．

特徴 1：分子が積の微分の公式とよく似ている

理由：積の微分の公式を使っているのだから不思議ではないですね．

特徴 2：分子の f(x)・g′(x) の項にマイナスの符号がついている

理由：この項は分母 g(x) の変化が f(x)/g(x) に与える影響を表しています．公式 (4) のマイナスの符号と同じく，分母の変化は分数の変化に逆向きの影響を与えるため，マイナスの符号がつくのです．

特徴 3：分母に g(x) の 2 乗がある

理由：これも公式 (4) で「g(x) の 2 乗で割る」理由と同じです．変化前の分母の絶対値が大きいほど分母の変化の効果は小さくなります．

公式 (5) は公式 (3) と公式 (4) から導出されたものであるため，その 3 つの特徴も公式 (3) と公式 (4) の性質に由来しています．公式 (3) と公式 (4) を

正しく理解していれば公式 (5) を覚えるのは簡単でしょう。

6.2　基本関数の微分の公式

　前節で学んだ公式を活かすためには，べき関数や指数関数などの具体的な関数の導関数（公式の $f'(x)$, $g'(x)$ にあたる部分）を知らなければなりません。経済学で登場するさまざまな関数を微分するためには，いくつぐらいの導関数を知る必要があると思いますか？ 実は覚える必要がある導関数は以下の 3 つだけです。

> ●基本関数の微分の公式
> (6)　べき関数：$\{x^a\}' = ax^{a-1}$　　　　【べき乗則（power law）】
> (7)　指数関数：$\{e^x\}' = e^x$
> (8)　対数関数：$\{\ln x\}' = \dfrac{1}{x}$

　これら 3 つの公式は簡単すぎるぐらい簡単ですね。経済学で登場する関数はこれら 3 つを足したり，掛けたり，あるいは合成したりしてできているものばかりですから，これら 3 つを理解して，覚えて，使えるようになることが重要です。

　それぞれの公式について詳しく見ていきましょう。

▶公式 (6)：べき関数の微分

> ●べき関数の微分の公式
> $$\{x^a\}' = ax^{a-1}$$

　この公式はべき乗則（power law）と呼ばれます。言葉で表現すると「x の

a 乗を微分すると，肩の数字 a が前に出て，肩の数字が 1 だけ小さくなって $a-1$ になる」ということです。べき乗則が $a=1,2,3$ の場合について成立することは高校数学Ⅱですでに学んでいると思います。このことから a がもっと大きい自然数についてもべき乗則が成立するだろうと容易に予想できますね。実際，

$$\{x^{100}\}' = 100x^{99}$$

は確かに成り立つのです。驚くべきことは a がどんな実数であってもべき乗則が成り立つことです。負の数でも，分数でも，あるいは無理数であっても成り立つのです。たとえば，

$$\{x^{\sqrt{2}}\}' = \sqrt{2} \cdot x^{\sqrt{2}-1}$$

も成立するのです。x の $\sqrt{2}$ 乗なんて，グラフの形も想像できないかもしれませんが，べき乗則からその導関数は簡単にわかってしまうのです。

べき乗則が整数でない a について成立することを証明するには次章で学ぶ知識が必要ですので後回しにして，本章では a が整数のときにべき乗則が成り立つことを証明しましょう。

① $a=0$ のケース

$y=x^0$ は値が常に 1 となる定値関数（定義域は $x>0$）です。そのグラフは水平線で，傾きが 0 ですから，導関数も常に 0 になります。一方，公式に $a=0$ を代入しても

$$\{x^0\}' = 0 \cdot x^{0-1} = 0/x = 0 \quad (x>0 であることに注意)$$

となるので，$a=0$ のときにもべき乗則は成り立ちます。

■参考　x が 0 のとき 0^0 となります。0 は何乗しても 0 なのでこれは 0 と言いたいところですが，一方でどんな正の数も 0 乗すれば 1 になるので 1 であるとも考えられます。こうした事情から 0^0 は値を定義できません。同様に負の数の 0 乗，たとえば $(-1)^0$ も定義できません。このため定義域が正の実数となります。

② a が自然数のケース

この証明は自力で挑戦してみましょう。

> **例題 6.4**
>
> 任意の自然数 n について，べき乗則 $\{x^n\}' = n \cdot x^{n-1}$ が成り立つことを証明せよ。

$a=2$ のケースについては前章で証明しました。同様の方法で $a=3, 4$ の場合についても証明できます。アイデアが思い浮かばない人は，まずはこれらの証明からチャレンジしてみましょう。しかし，そうやって個別の自然数について調べていっても，すべての自然数について調べつくすことはできません。どんな自然数についても公式が成り立つことを示すには工夫が要ります。本書では 2 通りの方法を紹介します。

A：微分の公式 (3) と数学的帰納法を使う方法
B：二項定理を使う方法

証明 A　微分の公式 (3) と数学的帰納法を使う方法

Step 1：$n=1$ のときにべき乗則が成り立つことを示します。

1 次関数 $y=x$ は傾きが 1 の直線なので，微分すると $y'=1$ になることは明らかですが，一応確認しておきましょう。

導関数の定義より

$$\{x\}' = \lim_{h \to 0} \frac{(x+h) - x}{h} = \lim_{h \to 0} \frac{h}{h} = \lim_{h \to 0} 1 = 1$$

とやはり 1 になりました。べき乗則に $n=1$ を代入すると $\{x^1\}' = 1 \cdot x^{1-1} = 1 \cdot x^0 = 1 \cdot 1 = 1$ となるので，この結果から $n=1$ のときにべき乗則が成り立つことが証明されました。

Step 2：$n=k$ のときにべき乗則が成り立つことを仮定します。すなわち

$$\{x^k\}' = k \cdot x^{k-1}$$

とします。この仮定の下で，x^{k+1} の導関数を求めます。x^{k+1} は $x \times x^k$ なので，積の微分の公式 (3) を使えば簡単です。

$$\{x^{k+1}\}' = \{x \times x^k\}' = \{x\}' \times x^k + x \times \{x^k\}'$$
$$= 1 \times x^k + x \times k \cdot x^{k-1}$$
$$= (k+1)x^k$$

つまり $\{x^{k+1}\}' = (k+1)x^{(k+1)-1}$ となり,「べき乗則が $n = k$ のときに成り立つと仮定すれば, $n = k+1$ のときもべき乗則が成立すること」が証明されました。
Step 3：数学的帰納法の論理に従って，Step 1 と Step 2 より，すべての自然数についてべき乗則が成立します。

(証明終わり)

証明 B 二項定理を使う方法

導関数の定義式より

$$\{x^n\}' = \lim_{h \to 0} \frac{(x+h)^n - x^n}{h}$$

となります。問題は $(x+h)^n$ の部分です。たとえば, $n = 4$ のときには

$$(x+h)^4 = x^4 + 4x^3 h + 6x^2 h^2 + 4x h^3 + h^4$$

となります。5つの項の係数は「組合せの総数（コンビネーション）」を使って

$$(x+h)^4 = {}_4C_0 \cdot x^4 + {}_4C_1 \cdot x^3 h + {}_4C_2 \cdot x^2 h^2 + {}_4C_3 \cdot x h^3 + {}_4C_4 \cdot h^4$$

と表現することができます。これを一般化したのが二項定理で $(x+h)^n$ を展開すると,

$$(x+h)^n = {}_nC_0 \cdot x^n + {}_nC_1 \cdot x^{n-1} \cdot h + {}_nC_2 \cdot x^{n-2} \cdot h^2 + \cdots + {}_nC_n \cdot h^n$$

となります。$\sum$ の記号を使って表せば,

$$(x+h)^n = \sum_{k=0}^{n} {}_nC_k \cdot x^{n-k} \cdot h^k$$

となります。これは数学のいろいろな分野で活躍するありがたい定理なので，是非理解して使えるようになりましょう（証明はいくつかありますが，その一つが第8章にあります）。

さて，べき乗則の証明で重要なのは，最初の2つの項の係数がそれぞれ，1 と n になること，すなわち,

$$(x+h)^n = x^n + n \cdot x^{n-1} \cdot h + \sum_{k=2}^{n} {}_nC_k \cdot x^{n-k} \cdot h^k$$

となることです（$n=4$ のケースでも成立していますね）。

このことに注意して導関数の導出の続きをやってみましょう。

$$\begin{aligned}
\{x^n\}' &= \lim_{h \to 0} \frac{(x+h)^n - x^n}{h} \\
&= \lim_{h \to 0} \frac{x^n + n \cdot x^{n-1} \cdot h + \sum_{k=2}^{n} {}_nC_k \cdot x^{n-k} \cdot h^k - x^n}{h} \quad \text{二項定理より} \\
&= \lim_{h \to 0} \left(n \cdot x^{n-1} + \sum_{k=2}^{n} {}_nC_k \cdot x^{n-k} \cdot h^{k-1} \right) \\
&= n \cdot x^{n-1} + \lim_{h \to 0} \left(\sum_{k=2}^{n} {}_nC_k \cdot x^{n-k} \cdot h^{k-1} \right) \\
&= n \cdot x^{n-1}
\end{aligned}$$

最後の極限部分が消えるのは，$\sum$ で足し合わされるすべての項が h を含むため，$h \to 0$ の極限がすべての項で 0 になるからです。

（証明終わり）

以上 2 つの方法で「べき乗則がすべての自然数について成り立つこと」が証明されました。

③ a が負の整数のケース

最後に a が負の整数のときにも成立することを証明します。負の整数は自然数にマイナスの符号をつけたものだから，次を証明すればよいですね。やってみましょう。

> **例題 6.5**
>
> 任意の自然数 n について次を証明せよ。
>
> $\{x^{-n}\}' = -n \cdot x^{-n-1}$

証明

$$\{x^{-n}\}' = \left\{\frac{1}{x^n}\right\}' = -\frac{\{x^n\}'}{\{x^n\}^2} \quad \text{公式 (4) より}$$
$$= -\frac{nx^{n-1}}{x^{2n}} \quad \text{べき乗則（自然数 } n\text{）より}$$
$$= -nx^{n-1} \cdot x^{-2n}$$
$$= -nx^{-n-1}$$

（証明終わり）

以上①②③より，べき乗則がすべての整数 a について成立することが証明されました．整数以外の実数 a について成立することの証明は次章でやります．

さて，ここまで学んだ知識だけでも実に多様な関数が微分できます．練習してみましょう．

例題 6.6

以下の関数の導関数を求めなさい．

(1) $y = (2x+1)(x^2 - x - 2)$

(2) $y = \dfrac{x}{3x^2 + 1}$

解答

(1) 公式 (3) を利用して微分します．

$$y' = \{2x+1\}' \times (x^2 - x - 2) + (2x+1) \times \{x^2 - x - 2\}'$$
$$= 2 \times (x^2 - x - 2) + (2x+1) \times (2x - 1)$$
$$= 6x^2 - 2x - 5$$

(2) 公式 (5)（あるいは公式 (3) と公式 (4) の組合せ）を利用して微分します．

$$y' = \frac{\{x\}' \times (3x^2+1) - x \times \{3x^2+1\}'}{(3x^2+1)^2}$$

$$= \frac{1 \times (3x^2+1) - x \times 6x}{(3x^2+1)^2}$$

$$= \frac{-3x^2+1}{(3x^2+1)^2}$$

▶公式（7）：指数関数の微分

● **指数関数の微分の公式**

$$\{e^x\}' = e^x$$

べき乗則もシンプルで美しい公式だと思いますが，この公式はもっとシンプルですね。底数が無理数 e の指数関数は微分しても形がまったく変わりません。

このことを理解するには，実際にグラフの傾きを調べて確かめるのが一番です。前章の章末問題　問5.7で指数関数のグラフの傾きを調べて，導関数の形を予想しましたが，もう一度確認してみましょう。図6-3を見てください。まず，$x=0$ のときに注目します。このときの関数の値は1です。指数関数は点 $(0,1)$ で直線 $y=x+1$ と接するので，この点における傾きも1となります。実際，定規をあててみると接線の傾きがおよそ1になっていることがわかります。次に関数の値が2になる点でグラフに接するように定規をあててみると，やはり傾きはおよそ2になっています。図6-3では関数の値が4となるところでの接線も描かれていますが，傾きはやはりおよそ4になっています。

このように指数関数では関数の値と接線の傾きが一致するのです。これを式で表したのが $\{e^x\}' = e^x$ という公式です。左辺があるxの値における指数関数の関数の値 e^x，一方の右辺があるxの値における指数関数の微分係数（＝接線の傾き）に対応しています。微分しても形が変わらないということはこのようなことを意味しています。

■図6-3 指数関数 $y=e^x$ のグラフとその傾き

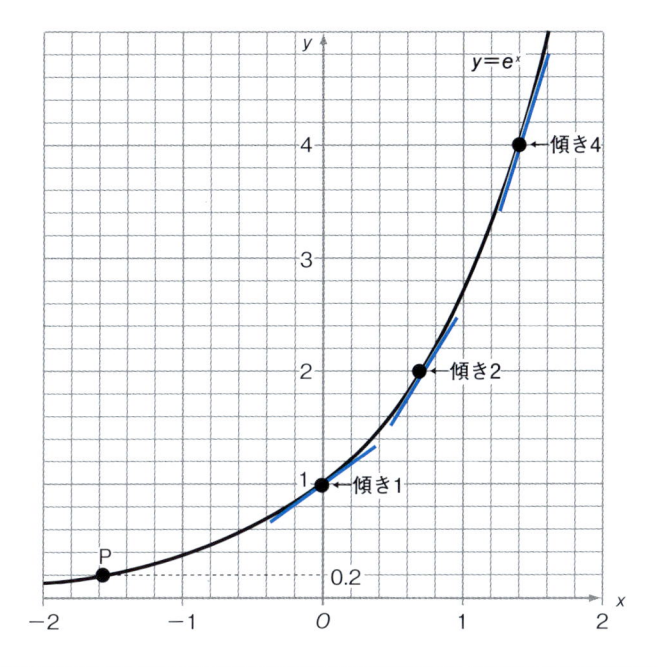

例題 6.7　理解の確認問題

(1) グラフの点 P における接線の傾きはいくつですか。
(2) 図 6-3 の座標平面に導関数のグラフを描き入れるとどうなるか。

解答

(1) 点 P の関数の値が 0.2 なので，接線の傾きも 0.2 となります。
(2) 導関数の値は関数の値と一致するので，導関数 $\{e^x\}'$ のグラフは関数 $y=e^x$ のグラフと完全に一致する。

指数関数のグラフはそり返った右上がりの形をしているので，値だけでなく傾きも x とともに上昇する，つまり導関数も右上がりになることは容易にわかります。しかし，元の関数と導関数がまったく同じ形になることは意外ではないですか？

公式の意味がグラフから理解できれば応用上は十分ですが，是非証明にも挑戦してみましょう（グラフだけでは厳密に同じであることの証明にはなりません）。

ステップアップ　$\{e^x\}'=e^x$ を証明してみよう

（ヒント：定義式に従って導関数を求めていきます。指数関数が $y = x + 1$ に接することを思い出そう。）

証明

導関数の定義式より，

$$\{e^x\}' = \lim_{h \to 0} \frac{e^{x+h} - e^x}{h}$$
$$= \lim_{h \to 0} \frac{e^x e^h - e^x}{h} \quad \text{指数法則より}$$
$$= \lim_{h \to 0} e^x \cdot \frac{e^h - 1}{h}$$
$$= e^x \lim_{h \to 0} \frac{e^h - 1}{h}$$

となりますね。極限の部分は x に依存していませんので（極限が存在すれば）ある定数です。つまり，$\{e^x\}' = $ 定数 $\times e^x$ となるので，指数関数の導関数も同じく指数関数であることがこの段階でわかります。

あとは，この極限の部分が 1 であること

$$\lim_{h \to 0} \frac{e^h - 1}{h} = 1$$

を証明できれば OK です。この式はどこかで見覚えないですか？　そうです。前章の例題 5.3 で登場した式です。「$x = 0$ における指数関数 $y = e^x$ の傾きは 1 である」という事実を数式で表現したのがこの式でしたね。

これで証明は終わりです。ちなみにこの式の厳密な証明は前章の章末問題 問 5.11 にあります。

（証明終わり）

もう少し発展した知識を使えば，指数関数の微分公式を違う方法で証明することもできます。このことについては次章で説明します。

公式 (8)：対数関数の微分

● 対数関数の微分の公式

$$\{\ln x\}' = 1/x$$

$\ln x$ は底数が e の自然対数 $\log_e x$ のことです。底数が e 以外の対数関数ももちろん微分できますが、このようにシンプルな形にはなりません。解析学で自然対数しか考えないのは、このシンプルさからなのです。美しいという表現を使う人もいますが、それも納得できますね。

前章では、この自然対数関数のグラフの傾きを注意深く調べることで、傾きが $1/x$ になっていることを確認しました。x が 1 のときの傾きは 1、x が 2 のときは傾き $1/2$ という具合に、x が大きくなればなるほど傾きはそれに反比例して小さくなります。逆に、x がゼロに近づけば近づくほど傾きはどんどん大きくなり垂直に近づいていきます（$+\infty$ に発散）。公式は簡単ですが、確かにこうなりそうだと納得してから覚えることが大事です。前章で述べたように、証明ははっきり言って難しいです。より高いレベルを目指す人は挑戦してみましょう。そうでない人は飛ばしてしまってもよいでしょう。

> **ステップアップ**　$\{\ln x\}' = 1/x$ を証明してみよう

（ヒント：対数の性質を上手に使い、自然対数の底 e の定義式を作ります。）

証明

$$\{\ln x\}' = \lim_{h \to 0} \frac{\ln(x+h) - \ln x}{h} = \lim_{h \to 0} \frac{1}{h} \ln \frac{x+h}{x} = \lim_{h \to 0} \frac{1}{h} \ln \left(1 + \frac{h}{x}\right)$$

$$= \lim_{h \to 0} \ln \left(1 + \frac{1}{x/h}\right)^{\frac{1}{h}}$$

$$= \lim_{h \to 0} \ln \left[\left(1 + \frac{1}{x/h}\right)^{\frac{x}{h}}\right]^{\frac{1}{x}} \quad \leftarrow e \text{ の定義式に近い形を作っている。}$$

$$= \lim_{h \to 0} \frac{1}{x} \ln \left(1 + \frac{1}{x/h}\right)^{\frac{x}{h}}$$

$$= \frac{1}{x} \ln \left[\lim_{h \to 0} \left(1 + \frac{1}{x/h}\right)^{\frac{x}{h}} \right]$$

　最後の式変形は，対数関数が連続関数であることによります（$\ln x$ は連続関数なので，真数 x がある値 a に収束するならば，関数の値は $\ln a$ に収束します）。

　あとは，真数部分がどのような値に収束するかを調べればよいのです。ここで，x は固定された任意の正数（対数の真数条件より）なので，h がプラスの値をとりながら 0 に近づくとき x/h はプラス無限大に発散し，このとき，

$$\lim_{x/h \to \infty} \left(1 + \frac{1}{x/h}\right)^{\frac{x}{h}} = e$$

となります。一方，h がマイナスの値をとりながら 0 に近づくときは，x/h はマイナス無限大に発散しますが実はこのときも

$$\lim_{x/h \to -\infty} \left(1 + \frac{1}{x/h}\right)^{\frac{x}{h}} = e$$

となります（第 4 章章末問題　問 4.8(3) 参照）。よって，真数部分は h をどのように 0 に近づけても必ず自然対数の底 e に収束すると言えるのです。したがって，

$$\{\ln x\}' = \frac{1}{x} \ln \left[\lim_{h \to 0} \left(1 + \frac{1}{x/h}\right)^{\frac{x}{h}} \right] = \frac{1}{x} \ln e = \frac{1}{x}$$

　最後の式変形では対数の性質 $\ln e = \log_e e = 1$ が使われています。

（証明終わり）

　これでべき乗則が整数以外の a について成立することを除いて，3 つの基本関数の微分公式が証明できました。

　本章で学んだ，8 つの公式は複雑な関数を微分するときには必須の道具です。道具が上手に使えるようになるには，仕組みをよく理解して，最初は使い方（数式）を確認しつつ練習をし，体で覚えて，最終的に何も見なくても使えるようになるのが理想です。

　もちろん，公式を忘れることは誰にでもあります。いったん覚えても，あまり使わなくなれば次第に忘れてしまうものです。しかし，公式の証明の仕方

を理解していれば自力で導くこともできるでしょうし，意味を理解していれば少し考えるだけで思い出すことができるでしょう。「なるほど」と納得して覚えたことは，そう簡単には忘れません。かりに細部は忘れたとしても，大事な部分が残っているはずです。

逆に，意味を理解しないで，数式だけを丸暗記するやり方だと当面の試験には対応できるでしょうが，試験が終わってしばらくすると記憶からほとんど消えてしまってゼロに戻ってしまいます。中間試験はできたけど，期末試験はできない。数学を使う専門科目で，学んだはずの計算についていけない。そのような経験のある人は，理解をせずに暗記する「暗記数学」をしている人が多いようです。目先のことだけを考えず，役に立つ知識を頭の中に蓄積して，知的に成長していけるような勉強をするよう心がけましょう。

章末問題

問 6.1　計算問題

以下の関数の導関数を求めなさい。

(1)　$f(x) = -5$　　(2)　$f(x) = x^{-n}$　　(3)　$y = x^2 - 2x$

(4)　$y = 2x^3 - 3x + 1$　　(5)　$g(t) = (a-t)(b-t)$　　(6)　$H(t) = vt - \dfrac{1}{2}gt^2$

(7)　$F(x) = x(x^2 - 4)$　　(8)　$y = (2x+1)\ln x$　　(9)　$y = \dfrac{x}{3e^x + 1}$

(10)　$y = \dfrac{e^x}{x^2 + 1}$　　(11)　$y = 3\ln x + 2$　　(12)　$y = e^{2x+1}$

(13)　$y = \ln x^x$　　(14)　$y = \ln \dfrac{3}{x}$

((12)(13)(14) は指数法則と対数の性質に注意すれば，既習知識で解けます！)

問 6.2　計算問題

問 6.1 の (5)(6)(7) について以下の微分係数を求めなさい。

(5)　$g'(0)$　　(6)　$H'\left(\dfrac{v}{g}\right)$　　(7)　$F'(-2)$

問 6.3　応 用 問 題

下の図には 4 つの関数 $[y=x^2,\ y=e^x,\ y=\ln x,\ y=1/x]$ のグラフが描かれている。これらの関数の導関数の知識を使って，グラフ上の 5 つの点（A～E）における接線の傾きをそれぞれ求めなさい。また，実際に接線の傾きを調べて結果が正しいか確認してみよう。

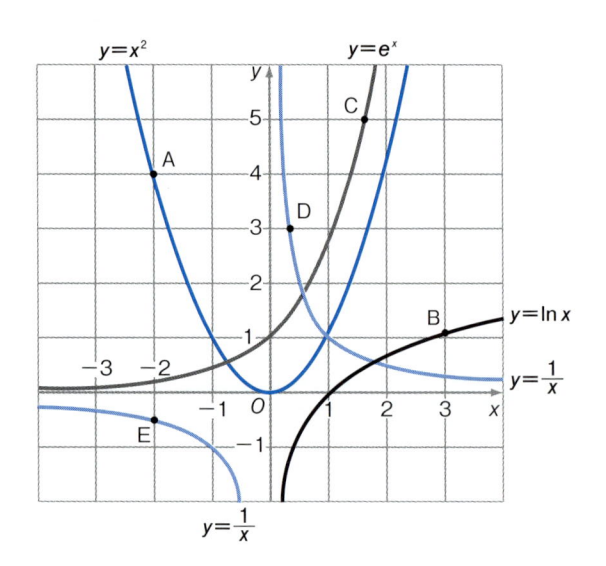

問 6.4　応 用 問 題

球の体積 V は半径 r の関数である。関数の式を明らかにして，微分しなさい。また計算結果の意味を考えてみよう。

問 6.5　応 用 問 題

1000 戸の住宅からなる集合住宅で 1 カ月当たり 100 万円の防犯対策を新たに導入することになった。費用は全住宅で均等割りすることとなり，100 万円/1000 戸で各住宅の負担は現在 1000 円/月である。来月から新たに 7 戸増えて，1007 戸になると 1 カ月当たりの負担はどのように変化するか。

(1)　公式 (4) の考え方を応用して，負担の変化を予想しなさい。

(2)　実際の負担額は 100 万円/1007 戸となる。計算機などを使ってこれを求め，(1) の結果と比較しなさい。

(3)　(1) と (2) に誤差が出るのはなぜか考えなさい。

第7章

合成関数と逆関数の微分

本章の目的

第3章では，関数の発展した概念として合成関数と逆関数を紹介しました。本章では，これらの導関数の求め方を学びます。やや高度な内容ですが，本章で学ぶ知識を使うことで，これまで学んだ公式だけでは微分できなかったような複雑な関数も簡単に微分できるようになります。とくに，複雑な関数が多く登場する経済学では本章で学ぶ知識が威力を発揮します。しっかりと理解して，より高い分析能力を手に入れてください。

7.1 合成関数の微分法

微分可能な2つの関数 $z = g(y)$ と $y = f(x)$ を合成した関数 $z = g(f(x))$ を微分するとどうなるでしょうか？ 導関数の式を想像してみましょう。

答えは次のようになります。合成関数の微分の公式

● **合成関数の微分の公式**

$$\{g(f(x))\}' = g'(f(x)) \cdot f'(x)$$

この式は一見複雑ですので内容を確認しましょう。右辺は実は合成関数を

構成する 2 つの関数の導関数 $g'(y)$ と $f'(x)$ の積 $g'(y) \times f'(x)$ になっていて，$g'(y)$ の y のところに $y = f(x)$ を代入した形になっています。要は「合成関数の導関数は合成される関数の導関数の積になる」のです。

つまり，導関数のもう一つの表記を使えば，

> ● 鎖の法則（chain rule）
>
> $$\frac{dz}{dx} = \frac{dz}{dy} \times \frac{dy}{dx}$$

と書くことができます。この式は鎖の法則と呼ばれます。最初の公式と鎖の法則は見た目がかなり違いますが同じ公式です。この式の dz/dy などは導関数であり分数ではありませんが，これら導関数の表記を分数として見ても整合的な式（dy を約分すると右辺と左辺は一致する）になっていますね。もっとたくさんの関数が合成された場合も同じです。たとえば，さらに x が w の関数で，w が v の関数で，v が u の関数の場合には，u が決まると v, w, x, y と順番に値が決まり最終的に z まで一意に定まるので，z は u の関数になりますが，z を u で微分した導関数は

$$\frac{dz}{du} = \frac{dz}{dy} \times \frac{dy}{dx} \times \frac{dx}{dw} \times \frac{dw}{dv} \times \frac{dv}{du}$$

となります。掛け合わされた導関数が鎖のように見えるため，合成関数の微分の公式は「鎖の法則（chain rule）」と呼ばれるのです。

公式の使い方や意味を理解する出発点として簡単な例を見てみましょう。

> **例題 7.1**
>
> $y = (\ln x)^2$ の導関数を求めてみよう。

新世社・出版案内　Sep. 2024

法学好評書

法学叢書 2-Ⅰ
法学叢書 行政法Ⅰ　行政法総論
興津征雄 著　　　　　　　　　　　　　　　A5判／864頁　本体4,800円

行政法が「わかる」とはどういうことなのか。個々の事例や個別法の仕組みの解説のみならず，それらを支えるべき法論理の構造を分析して，法制度や判例のあり方に明快で合理的な法律構成を与えるという実定法学の問題意識に立ち，概念の定義から出発し，論理のステップを紙幅を費やして丁寧に説き明かした画期的基本書。行政法を学び始めた読者が司法試験の論文式問題に対応できるレベルまで到達できることを目指し，予備試験・司法試験問題と解説との対応も明記した。

＜目次＞
本書で何を，どうやって学ぶのか／行政の主体と機関／行政法の法源と行政内部規定／要件と効果／法律関係の形成・確定の法的仕組み／法効果発生要件としての行政処分／法の解釈・適用と行政裁量／行政手続／強制／制裁／行政調査／行政指導と協定／法律による行政の原理／行政活動をめぐる紛争類型／個別法の解釈と適用—実体的違法事由（その１）／裁量権の踰越・濫用—実体的違法事由（その２）／行政手続の瑕疵—手続的違法事由／行政計画と処分の違法性／行政調査と処分の違法性／行政機関の矛盾挙動をめぐる紛争—信義則／行政処分の職権取消し・撤回の違法性／他

＊電子版も弊社ホームページ（https://www.saiensu.co.jp）にて販売中。

『法学叢書 行政法Ⅰ　行政法総論』特設ページのご案内

本書の特徴や勉強法などを詳しく紹介。
(https://shinsei-sha.hp.peraichi.com/gyouseihou1)
にて公開中。

経済学

ライブラリ 経済学コア・テキスト＆最先端 12
コア・テキスト 国際金融論 第3版
藤井英次 著　　　　　　　　　A5判／384頁　　本体3,100円
定評ある国際金融論テキストの最新版。第2版刊行以降の激動する世界情勢，また急激な円安が進行する日本経済を踏まえて，第3版では全章にわたってデータの刷新，解説の見直しと補強，コラムの更新を行い，さらに国際金融の新たな課題を考察した章を追加した。読みやすい2色刷。

コンパクト経済学ライブラリ 2
コンパクト マクロ経済学 第3版
飯田泰之・中里　透 共著　　　　四六判／224頁　　本体1,850円
マクロ経済学の「入門の入門書」として好評テキストの最新版。第2版刊行後の日本経済の変化をとらえ，金融政策に関する項目を中心に大幅に刷新。統計データのアップデートも行った。見開き・2色刷で読みやすく，マクロ経済学を初めて学ぶ大学生のみならず短時間で日本経済をめぐる状況の基礎的知識を整理したい社会人の方にも最適の一冊。

コンパクト経済学ライブラリ 1
コンパクト 経済学 第3版
井堀利宏 著　　　　　　　　　四六判／208頁　　本体1,700円
経済学の基本的な原理・原則をコンパクトに解説すると共に，日本経済の具体的な事例もわかりやすく説明した入門書の第3版。経済学の基本的な知識に基づき，現実の経済状況を踏まえて解説内容をさらに拡充。身近な経済問題や日本経済全体の動向を考える際のヒントを提供する。読みやすい2色刷・完全見開き構成。

ライブラリ 今日の経済学 13
金融論
櫻川昌哉・櫻川幸恵 共著　　　　A5判／304頁　　本体2,700円
金融の基本的な考え方や概念を深く理解でき，金融にかかわる様々なテーマについて本質を踏まえて考える力を養成するテキスト。基本編では，貨幣と決済／金融取引／金融システム／市場システム／証券／リスクの取引／金融取引／国際金融を扱い，続く応用編では，金融市場の制度設計／経済成長と金融／バブル／資産形成を扱う。読みやすい2色刷。

解答

　一見すると難しく，どうやって微分してよいかわからないかもしれませんが，これは2つの関数 $y = u^2$ と $u = \ln x$ の合成関数と考えることができます。合成関数の導関数は合成された関数の導関数の積になるので，まずそれぞれの導関数を求めましょう。

$$\frac{dy}{du} = \{u^2\}' = 2u, \qquad \frac{du}{dx} = \{\ln x\}' = \frac{1}{x}$$

よって，公式にあてはめると合成関数の導関数は

$$\frac{dy}{dx} = \frac{dy}{du} \times \frac{du}{dx} = 2u \cdot \frac{1}{x}$$

となります。ここで u は合成関数を分解する際に導入した変数なので，$u = \ln x$ を代入して x だけの式に戻します。こうして $y = (\ln x)^2$ の導関数を求めることができました。

$$\{(\ln x)^2\}' = \frac{2 \ln x}{x} \quad \cdots 答$$

　この導関数が正しいかどうかを疑っている読者がいるかもしれませんので，公式を使わないで導関数を求めてみましょう。実は，この関数は同じ関数を2つ掛け合わせただけなので，積の微分の公式を使っても導関数を求めることができます。

$$\begin{aligned} \{(\ln x)^2\}' &= \{\ln x \cdot \ln x\}' = \{\ln x\}' \cdot \ln x + \ln x \cdot \{\ln x\}' \\ &= \frac{1}{x} \cdot \ln x + \ln x \cdot \frac{1}{x} = \frac{2 \ln x}{x} \end{aligned}$$

　この通り，同じ結果になりましたね。

　この例で理解してほしいのは，一見複雑な関数でも合成をほぐして複数の関数に分解してしまえば，公式を使って微分できるということです。経済学で登場する複雑な関数の多くは，複数の関数が合成されてできています。そうした関数も，合成関数の微分の公式を使えば簡単に導関数を求めることができるのです。

　そういう便利な公式ですが，より上手に使いこなすために，まずは公式の意味をよく理解することから始めましょう。

▶鎖の法則の意味を理解する

$z = g(y)$ と $y = f(x)$ を合成した関数 $z = g(f(x))$ を微分するとなぜ

$$\frac{dz}{dx} = \frac{dz}{dy} \times \frac{dy}{dx}$$

となるのでしょうか。

われわれが知りたいのは左辺の dz/dx です。これは何を意味するのでしょうか？ 先ほど「分数のように見えるが分数ではない」と言いました。しかし，分数のような表記をするのには理由があります。導関数 dz/dx の値（＝微分係数）が「x の微小変化（Δx）に対する z の変化（Δz）の比率（$\Delta z/\Delta x$）」を意味しているからです。これを式で表すことを考えてみましょう。

x が微小に変化したとき，まず変化するのは y で，z は y の変化を通じて変化します。導関数 dy/dx の値は微分係数であり，それは「x が微小に変化したときに y がその何倍変化するか」を意味しています。つまり，x が微小に Δx だけ変化するとき，y の値は Δx の dy/dx 倍変化します。すなわち Δx が十分に小さいとき，

$$\Delta y \fallingdotseq \frac{dy}{dx} \Delta x$$

が成り立ちます（記号 $\fallingdotseq$ は「およそ等しい」を意味します）。

次に，この y の変化 Δy が z をどれだけ変化させるかを考えます。再び，導関数の値 dz/dy は「y が微小に変化したときに，z がその何倍変化するか」を意味していますから，y が微小に Δy だけ変化するとき，z の値は Δy の dz/dy 倍変化します。したがって，

$$\Delta z \fallingdotseq \frac{dz}{dy} \Delta y$$

となるはずです（注：これが成り立つためには Δy が微小でなければなりませんが，関数 $f(x)$ が微分可能であるとき x の変化 Δx が微小ならば必ず y の変化 Δy も微小になるので問題ありません）。

上の2つの式から Δy を消去すると，

$$\Delta z \fallingdotseq \frac{dz}{dy} \times \frac{dy}{dx} \Delta x$$

となります。よって，「x の微小変化（Δx）に対する z の変化（Δz）の比率（$\Delta z/\Delta x$）」は

$$\frac{\Delta z}{\Delta x} \fallingdotseq \frac{dz}{dy} \times \frac{dy}{dx}$$

となります。これこそがわれわれが知りたい導関数 dz/dx です。ちゃんと導関数の積 $(dz/dy) \times (dy/dx)$ になっていますね。このように微分係数の意味を考えれば，合成関数の微分の公式の意味もよくわかります。x の微小変化は，合成されたそれぞれの関数の影響がまさに掛け合わさって z に伝わるのです。

> **例題 7.2**
>
> $z = 3y$ と $y = 2x + 1$ を合成した関数 $z = 3(2x + 1)$ の導関数 dz/dx を求めよう。

解答

$dz/dy = 3$ かつ $dy/dx = 2$ なので，公式より

$$\frac{dz}{dx} = \frac{dz}{dy} \times \frac{dy}{dx} = 3 \times 2 = 6$$

となります。

　この例では合成される関数がともに 1 次関数（グラフは直線）なので，変数の変化の比率が一定です。$dy/dx = 2$ とは「x が微小に変化したとき，y がその 2 倍変化する」ことを意味します。同様に，$dz/dy = 3$ とは「y が微小に変化したとき，z がその 3 倍変化する」ことを意味します。したがって，x が微小に変化すると，z はその $2 \times 3 = 6$ 倍変化するのです。

　この例のように，1 次関数の場合には「合成関数の導関数が合成される関数の導関数の積になる」ことが簡単に確認できます。しかし，曲線グラフをもつ

関数の場合には場所によってグラフの傾きが変わってしまうので，どの点の傾きを掛け合わせればよいのかが問題になります。これを次に考えましょう。

▶ **公式の表記** $\{g(f(x))\}' = g'(f(x)) \cdot f'(x)$ の意味を理解する

この公式の表記が鎖の法則と同じであることを確認しましょう。表記法が異なるだけで dz/dy と $g'(y)$ は同じ導関数です。同様に dy/dx と $f'(x)$ は同じものです。したがって，上の議論の dz/dy と dy/dx を $g'(y)$ と $f'(x)$ で置き換えると，

$$\frac{\Delta z}{\Delta x} \fallingdotseq g'(y) \cdot f'(x)$$

となることがわかります。そして $g'(y)$ の y のところに $y = f(x)$ を代入すると，公式が得られます。代入をしたことで複雑な形になってしまいますが，複雑な式になっているのにはちゃんとした理由があります。これはとても重要なことなので確認しておきましょう。

まず，x の値が a のときの，合成関数 $g(f(x))$ の微分係数はいくつになるかを考えてみましょう。鎖の法則に単純にあてはめて

$$\frac{dz}{dy} \cdot \frac{dy}{dx} \quad \text{あるいは} \quad g'(y) \cdot f'(x)$$

とするだけでは答えはでません。x の値が a のときの微分係数なので，x には a をあてはめればよいでしょうが，y のところには何をあてはめればよいでしょうか？公式はこの問いに対する答えを教えてくれているのです。

公式に $x = a$ を代入すれば，$x = a$ における微分係数は

$$\{g(f(a))\}' = g'(f(a)) \cdot f'(a)$$

となることがわかります。つまり，y のところには $f(a)$ が入ります。なぜ $f(a)$ が入るかといえば，x の値が a のときの y の値が $f(a)$ だからです。

これを理解するために，x の変化が y を通じて z に影響を与える対応関係を図示してみましょう（図 7-1）。

変化前の x の値は a で，このときの y と z の値はそれぞれ $f(a)$，$g(f(a)$

■図7-1 合成関数の対応関係

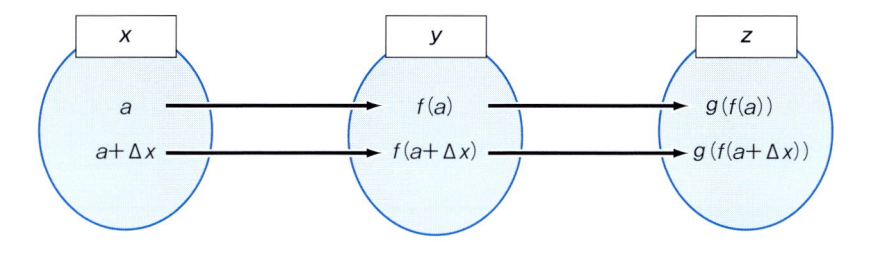

```
    x              y                z
    a    →       f(a)      →      g(f(a))
   a+Δx  →     f(a+Δx)    →     g(f(a+Δx))
```

です。x の値が微小に Δx だけ変化すると，y と z の値はそれぞれ $f(a+\Delta x)$，$g(f(a+\Delta x))$ に変化します。対応する y と z の変化は

$$\Delta y = f(a+\Delta x) - f(a)$$
$$\Delta z = g(f(a+\Delta x)) - g(f(a))$$

となります。

さて，x の値は a から変化するので，y の値は Δx の「$x = a$ における関数 f の微分係数」倍だけ変化します（わからない場合は微分係数の説明（第5章）を読み返しましょう）。「$x = a$ における関数 f の微分係数」は $f'(a)$ ですから，

$$\Delta y \fallingdotseq f'(a) \times \Delta x$$

となります。問題はこの y の変化に対して z が何倍変化するかですが，y の値は $f(a)$ から変化するので，z の値は Δy の「$y = f(a)$ における関数 g の微分係数」倍だけ変化します。「$y = f(a)$ における関数 g の微分係数」は $g'(f(a))$ ですから，

$$\Delta z \fallingdotseq g'(f(a)) \times \Delta y$$

となります。繰返しになりますが，微分係数が $g'(y)$ ではなく $g'(f(a))$ となっているのは，変化前の y の値が $f(a)$ だからなのです。上の2つの式から Δy を消去すると，

$$\Delta z \fallingdotseq g'(f(a)) \times f'(a) \times \Delta x$$

となり，この Δx の係数が「x の値が a のときの合成関数 $g(f(x))$ の微分係数」であり，それは $g'(f(a)) \cdot f'(a)$ となるのです。導関数の値が微分係数であることを考えれば当たり前なのですが，合成関数の微分係数は合成される関数の微分係数の積になるのです。

> **例題 7.3**
>
> $z = y^3$ と $y = x^2 - 2$ を合成した関数 $z = (x^2 - 2)^3$ の導関数 dz/dx と $x = 1$ における微分係数を求めてみよう。

解答

合成される各関数の導関数は

$$\frac{dz}{dy} = 3y^2 \qquad \frac{dy}{dx} = 2x$$

となるので，公式より

$$\frac{dz}{dx} = \frac{dz}{dy} \times \frac{dy}{dx} = 3y^2 \cdot 2x$$

ここで x の値に対応する y の値は $y = x^2 - 2$ なので，

$$\frac{dz}{dx} = 3(x^2 - 2)^2 \cdot 2x = 6x(x^2 - 2)^2$$

となります。次に，$x=1$ における微分係数とは $x = 1$ のときの導関数の値なので，上の式に $x = 1$ を代入して，

$$6 \times 1 \times (1^2 - 2)^2 = 6 \times (-1)^2 = 6 \times 1 = 6$$

となります。

つまり，$x = 1$ から x の値が微小に増加すると，z の値はその 6 倍変化します。これをグラフで確認してみましょう。

図 7-2 には左側に $y = x^2 - 2$，右側に $z = y^3$ のグラフが描かれています。左のグラフから，x の値が 1 から微小に増加すると，y の値はその 2 倍増加することがわかります。y の変化前の値は -1 なので，右のグラフからこの

■図7-2　$z=y^3$と$y=x^2-2$のグラフと合成関数$z=(x^2-2)^3$の微分係数

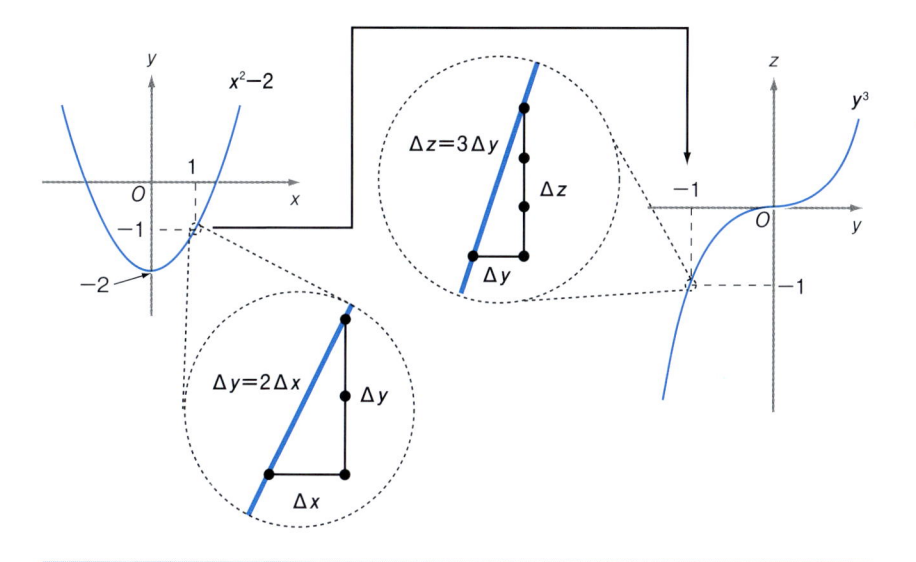

y の変化はその 3 倍の z の変化をもたらすことがわかります。したがって，x の微小な増加はその $2\times 3 = 6$ 倍の変化を z にもたらすのです。

合成関数の微分公式の使い方

複数の関数が合成されてできた複雑な関数は次の手順に従って微分できます。

Step 1：合成関数を分解する。
Step 2：分解された各関数の導関数を求める。
Step 3：鎖の法則にあてはめる。
Step 4：あとから加えた変数を元に戻す。

実際に例題を解きながら，微分公式の使い方を学びましょう。

例題 7.4

$y = \ln(x^2 + 1)$ の導関数を求めなさい。

解答

Step 1：合成関数を分解する。

与えられた関数は $y = \ln u$ と $u = x^2 + 1$ の 2 つの関数に分解することができます。このように複数の関数の合成によって作られていることに気がつけば，公式を利用して導関数を求めることができます。

Step 2：分解された関数の導関数を求める。

$$\frac{dy}{du} = \frac{1}{u} \qquad \frac{du}{dx} = 2x$$

Step 3：鎖の法則にあてはめる。

$$\frac{dy}{dx} = \frac{dy}{du} \times \frac{du}{dx} = \frac{1}{u}(2x)$$

Step 4：あとから加えた変数を元に戻す。

ここでは，u を元に戻さなければなりません。$u = x^2 + 1$ なので，

$$\frac{dy}{dx} = \frac{2x}{x^2 + 1}$$

これが求める導関数です。

どうですか？思ったよりも簡単に微分できましたね。これが合成関数の微分公式のありがたいところなのです。新しい変数を導入するため少し手間がかかりますが，最初のうちはこの手順でたくさんの問題を解いて，使い方をマスターするのがよいでしょう。多くの問題を解いていくうちに，新しい変数を導入するステップを頭の中で済ませることができるようになるでしょう。

▶ 数値例とグラフで鎖の法則を再確認

> **例題 7.4 の続き**
>
> $y = \ln(x^2 + 1)$ の $x = 1$ における微分係数を調べよ。

解答

求めた導関数に $x = 1$ を代入すると，$x = 1$ における微分係数が得られます。

■図7-3　$y=\ln(x^2+1)$ のグラフ

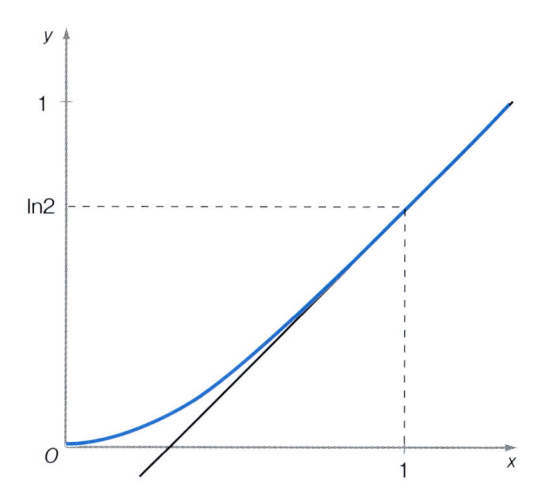

$$\frac{dy}{dx} = \frac{2\cdot 1}{1^2+1} = \frac{2}{2} = 1$$

微分係数には関数グラフの（接線の）傾きという意味もあることを思い出しましょう。つまり，$x=1$ のとき関数 $y=\ln(x^2+1)$ のグラフの傾きはちょうど1，角度では45度になることがわかります。図 7-3 は $y=\ln(x^2+1)$ のグラフですが，45度ぐらいになっていることが目で確認できますね（表計算ソフト Excel で簡単に描けますので確かめてみてください）。

鎖の法則は，関数 $y=\ln(x^2+1)$ の傾きが，$y=\ln u$ と $u=x^2+1$ の各関数の傾きの積と等しくなることを意味します。

$y=\ln(x^2+1)$ の傾き $=$ $y=\ln u$ の傾き $\times$ $u=x^2+1$ の傾き

これを実際に確認してみましょう。まず，関数 $u=x^2+1$ のグラフは図 7-4 の左のグラフに描かれた放物線です。導関数が $u'=2x$ なので，$x=1$ のときの傾きは2になります。図 7-4 からも，$x=1$ のときの傾きがおよそ2であることが確認できますね。

■図7-4　$u=x^2+1$のグラフと対数関数$y=\ln u$のグラフ

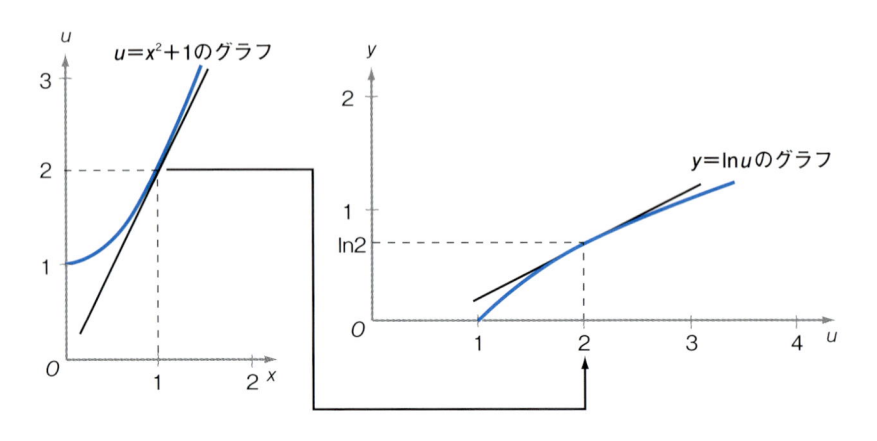

　一方，対数関数 $y = \ln u$ のグラフは図 7-4 の右のグラフに描かれた右上がりの曲線になります。このグラフのどこの傾きが問題となるのでしょうか。$x = 1$ のとき対応する u の値は 2 ですから，$u = 2$ における傾きが問題となります。対数関数の導関数は $\{\ln u\}' = 1/u$ なので，$u = 2$ における関数の傾きはちょうど $1/2$ となります。グラフでも確認しましょう。

　各関数の傾きの積は $2 \times (1/2)$ でちょうど 1 となり，先ほど調べた結果と一致していますね。

7.2　応　用
：対数微分法

　値が常に正である関数 $y = f(x)$ と $z = \ln y$ の合成関数 $z = \ln f(x)$ を微分してみましょう。合成関数の微分の公式より，

$$\frac{dz}{dy} = \frac{1}{y} \qquad \frac{dy}{dx} = f'(x)$$

だから，

$$\{\ln f(x)\}' = \frac{dz}{dy} \times \frac{dy}{dx} = \frac{1}{y} \times f'(x) = \frac{f'(x)}{f(x)}$$

となり，次の公式が成り立ちます。

> ● **対数微分法の公式**
>
> $$\{\ln f(x)\}' = \frac{f'(x)}{f(x)} \qquad (ただし, f(x) > 0)$$

この公式を利用して導関数を求めるテクニックを**対数微分法**と言います。これを使えばさらに微分できる関数の幅が広がります。実際に例題を解きながら，そのテクニックを学びましょう。

> **例題 7.5**
>
> $f(x) = 2^x$ を微分せよ。

底数が 2 の指数関数の微分です。これはまだ学んでいませんが，公式をうまく利用すると簡単に微分ができます。

解答

Step 1：両辺の自然対数をとる。

2^x は常に正なので対数をとれますね（注：負の数は対数がとれません）。

$\ln f(x) = \ln 2^x$

ここで，対数の性質から真数（2）の肩の数字（x）は対数の前に出ます。

$\ln f(x) = x \cdot \ln 2$

Step 2：両辺を微分する。

上の式を方程式と考えましょう。方程式の右辺も左辺も x の関数であり，それらが等しいのだから，それらの導関数も一致しなければなりません。

左辺の導関数：$\{\ln f(x)\}' = \dfrac{f'(x)}{f(x)}$　　　対数微分法の公式より

右辺の導関数：$\{x \cdot \ln 2\}' = \ln 2$

（注：$\ln 2$ は定数（約 0.693）なので，$x \times \ln 2$ はただの 1 次関数（直線）であり，その導関数は x の係数 $\ln 2$ になります。）

これらが等しくなければならないから，
$$\frac{f'(x)}{f(x)} = \ln 2$$

Step 3：両辺に $f(x)$ を掛ける。

そうすることで $f'(x)$ が得られます（$f(x) = 2^x$ だったことを忘れずに）。

$$f'(x) = f(x) \cdot \ln 2 = 2^x \cdot \ln 2 \quad \cdots \text{答}$$

これが対数微分法です。「対数をとる」という一見余計な手間をかけることによって，結果的には比較的簡単に微分をすることができましたね。とても便利なテクニックなので，是非習得してください。

さて，例題 7.5 は底数が 2 の指数関数でしたが，底数が 2 以外でも対数微分法を使えば同様に導関数を求めることができます。任意の正数 a に対して次が成り立ちます。

● **一般的な指数関数の微分の公式**

$$\{a^x\}' = a^x \cdot \ln a$$

$\ln a$ は定数なので，指数関数の導関数もやはり指数関数になります。しかし，同一の指数関数ではなく，導関数は元の関数の値の $\ln a$ 倍となります。底数が Napier 数 e のときのみ，$\ln e = 1$ なので，導関数は元の関数と完全に一致します。この意味で底数が e の指数関数 $y = e^x$ は特別なのです。

例題 7.6

べき乗則 $\{x^a\}' = ax^{a-1}$ が任意の実数 a についても成立することを証明せよ。

（注：指数関数 a^x と似ていますが，こちらはべき関数です！）

べき関数 x^a を微分すると，肩の数字が前に出て，肩の数字が 1 だけ小さくなります。これがすべての整数について成立することは前章で証明しました。ここでは対数微分法を使って，この公式が整数以外の実数 a についても成立することを証明しましょう。a がどんな実数でもよいということを理解してもらうために，ここでは a を円周率 π（$\fallingdotseq 3.14$）としましょう。つまり，

$$\{x^\pi\}' = \pi x^{\pi-1} \quad (x > 0) \quad (\text{注}：x \text{ がマイナスだと値が定義できません。})$$

となることを証明しましょう。

証明

Step 1：$f(x) = x^\pi$ とおいて，両辺の対数をとる。

$\ln f(x) = \ln x^\pi = \pi \ln x$ 　　対数の性質より

Step 2：両辺を微分すると次のようになります。

$\dfrac{f'(x)}{f(x)} = \dfrac{\pi}{x}$

Step 3：両辺に $f(x)$ を掛ける。

$f'(x) = \dfrac{\pi f(x)}{x} = \pi x^\pi x^{-1} = \pi x^{\pi-1}$

よって，$\{x^\pi\}' = \pi x^{\pi-1}$。

(証明終わり)

π を a に置き換えれば，べき乗則 $(x^a)' = ax^{a-1}$ が任意の実数 a に関して成立することが示されます。x^π なんて想像することもできないかもしれませんが，対数微分法を使えば簡単に微分できてしまうのです。

> **例題 7.7**
>
> $f(x) = x^x \quad (x > 0)$ の導関数を求めよ。

こんな関数は見たことも聞いたこともない人が多いでしょう。指数関数でもなく，べき関数でもありません。指数と底数の両方が一緒に変化する関数です。この関数はこれまで学んだ知識を総動員しても，そう簡単には微分で

きそうにありません。しかし，対数微分法を使えば，簡単に微分できてしまいます。試してみましょう。

解答

Step 1：両辺の対数をとる。

$$\ln f(x) = \ln x^x = x \ln x \qquad 対数の性質より$$

Step 2：両辺を微分すると次のようになります。

$$\frac{f'(x)}{f(x)} = \{x \ln x\}' = \ln x + x \cdot \frac{1}{x} = 1 + \ln x$$

Step 3：両辺に $f(x)$ を掛ける。

$$f'(x) = f(x)(1 + \ln x) = x^x(1 + \ln x) \quad \cdots 答$$

さて，この関数 $f(x) = x^x$ は単調増加関数であるように思えませんか？ x が大きくなればなるほど，関数の値も大きくなりそうです。ところが，この直感は正しくありません。例題 7.6 の答えを注意深く見てみましょう。導関数の値は負になることがあります。$\ln x$ は x が 1 より小さいときには負の値をとります（図 3-12 参照）。x が $1/e$（$\fallingdotseq 0.368$）よりも小さくなると $\ln x$ の値は -1 以下になり，導関数の値は負になるのです。つまり，$f(x) = x^x$ は単調増加ではなく，$x = 1/e$ を境に減少から増加に転じる V 字型グラフの関数なのです。このようなことは微分をしなければ簡単には調べられません。微分という分析方法のありがたさの一端を理解してもらえたでしょうか。

7.3 発　　展
：逆関数の微分法（やや高度で利便性は低い）

いろいろな関数を微分していると，その関数自体の導関数はわからないけれど，その逆関数の導関数ならわかるという状況にときどき出会います。そのようなときに役に立つのが逆関数の微分法です。逆関数の微分の公式の意味自体はそれほど難しくありませんが，表記法がややこしく混乱しやすいので，注意が必要です。

逆関数の知識を復習しておきましょう。$y = f(x)$ が微分可能な厳密な単調関数（単調増加あるいは単調減少であり，平らな部分をもたない）とします。このとき x と y は 1 対 1 の対応関係にあるので，x は y の関数になっています。この関数を f の逆関数と呼び，関数の名前は通常 f^{-1} で表します。

$$x = f^{-1}(y)$$

この逆関数 $f^{-1}(y)$ を y で微分すると導関数は次のようになります。

●逆関数の微分の公式 1

$$\{f^{-1}(y)\}' = \frac{1}{f'(f^{-1}(y))}$$

この式も複雑ですので内容を確認しましょう。右辺は元の関数の導関数 $f'(x)$ の逆数になっていて，$f'(x)$ の x のところに

$$x = f^{-1}(y)$$

を代入した形になっています。要は「逆関数の導関数は元の関数の導関数の逆数になる」のです。つまり，導関数のもう一つの表記を使えば，

●逆関数の微分の公式 2

$$\frac{dx}{dy} = \frac{1}{dy/dx}$$

と書くことができます。鎖の法則と同様に，公式 2 の dy/dx などは導関数であり分数ではありませんが，これらを分数と解釈して見ると当たり前の式になっていますね。

たとえば 1 次関数の場合，$y = 2x$ の逆関数は

$$x = \frac{1}{2}y$$

■図7-5　1次関数の逆関数

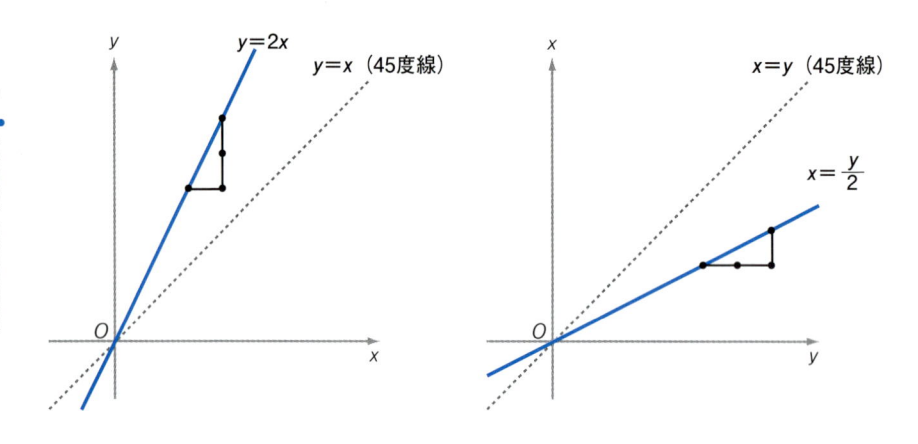

ですね。$dx/dy = 1/2$ かつ $dy/dx = 2$ で互いに逆数なので，逆関数の微分公式が成り立っています。意味を理解するためにこれらのグラフを考えてみましょう。逆関数とは x と y すなわち縦軸と横軸を置き換えたもので，それぞれのグラフは図7-5のように45度線に関して対称な直線になります。

導関数が逆数になるというのは，グラフの傾きが逆数になるということです。元の関数 $y = 2x$ の傾きは 2 です。これは x が微小に変化したときに y がその2倍変化することを意味します。逆関数は変数の対応関係を逆向きにしただけなので，y が微小に変化したときには x がその 1/2 倍変化するはずですね。

関数が1次関数の場合には，逆関数の微分の公式はごく当たり前のように思えます。しかし，関数のグラフが曲線の場合にはそうはいきません。図7-6のグラフを見てください。左が元の関数 $y = f(x)$ で，右がその逆関数 $x = f^{-1}(y)$ のグラフです。もちろん，互いのグラフは45度線に関して対称です。

さて，今 $y = a$ における $x = f^{-1}(y)$ の微分係数（点Aにおける $x = f^{-1}(y)$ のグラフの傾き）を求めることを考えましょう。「逆関数の導関数は元の関数の導関数の逆数になる」ということは，点Aにおける右のグラフの傾きは元

■図7-6 点Aにおける$x=f^{-1}(y)$の傾きは点Bにおける$y=f(x)$の傾きの逆数

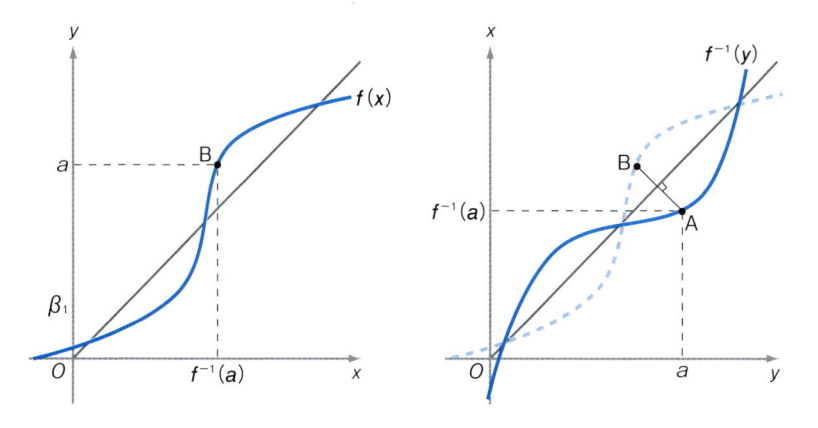

の関数である左のグラフの傾きの逆数になるということです。それでは左のグラフのどの点の傾きの逆数になるのでしょうか。

1次関数の場合，傾きが一定なので「どの点の傾き？」と悩む必要はありませんが，曲線の場合にはこれが問題になります。

答えは図 7-6 の点 B です。点 B は「点 A と 45 度線に関して対称な点」です。点 A における $x = f^{-1}(y)$ の傾きは「点 B における $y = f(x)$ の傾き」の逆数になります。実際，点 A における右のグラフの傾きと点 B における左のグラフの傾きは逆数になっていそうですね。

点 B における左のグラフの傾きを式で表すと，x の値が $f^{-1}(a)$ のときの $y = f(x)$ の傾きなので，$f'(f^{-1}(a))$ となります。$y = a$ における $x = f^{-1}(y)$ の微分係数はその逆数なので

$$\{f^{-1}(a)\}' = \frac{1}{f'(f^{-1}(a))}$$

となります。a を y に置き換えれば逆関数の微分の公式 1 が得られます。一見複雑な公式 1 ですが，$x = f^{-1}(y)$ のときの微分係数 $f'(x)$ の逆数だとわかればそれほど難しくありませんね。

▶ 逆関数の微分の公式の使い方

この公式は，その関数自体の導関数はわからないけれど，その逆関数の導関数ならわかるという状況で役に立ちます。例にならって，その使い方をマスターしましょう。

> **例題 7.8**
>
> $y = f(x) = \sqrt{x}$ の導関数を求めよ。

解答

Step 1：求めたい関数の逆関数を求める。

関数の式を $x =$ という形に書き換えることで，逆関数の式が求められます。この場合，

$$x = f^{-1}(y) = y^2 \quad (y \geq 0)$$

となり逆関数はお馴染みの2次関数ですね。関数 f の値域（y のとる値の範囲）は非負の実数なので，逆関数 f^{-1} の定義域も正の実数となることに注意しましょう。

Step 2：逆関数の導関数を求める。

さて，f^{-1} の導関数 dx/dy はわかりますね。べき乗則から

$$\frac{dx}{dy} = \frac{d}{dy}f^{-1}(y) = 2y$$

となります（これは y を独立変数とする関数なので y で微分します。d/dy は見慣れない表現ですが「独立変数 y で微分する」という演算を意味します）。

Step 3：逆関数の微分の公式2にあてはめる。

逆関数の微分の公式2にそのままあてはめると，f の導関数 dy/dx は

$$\frac{dy}{dx} = \frac{1}{dx/dy} = \frac{1}{2y}$$

となります。

Step 4：y を x の式で置き換える。

われわれが知りたい導関数 $f'(x)$ は x を独立変数とする関数なので，y の式のままでは答えになりません。$y = \sqrt{x}$ を代入して，x の関数式に直します。

$$\frac{dy}{dx} = \frac{1}{dx/dy} = \frac{1}{2\sqrt{x}}$$

これが求める導関数です。

この結果が正しいことは次のように確認できます。実は $f(x) = \sqrt{x} = x^{1/2}$ はべき関数なので，逆関数の微分の公式を使うまでもなく，べき乗則より

$$\{\sqrt{x}\}' = \{x^{\frac{1}{2}}\}' = \frac{1}{2}x^{\frac{1}{2}-1} = \frac{1}{2}x^{-\frac{1}{2}} = \frac{1}{2x^{\frac{1}{2}}} = \frac{1}{2\sqrt{x}}$$

と同じ結果が得られます。

例題 7.9

$\{e^x\}' = e^x$ を証明せよ。

すでに証明済みの公式ですが，逆関数の微分の公式を使っても証明できます。まず，従属変数と関数に名前をつけておきましょう。

$$y = g(x) = e^x$$

この導関数も同じ e^x となることを証明します。

解答

Step 1：求めたい関数の逆関数を求める。

第 2 章で述べたように指数関数の逆関数は対数関数です。

$$x = g^{-1}(y) = \ln y$$

Step 2：逆関数の導関数を求める。

対数関数の導関数は分数関数になりますね。

$$\frac{dx}{dy} = \frac{d}{dy}\ln y = \frac{1}{y}$$

Step 3：逆関数の微分の公式にあてはめる。

公式にそのままあてはめると，g の導関数 dy/dx は

$$\frac{dy}{dx} = \frac{1}{dx/dy} = \frac{1}{1/y} = y$$

Step 4：y を x の式で置き換える。

この場合 $y = e^x$ を上の式に代入すると，

$$\frac{dy}{dx} = e^x$$

となり，指数関数 e^x の導関数も同じ e^x になることが確認できました。

(証明終わり)

例題 7.8 や例題 7.9 のように，すでに証明済みの公式を証明することに何の意味があるのだろうか？と疑問に思う読者もいるかもしれません。しかし，これらの作業は決して意味のないものではありません。これらの作業は単に公式の確認をしているだけではないのです。同じ導関数を導出するのにいろいろな方法があることを身をもって体験してもらっているのです。

公式を証明，あるいは導出する方法を複数知っていれば，万が一公式を忘れてしまったときに思い出せる可能性が高くなります。また，人間ですから途中で計算ミスをしてしまうことがありますが，複数の方法で微分できれば，計算ミスをチェックすることができます（この作業を検算と言います）。検算ができれば，それをできない人たちに比べて正解率がずっと高くなります。また，今まで微分をしたことがない関数への対応能力も向上します。

本章で紹介した公式は微分できる関数の幅を広げる技術，テクニックと考えてよいでしょう。そのような技術はみなさんが高度な分析を行う際に威力を発揮するのです。

章末問題

問 7.1 合成関数の微分

合成関数の微分公式を使って導関数と，指定された独立変数の値における微分係数をそれぞれ求めなさい。

(1) $y = (x^2 + 3x + 1)^3$ の導関数と $x = -1$ における微分係数

(2) $y = e^{x^2 + 1}$ の導関数と $x = 1$ における微分係数

(3) $y = \sqrt{\dfrac{2-x}{3x+4}}$ の導関数と $x = 0$ における微分係数

(4) $y = \dfrac{1}{\sqrt{x^2 + 4x + 5}}$ の導関数と $x = -1$ における微分係数

問 7.2 対数微分法

対数微分法を使って以下の関数の導関数を求めよ．

(1) $y = 2^x$ (2) $y = x^{2x}$ $(x > 0)$

(3) $y = (x+1)^{-3x+1}$ $(x > -1)$ (4) $y = \left(1 + \dfrac{1}{x}\right)^x$ $(x > 0)$

発展：(4) の関数が単調増加であることを確かめよう．

問 7.3 逆関数の微分

逆関数の微分の公式と $\{e^x\}' = e^x$ を利用して，以下を証明せよ．

$$\{\ln x\}' = \frac{1}{x}$$

問 7.4 発展問題

本章で紹介した以下の2つの公式を証明せよ．

$\{g(f(x))\}' = g'(f(x)) \cdot f'(x)$ 　　　　　【合成関数の微分の公式】

$\{f^{-1}(y)\}' = \dfrac{1}{f'(f^{-1}(y))}$ 　　　　　【逆関数の微分の公式】

第8章

高階導関数と関数の多項式近似

本章の目的

　本章では導関数をさらに微分することによって関数グラフの傾きだけでなく，曲がり具合などのより詳しい形状を調べられることを学びます。詳しい形状がわかれば，指数関数や無理関数などを2次式や3次式などで近似できることを学びます。テイラー（Taylor, B.；1685-1731）はこの近似の精度をあげていくと，指数関数などほとんどの関数を無限多項式で書き換えられることを発見しました。

8.1 高階導関数

▶ 高階導関数とは

　$f(x) = x^3$ という関数を微分するとべき乗則から導関数は $f'(x) = 3x^2$ となります。この導関数は x の2次関数なのでこれをさらに微分することができます。

$$\{f'(x)\}' = 6x$$

　こうして得られた「導関数 f' の導関数」を「関数 f の2階の導関数」と呼びます（second order derivative function：2次の導関数と呼ぶこともあります，図8-1）。その値は導関数のグラフの傾きで，**2階の微分係数**と呼ばれ

■図8-1　$f(x)=x^3$の2階の導関数

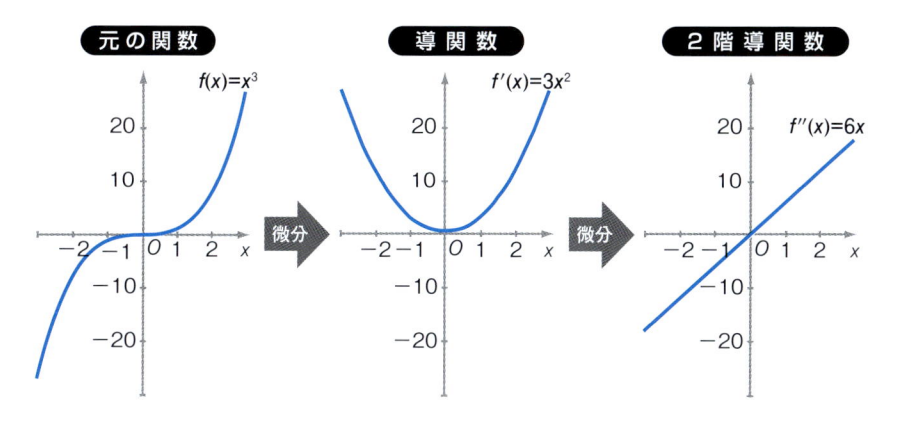

元の関数　$f(x)=x^3$
導関数　$f'(x)=3x^2$
2階導関数　$f''(x)=6x$

ます。たとえば，$x=1$における2階の微分係数は6ですが，これは$x=1$における導関数の傾きが6であることを意味します（図8-1のグラフでは縦軸の1目盛りは10です）。

　微分を2回するのだから「2回」と書きたいところですが，微分をもう一度行うことで「1段レベル（次元）が上がる」という意味から「2階」または「2次」と表現します。本書では「2階」という表現を使うことにします。

　導関数と同様，2階の導関数にも複数の表記法があります。

　一番簡単な表記は $''$ を使ったものです。

$$f''(x) \quad y'' \quad \{x^2\}''$$

　意味が理解しやすいのは dx を使った表現です。導関数にもう一度微分という操作を施すのだから，

$$\frac{d}{dx}\left\{\frac{df}{dx}(x)\right\}$$

と書くことができます。ここで，分母に dx が2つ，分子に d が2つあるのでこれらをまとめて，

$$\frac{d^2f}{dx^2}(x) \qquad \frac{d^2y}{dx^2} \qquad \frac{d^2}{dx^2}\{x^2\}$$

などと表現します。こうすると微分という操作を 2 回繰り返したことがよくわかります。

同様に微分を繰り返すことで，3 階導関数，4 階導関数，さらに一般に n 階導関数を考えることができます。n 階の導関数を，dx を使って表現すると，

$$\frac{d^nf}{dx^n}(x) \qquad \frac{d^ny}{dx^n} \qquad \frac{d^n}{dx^n}\{x^2\}$$

となりますが，$''$ を使った表現は n が大きくなると数え間違える危険も出てくるので，次のように表現します。

$$f^{(n)}(x) \qquad y^{(n)} \qquad \{x^2\}^{(n)}$$

これら 2 階以上の導関数を**高階導関数**と言います。高階導関数を議論する際には，これまでに学んだ導関数を **1 階の導関数**と呼び，区別を明確にします。

例題 8.1

次の関数の 2 階の導関数を求めよ。

(1) $y = x^2$ (2) $y = e^x$ (3) $y = \ln x$ (4) $y = \sqrt{x}$

(注：(4) が，べき関数 $x^{1/2}$ であることに注意。)

▶2 階の微分係数の意味

（1 階の）導関数 f' の値（1 階の微分係数）は関数のグラフの傾きを表していました。その値がプラスならば右上がり，マイナスなら右下がりのグラフになっていることがわかります。それでは 2 階の導関数 f'' の値（2 階の微分係数）は，元の関数のグラフの何を意味しているのでしょうか？ 先に述べたように 2 階の微分係数は 1 階の導関数の傾きを調べたものです。1 階の導関数の値は元のグラフの傾きを表しているので，1 階の導関数の傾きは元の関数の傾きがどのように変化しているかをわれわれに教えてくれます。

① 2 階の微分係数の符号がプラスのときのグラフの形

たとえば，先ほどの例（$f(x) = x^3$ のケース）で $x = 1$ における 2 階の微分係数は $f''(1) = 6$ でプラスです。これは，x が増えると元のグラフの傾きが大きくなることを意味します（x が微小に増加すると元のグラフの傾き f' はその 6 倍大きくなります）。$x = 1$ における元のグラフの傾きは $f'(1) = 3$ なので，$x = 1$ の少し右側では元のグラフの傾きがより急になっているはずです。実際に，$f(x) = x^3$ のグラフを見ると $x = 1$ より少し右側の点のほうが傾きが急ですね。逆に，x が減れば元のグラフの傾きは 3 よりも小さくなるはず（厳密には x が微小に減少すると元のグラフの傾き f' はその 6 倍減少する）なので，$x = 1$ の少し左側では元のグラフの傾きはより緩やかになっています。

2 階の微分係数と 1 階の微分係数がともにプラス（$f''(a) > 0$，$f'(a) > 0$）の場合には，同じことが言えて $f(x)$ のグラフの形は次の図のような上にそり上がった右上がりの形になるはずです。

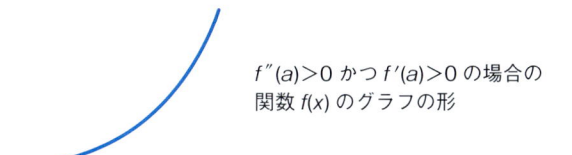

*f″(a)>0 かつ f′(a)>0 の場合の
関数 f(x) のグラフの形*

2 階の微分係数がプラスで 1 階の微分係数がマイナス（$f''(a) > 0$，$f'(a) < 0$）の場合には，x が増えると元のグラフの傾き（マイナス）が大きくなり，傾き 0 すなわち水平に近づくので，$f(x)$ のグラフの形は次の図のように右下がりの形になるはずです。

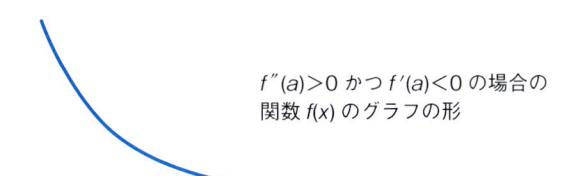

*f″(a)>0 かつ f′(a)<0 の場合の
関数 f(x) のグラフの形*

応用上，もっとも重要なケースは 2 階の微分係数がプラスで，かつ 1 階の微分係数がちょうど 0（$f''(a) > 0$，$f'(a) = 0$）のケースです。この場合，x が増えると元のグラフの傾きが大きくなるので，$x = a$ の少し右側では $f(x)$

の傾きはプラス，$x = a$ の少し左側では $f(x)$ の傾きはマイナスとなり，グラフの形は次の図のような U 字型になっています。

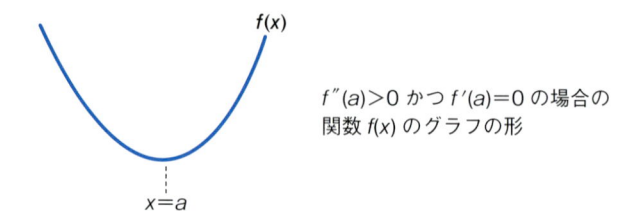

$f''(a) > 0$ かつ $f'(a) = 0$ の場合の
関数 $f(x)$ のグラフの形

つまり，$f''(a) > 0$ かつ $f'(a) = 0$ の場合には，x が a に十分近いところだけを見ると，$x = a$ のところで関数 $f(x)$ の値が最小となります。このように，関数の値を局所的に最小にする x の値 a は **極小点** と呼ばれ，そのときの関数の値は **極小値** と呼ばれます。

以上，2 階の微分係数がプラスのケースの関数のグラフを 3 パターン見ましたが，何か共通の特徴に気がつきませんか？ どのグラフも曲線が下方に凸の形になっていますね。ヒモに上方から息を吹きかけたように，**下方に張り出した形状** をしています。

② 2 階の微分係数の符号がマイナスのときのグラフの形

結論から言えば，2 階の微分係数の符号がマイナスの場合には，グラフが上方に凸の曲線になります。2 階の微分係数がマイナスということは，x が大きくなるにつれて傾きが小さくなることを意味します。

元々傾きがプラスであれば，x が大きくなるにつれて傾きが 0（水平）に近づくので，グラフの形は次の図のようになります。

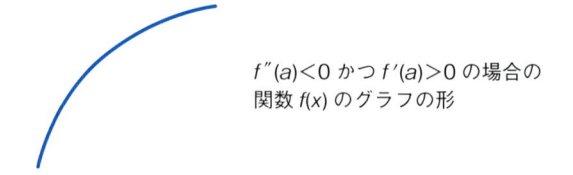

$f''(a) < 0$ かつ $f'(a) > 0$ の場合の
関数 $f(x)$ のグラフの形

傾きがマイナスであれば，x が大きくなるにつれてマイナスの傾きがさらにマイナス方向に変化してより急になるので，そのグラフは次の図のようになります。

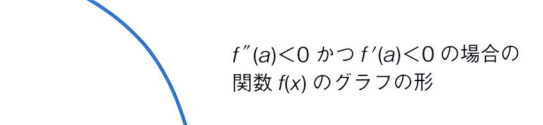

$f''(a)<0$ かつ $f'(a)<0$ の場合の
関数 $f(x)$ のグラフの形

$x=a$ で傾きが水平の場合は，次の図のような $x=a$ で頂点をもつ山型のグラフになるはずです。

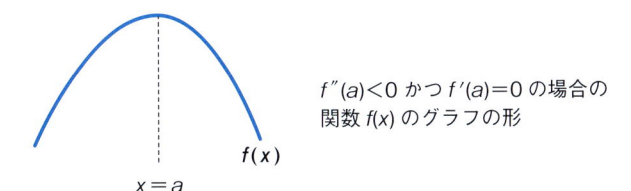

$f''(a)<0$ かつ $f'(a)=0$ の場合の
関数 $f(x)$ のグラフの形

このように，関数の値が $x=a$ のところで局所的に最大化されているとき，$x=a$ は関数の<u>極大点</u>，このときの関数の値は<u>極大値</u>と呼ばれます。

3 パターンのグラフのいずれもが<u>上方に張り出した形状</u>になっていることを確認してください。

ここまで見てきたように，2 階の導関数の値は関数グラフの曲がり具合と関係しています。関数のグラフがどのような曲線であるかがわかっていれば，2 階の導関数の符号はわかります。

<u>例題</u>8.1 の 4 つの関数のグラフの形はわかりますね。たとえば，(1) の $y=x^2$ のグラフは下に凸の放物線です。下に凸ですから，2 階の導関数の符号はプラスであると予想されます。実際，2 階の導関数は定値関数 $y''=2$ で値は常にプラスです。同様にして，(2) の指数関数のグラフは下に凸なので 2 階の導関数の符号はプラス，その逆関数である (3) の対数関数のグラフは上に凸なので 2 階の導関数の符号はマイナスになると予想されます。実際，(2) では $y''=e^x>0$，(3) では $y''=-(1/x^2)<0$ が成り立っていますね。(4) は自分で確認してみてください。

経済学では，費用を最小にする生産量や満足を最大にする消費量などを考えます。このため，極大・極小に関する知識がとても重要になるのです。極大点も極小点も 1 階の微分係数が 0 である点は共通していますが，<u>2 階の微</u>

分係数の符号は異なります。このため，最適な解のもつ性質を調べる際に 2 階の条件が重要な意味をもつのです。

8.2　関数の n 次関数近似

高階導関数の応用として，関数の n 次関数近似を紹介しましょう。1 次関数（直線）や 2 次関数（放物線）は性質もよく知られていて分析が容易なので，数学者たちは関数を 1 次関数や 2 次関数で近似することを考えました。この節では，まず近似の仕方を確認します。また，この議論を発展させていくことにより，関数を無限個の関数の和に分解できるという驚きの事実を紹介します。

▶ 接線＝1 次近似関数

第 5 章で微分係数を説明した際，関数 f のグラフを点 $(a, f(a))$ の近くで十分に拡大すると，関数 f のグラフと点 $(a, f(a))$ におけるグラフの接線は同一視できると説明しました。

接線は直線なので，1 次関数と考えることができます。この接線の関数を g_1 と名前をつけることにしましょう。g_1 は点 $(a, f(a))$ を通り，傾きが $f'(a)$ の 1 次関数ですから，式で表すと，

$$g_1(x) = f(a) + f'(a)(x - a)$$

となります。この g_1 は 1 次関数であり，x の値が a に十分に近いところでは関数 f と同一視できるので，われわれは g_1 を「$x = a$ における関数 f の 1 次近似関数」と呼びます。

1 次近似関数 g_1 が関数 f と同一視できるというのは，これらの関数が $x = a$ のときの**関数の値**と **1 階の微分係数**とを共有していることを意味します。式で表すと

$$g_1(a) = f(a) \qquad g_1'(a) = f'(a)$$

が成立することを意味します。最初の条件は点 $(a, f(a))$ を通ること，次の条件は傾きが $f'(a)$ であることを意味します。この 2 つの条件を満たす 1 次関数が「$x = a$ における関数 f の 1 次近似関数」ですが，そのような関数は接線の関数 g_1 にほかならないのです。

▶2 次近似関数

この考え方を発展させて，点 $(a, f(a))$ の近くで関数 f を 2 次関数で近似することを考えましょう。1 次関数の場合，2 階の微分係数は常に 0 になってしまいますが，2 次関数ならば 2 階の微分係数は 0 以外の値をとれます。そこで，$x = a$ における関数の値と 1 階の微分係数だけでなく，2 階の微分係数も関数 f と一致する 2 次関数 g_2 を求めてみましょう。

1 次近似関数 g_1 は最初の 2 つの条件を満たすので，これをうまく利用します。M を定数として，g_1 に $M(x-a)^2$ という 2 次関数を加えて g_2 を作るのです。

$$\begin{aligned} g_2(x) &= g_1(x) + M(x-a)^2 \\ &= f(a) + f'(a)(x-a) + M(x-a)^2 \end{aligned}$$

$M(x-a)^2$ という 2 次関数は $x = a$ における関数の値と 1 階の微分係数がともにゼロなので，こうして g_2 を作れば，$x = a$ における関数の値と 1 階の微分係数が g_1 と同じになるので，最初の 2 つの条件をクリアできるのです。

実際 g_2 は最初の 2 つの条件を満たしています。

$$\begin{aligned} g_2(a) &= g_1(a) + M(a-a)^2 = g_1(a) = f(a) \\ g_2'(x) &= g_1'(x) + 2M(x-a) = f'(a) + 2M(x-a) \text{ より,} \\ g_2'(a) &= f'(a) + 2M(a-a) = f'(a) \end{aligned}$$

この g_2 が 2 次近似関数であるためには，$x = a$ における 2 階の微分係数も f と一致しなければなりません。g_2 の 2 階の導関数は

$$g_2''(x) = 2M$$

で定数となります。よって，2 階の微分係数が f と一致する，すなわち $g_2''(a) = f''(a)$ が成立するためには，

$$M = f''(a)/2$$

であればよいとわかります。つまり，$x = a$ における f の 2 次近似関数 g_2 は，

$$g_2(x) = f(a) + f'(a)(x-a) + \frac{f''(a)}{2}(x-a)^2$$

となります。

例題 8.2

指数関数 $y = e^x$ の $x = 0$ における 2 次近似関数と $x = 1$ における 2 次近似関数をそれぞれ求めよ。

解答

指数関数 $y = e^x$ は，微分しても導関数は元の関数と同じ形です。それをもう一回微分してもやはり同じ関数です。つまり，$y' = e^x$ かつ $y'' = e^x$ が成り立ちます。

よって，$x = 0$ における**関数の値，1 階の微分係数，2 階の微分係数**はすべて $e^0 = 1$ だから，$x = 0$ における 2 次近似関数は

$$y = 1 + 1 \cdot (x-0) + \frac{1}{2} \cdot (x-0)^2 = 1 + x + \frac{1}{2}x^2$$

となります。

同様に $x = 1$ における**関数の値，1 階の微分係数，2 階の微分係数**はすべて $e^1 = e$ だから，$x = 1$ における 2 次近似関数は

$$y = e + e \cdot (x-1) + \frac{e}{2} \cdot (x-1)^2 = \frac{e}{2}(x^2 + 1)$$

となります。

図 8-2 に描かれているのは，指数関数 $y = e^x$ のグラフと $x = 0$ と $x = 1$ における 2 つの 2 次近似関数です。2 次近似関数は近似する点においては**関数の値と接線の傾き（＝ 1 階の微分係数）**だけでなく，**グラフの曲がり具合（＝ 2 階の微分係数）**も関数 $y = e^x$ と一致しています。

■図8-2　指数関数$y=e^x$の2次近似関数

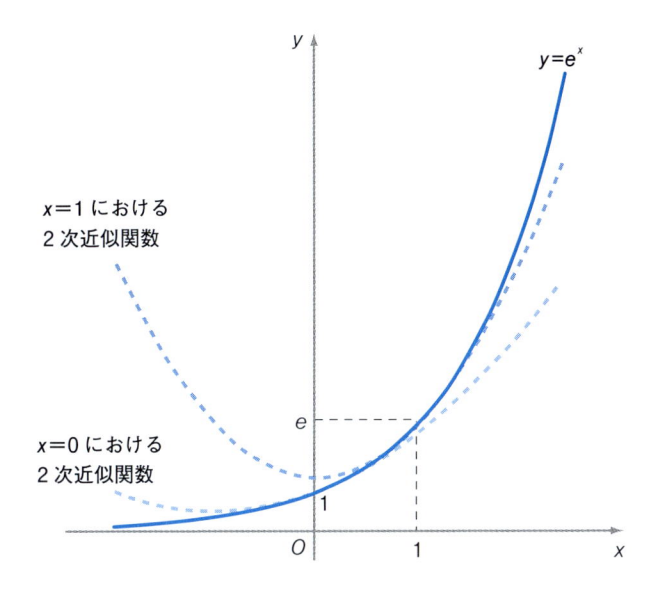

接線とは異なり放物線で近似していますので，よりフィットしたグラフになっていることが確かめられるでしょう。しかし，2次近似曲線と言えども，近似する点から離れたところでは指数関数 $y = e^x$ のグラフとの差が大きくなってしまいます。また，近似点においても3次以上の微分係数は一致しません。「少なくとも近似点ではより精度の高い近似を」という願望から，3次以上の近似へと進んでいきます。

▶n次近似関数

2次近似関数 g_2 を求めたのと同じ要領で，$x = a$ における関数 f の3次近似関数 g_3 を求めると

$$g_3(x) = f(a) + f'(a)(x-a) + \frac{f''(a)}{2}(x-a)^2 + \frac{f^{(3)}(a)}{3\cdot 2}(x-a)^3$$

となることがわかります。

> **例題 8.3**
>
> 3次近似関数 $g_3(x)$ が次の条件をすべて満たしていることを確かめよう。
>
> $g_3(a) = f(a) \qquad g_3'(a) = f'(a) \qquad g_3''(a) = f''(a)$
>
> $g_3'''(a) = f'''(a)$

このような計算を繰り返していくと，一般に $x=a$ における関数 f の n 次近似関数 g_n は

$$g_n(x) = f(a) + f'(a)(x-a) + \frac{f''(a)}{2}(x-a)^2 + \frac{f^{(3)}(a)}{3 \cdot 2}(x-a)^3$$
$$+ \frac{f^{(4)}(a)}{4 \cdot 3 \cdot 2}(x-a)^4 + \cdots + \frac{f^{(n-1)}(a)}{(n-1)!}(x-a)^{n-1}$$
$$+ \frac{f^{(n)}(a)}{n!}(x-a)^n$$

数列の和の記号 $\sum$ を使って表現すれば，

$$g_n(x) = f(a) + \sum_{k=1}^{n} \frac{f^{(k)}(a)}{k!}(x-a)^k$$

となることがわかります。

ステップアップ　n 次近似関数の証明法

n 次近似関数 g_n が上の式で正しいこと，すなわち g_n が次の条件をすべて満たしていることを数学的帰納法で証明してみよう。

$$g_n(a) = f(a) \qquad g_n^{(k)}(a) = f^{(k)}(a) \qquad (k \text{ は } n \text{ 以下の任意の自然数})$$

▶Taylor展開

n 次近似関数ができたら，自然な流れとしてその極限を考えたくなりますね。これを g_∞ としましょう。すなわち，

$$g_\infty(x) = \lim_{n \to \infty} g_n(x) = f(a) + \sum_{k=1}^{\infty} \frac{f^{(k)}(a)}{k!}(x-a)^k$$

とします。すると，この関数は $x = a$ における関数の値が関数 f と一致し，かつ何回微分しても微分係数が関数 f と一致しますので，$x = a$ においては関数 f と区別することができない完璧な近似になっていると言えます。これはそのように作っているから当然のことなのですが，驚くべきことにわれわれが扱うほとんどすべての連続関数（べき関数，指数関数，対数関数，三角関数）で「g_∞ は f と完全に一致してしまう」のです！

つまり，単一の数式で記述される多くの関数で

$$f(x) = f(a) + \sum_{k=1}^{\infty} \frac{f^{(k)}(a)}{k!}(x-a)^k$$

が成り立つのです。とても重要なことなので違う表現をすると，私たちは関数 f を $x = a$ において近似していたのに，a 以外の x の値でも関数の値が一致してしまうということです。つまり，g_∞ はもはや f の近似ではなく，f そのものになってしまうのです。

この事実の意味を確認するために，もう一度図 8-2 を見てください。関数 $y = e^x$ を $x = 0$ で 2 次近似した関数は $1 + x + x^2/2$ です。$x = 0$ のときは関数の値が 1 で $y = e^x$ と値が一致しますが，それ以外の x では明らかに値が一致しません。たとえば，$x = 1$ のときには $1 + 1 + 1/2 = 2.5$ となりますが，関数 $y = e^x$ の値は $e \fallingdotseq 2.718$ ですから明らかに値が異なります。2 次近似では駄目ですが，無限に近似していくと $x = 1$ のときの関数の値も $y = e^x$ と一致して $e \fallingdotseq 2.718$ になるというのです。これを確かめてみましょう。

まず，関数 $y = e^x$ を $x = 0$ で n 次近似することを考えます。指数関数 $y = e^x$ は何回微分しても $y^{(n)} = e^x$ なので，$x = 0$ における n 階の微分係数はすべて $e^0 = 1$ です。よって，$x = 0$ における n 次近似関数は

$$\begin{aligned}g_n(x) &= 1 + \sum_{k=1}^{n} \frac{1}{k!} \cdot (x-0)^k \\ &= 1 + x + \frac{1}{2}x^2 + \frac{1}{3!}x^3 + \frac{1}{4!}x^4 + \frac{1}{5!}x^5 + \cdots + \frac{1}{n!}x^n\end{aligned}$$

となります。n の極限をとれば，

$$g_\infty(x) = 1 + x + \frac{1}{2}x^2 + \frac{1}{3!}x^3 + \frac{1}{4!}x^4 + \frac{1}{5!}x^5 + \cdots$$

となります．それでは $x=1$ で値が $y=e^x$ と一致しているか確かめてみましょう．$x=1$ のとき，

$$g_\infty(1) = 1 + 1 + \frac{1}{2} + \frac{1}{6} + \frac{1}{24} + \frac{1}{120} + \cdots$$

となります．上の式では第 6 項目までを書いていますが，この部分だけ足し合わせると 2.718056 となり，$x=1$ のときの関数 $y=e^x$ の値 e とほぼ同じ値になっていることがわかります．その差は 0.0003 以下です．もちろん第 7 項以降も足していけば，e に限りなく近づけることができます（Excel などの表計算ソフトを使えば簡単に確かめられます．是非確かめてみましょう）．これによってわれわれは，自然対数の底 e のもう一つの表現を手に入れたことになります．

$$e = \sum_{k=0}^{\infty} \frac{1}{k!} = 1 + 1 + \frac{1}{2} + \frac{1}{6} + \frac{1}{24} + \frac{1}{120} + \cdots \quad (ただし\ 0! = 1)$$

e という無理数がこのような無限数列の和の形で表現できてしまうなんて不思議ですね．

さて，$x=0$ で無限回近似した関数 g_∞ と元の関数 $y=e^x$ は，$x=1$ だけでなく，すべての x で値が一致するので，次の式が成り立ちます．

$$e^x = 1 + x + \frac{1}{2}x^2 + \frac{1}{3!}x^3 + \frac{1}{4!}x^4 + \frac{1}{5!}x^5 + \cdots \tag{1}$$

このように無限回近似によって関数を無限個の関数の和に分解することを「関数を Taylor 展開する」と言います．ここでは $x=0$ での無限回近似によって分解したので，$x=0$ における Taylor 展開とも言います．

例題 8.2 では $x=1$ における 2 次近似関数を求めました．この計算を延長すると $x=1$ における Taylor 展開が可能です．何回微分しても $x=1$ における微分係数は $e^1 = e$ なので，

$$e^x = e + e \cdot (x-1) + \frac{e}{2} \cdot (x-1)^2 + \frac{e}{3!}(x-1)^3 + \frac{e}{4!}(x-1)^4 + \cdots \quad (2)$$

となります。これは (1) 式と見た目がかなり違うので，間違っているのではないかと疑いたくなりますが，(1) 式と (2) 式は矛盾しません。これを確かめるために (2) 式の右辺を書き換えてみましょう。

$$(2)\text{ 式の右辺} = e\left[1 + (x-1) + \frac{1}{2} \cdot (x-1)^2 + \frac{1}{3!}(x-1)^3 \right.$$
$$\left. + \frac{1}{4!}(x-1)^4 + \cdots \right]$$

ここで [ ] の中は (1) 式の x を $x-1$ に置き換えただけなので，(1) 式が正しければ [ ] の中は e^{x-1} となります。よって，

$$(2)\text{ 式の右辺} = e \cdot e^{x-1} = e^{1+x-1} = e^x = (2)\text{ 式の左辺}$$

となり，$x=0$ における Taylor 展開 (1) と $x=1$ における Taylor 展開 (2) とが整合的であることが確認できました。

われわれが扱うほとんどの関数を Taylor 展開によって書き換えられるという事実は，本当に驚異的な発見だと思います。Taylor 展開のすごさを理解してもらうために次の例題をやってみましょう。

例題 8.4

$f(x) = (a+x)^n$ を $x=0$ で Taylor 展開してみよう。

解答

まず導関数を求めます。

$$f'(x) = n(a+x)^{n-1}$$
$$f''(x) = n \cdot (n-1)(a+x)^{n-2}$$

これを続けていくと一般に k が n 以下なら，k 階の導関数は

$$f^{(k)}(x) = n \times (n-1) \times \cdots \times (n-k+1)(a+x)^{n-k} = \frac{n!}{(n-k)!}(a+x)^{n-k}$$

となります。ちなみに，ちょうど $k=n$ のときは

$$f^{(n)}(x) = n \times (n-1) \times \cdots \times 1 (a+x)^0 = n!$$

となります．これは定数なので，これ以上何回微分しても導関数は 0（定数）のままになります．つまり，$k > n$ では k 階の導関数は 0 です．よって，$x = 0$ における Taylor 展開は

$$
\begin{aligned}
f(x) &= f(0) + \sum_{k=1}^{\infty} \frac{f^{(k)}(0)}{k!}(x-0)^k \\
&= (a+0)^n + \sum_{k=1}^{n} \frac{n!}{k!(n-k)!}(a+0)^{n-k} \cdot x^k \\
&= a^n + \sum_{k=1}^{n} {}_nC_k \cdot a^{n-k} \cdot x^k \\
&= \sum_{k=0}^{n} {}_nC_k \cdot a^{n-k} \cdot x^k
\end{aligned}
$$

となります．すなわち，

$$(a+x)^n = \sum_{k=0}^{n} {}_nC_k \cdot a^{n-k} \cdot x^k$$

が成り立ちます．これは二項定理にほかなりません．

このように Taylor 展開の知識は高度な経済分析や統計分析でも威力を発揮します．より高いレベルを目指す人は是非理解して，使えるようになりましょう．

章末問題

問 8.1 高階導関数と関数の多項式近似

次の関数について以下の問いに答えよ．

$$f(x) = \frac{1}{1-x} \quad \text{（定義域 } -1 < x < 1\text{）}$$

(1) 関数 f の 1 階，2 階，3 階の導関数をそれぞれ求めよ．
(2) $x = 0$ における関数 f の 1 階，2 階，3 階の微分係数をそれぞれ求めよ．
(3) $x = 0$ における関数 f の 2 次近似関数を求めよ．

〈以下は発展問題〉

(4) 関数 f の n 階の導関数を求めよ．

(5) $x=0$ における関数 f の n 階の微分係数を求めよ。

(6) 関数 f を $x=0$ において Taylor 展開せよ。

〈例題 8.1 の解答〉

(1) $y' = 2x$ (2) $y' = e^x$ (3) $y' = \dfrac{1}{x} = x^{-1}$

$\quad\;\; y'' = 2$ $\qquad\quad y'' = e^x \qquad\quad y'' = -x^{-2} = -\dfrac{1}{x^2}$

(4) $y' = \dfrac{1}{2} x^{-1/2}$

$\quad\;\; y'' = -\dfrac{1}{4} x^{-3/2}$

第9章

1変数最適化の解法

本章の目的

「いろいろある選択肢の中からもっともよいものを選びたい」

あなたもそういう状況に何度か直面したことがあるでしょう。選択肢が長さ，面積，数量，価格などの数値なら，微分法をうまく使うことでもっともよい選択肢を見つけることができます。次のような現実的な課題を数学的に解決できるようになることが本章の目的です。

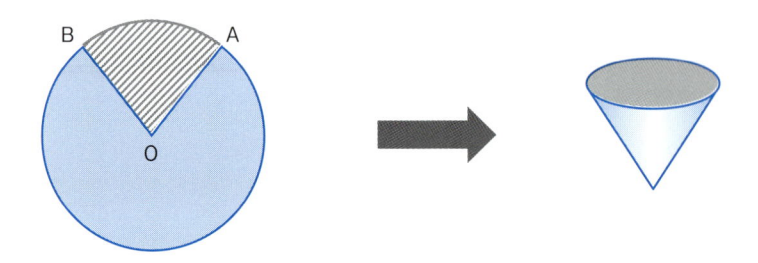

紙でできた円盤の斜線部を切り取り，線分 OA と OB をつなぎ合せると円錐形のコップができます。弧 AB の長さを変えれば，コップの体積も変わります。コップの体積を最大にするにはどうすればよいでしょうか？

9.1 はじめに

本章では 1 変数関数 $f(x)$ の値を最大あるいは最小にする独立変数 x の値を見つける方法を学びます。このような問題は 1 変数最適化問題と呼ばれ、経済学だけでなくいろいろな分野で応用されています。1 変数最適化問題とは具体的には次のような問題です。

例題 9.1

以下の関数の値を最大・最小にする x の値とその最大値、最小値をそれぞれ求めよ。

$$f(x) = \frac{x^2 + 16}{x} \qquad (\text{定義域} \quad 1 \leq x \leq 8)$$

一般には最大か最小のどちらか一方にのみ関心がある場合が多いですが、ここでは練習のために両方求めてみましょう。この問題の解き方はすでに高校数学で学んでいるはずです。まずこれを確認しましょう。

9.2　1変数最適化問題の解法
：増減表を使った解法

第 5 章で、微分は関数の傾きを調べる作業だと説明しました。導関数がわかれば関数の傾きがわかるのです。増減表は、x の値に応じて傾きがどう変わるか、傾きが右上がり（増加）か右下がり（減少）かを調べた表です。傾きがわかれば、関数のグラフがだいたいどのような形をしているかがわかります。グラフの形状さえわかれば、最適化問題は簡単に解くことができます。具体的な解法は以下のとおりです。

Step 1：微分して導関数を求める。

例題 9.1 の場合、導関数は次のようになります。

$$f'(x) = \frac{2x^2 - x^2 - 16}{x^2} = \frac{x^2 - 16}{x^2} = 1 - \frac{16}{x^2}$$

Step 2：導関数の値（微分係数）がゼロになるような x の値を探す。

　導関数の値がゼロになるような x の値は方程式 $f'(x) = 0$ の解です。この例題では，次の方程式を解かなければなりません。

$$1 - \frac{16}{x^2} = 0$$

このステップでは方程式を解くための知識や技術が要求されます。Step 1 はクリアできるけど Step 2 でつまずいてしまう人は，方程式を解くトレーニングが足りていない可能性があります。弱点を早く見つけて意識的に克服するようにしましょう。上の方程式は書き換えると，次のような 2 次方程式になります。

$$x^2 - 16 = 0$$

左辺を因数分解すると，

$$(x-4)(x+4) = 0$$

となります。この方程式を満たす x は ±4 ですが，今問題とされている関数の定義域は $1 \leq x \leq 8$ の範囲なので，+4 だけが求める x の値となります。

Step 3：Step 2 の x の値を頼りに増減表を書く。

　Step 1 で求めた導関数 $f'(x)$ は連続関数です。導関数が連続関数ならば，導関数の符号がプラスからマイナスに変化するときには，必ず途中のどこかでゼロにならなければなりません。たとえば $f'(1) > 0$ かつ $f'(2) < 0$ ならば，1 と 2 の間に $f'(x) = 0$ となるような x が必ず存在します（第 4 章の中間値の定理 p.88 を参照）。導関数の値は関数グラフの傾きのことですから，傾きがプラス（右上がり）からマイナス（右下がり），あるいはマイナスからプラスに変わるときには境界となるところで必ず 0（水平）になるということです。逆に，0 となる点がなければ傾きの符号は変化しません。

　Step 2 で求めたように定義域の中で導関数の値（＝微分係数）が 0 となるのは $x = 4$ のときのみです。定義域のうち 4 より小さい区間 $1 \leq x < 4$ には微分係数が 0 となる x がないので，この区間内のすべての x で微分係数がプ

ラス（傾きが右上がり）であるか，あるいはすべての x でマイナス（傾きが右下がり）であるかのいずれかです。具体的な符号は，x に適当な値を入れてみればわかります。たとえば 2 を代入すると，

$$f'(2) = 1 - \frac{16}{2^2} = \frac{4-16}{4} = -3 < 0$$

でマイナスの値ですね。実際，$1 \leq x < 4$ の区間のどんな値を代入しても，微分係数は必ず負になります。微分係数は関数 f のグラフの傾きですから，負の微分係数はこの区間で関数のグラフが右下がりであることを意味しています。

一方，4 より大きい区間 $4 < x \leq 8$ では微分係数が必ず正になります。このことは先ほどと同様に区間中の適当な値を代入すればわかりますが，次のように論理的に調べることもできます。導関数を書き換えると，

$$f'(x) = \frac{(x-4)(x+4)}{x^2}$$

となります。問題となる区間 $4 < x \leq 8$ では x は 4 以上なので，分母が正，分子も正となり，分数の値も正であることがわかります。つまり，この区間では微分係数が常に正なので関数のグラフは右上がりになるはずです。

この結果を表にまとめたのが増減表です。増減表の書き方にはいくつか方

■表9-1　増　減　表

x	1	$\cdots$	4	$\cdots$	8
$f'(x)$	$-$	$-$	0	$+$	$+$
$f(x)$	17	↘	8	↗	10

■図9-1　関数グラフの概形

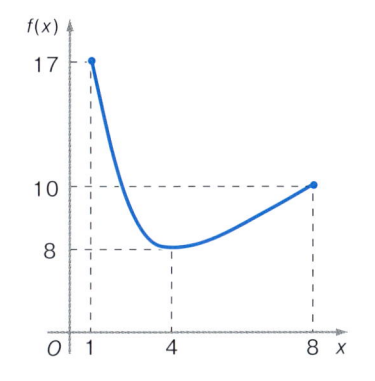

法があるようですが，表 9-1 のように 1 行目に x の値の範囲，2 行目に微分係数の符号，3 行目に関数の値とグラフの傾きを書き入れるのが一般的なようです。

Step 4：グラフの大まかな形を描いて解を求める。

増減表の情報から，グラフの大まかな形は図 9-1 のようになることが予想されます。

グラフは正確なほうがよいですが，定規で測って描く必要はありません。重要な性質をとらえていれば十分です。関数 f は微分できる関数ですから，そのグラフは次のような特徴をもちます。

- 連続したグラフであること
- 滑らかで屈折していないこと

学生の中には折れ線グラフのようなグラフを描く人がいます。それでも解答にはたどり着けますが，実際のグラフの性質を適切に表現しているとは言えません。

ここまでできれば，答えは明らかですね。関数 f は $x=1$ のとき最大値 17，$x=4$ のとき最小値 8 をもちます。

この問題の最大値のように定義域区間の端の点が答えになっている場合，**端点解**と言います。一方，最小値のように定義域の内部の点が答えになっている場合には**内点解**と言います。多くの応用問題では内点解になるケースがほとんどです。

> **例題 9.2**
>
> 例題 9.1 で定義域が $1 < x \leq 8$ の場合，答えはどうなるか。

例題 9.1 の定義域との違いは $x=1$ を定義域に含まないことです。最小値はもちろん同じです。それでは最大値はいくつでしょう。「$x=1$ のときに最大値をもつ」と言いたいところですが，$x=1$ は選択肢の中にありません。それでは「1 より大きい実数の中でもっとも小さい実数のとき，最大値およそ 17 をもつ」と言えばよいのではないか？ そう考える読者もいるでしょう。

しかし，第 1 章で述べたように，この「1 より大きい実数の中でもっとも小さい数」というのはありそうで実は存在しないのです。この数が存在しないのと同じ理由から，最大値も存在しないと言わざるをえません。関数 f の値は 17 以上になることは決してありません。17 になることもないのです。しかし，17 より少しだけ小さい数になることはあります。だから「17 より小さい実数の中でもっとも大きい実数」を最大値と言いたいところですが，そのような数は存在しません。だから，「最大値は存在しない」がこの問題の答えとなります。

このような問題は応用問題ではあまり生じませんが，厳密な議論をするときに混乱を引き起こす危険があるので注意しましょう。

■補足 「存在しない」ではどれぐらい大きい値をとるのかがわかりません。「17 に限りなく近い値をとる」ということを伝えたい場合には，最大値と言わずに「上限」という表現を使います。「最大値は存在しないが上限は 17 である」と言えば，値域が 17 未満であることを伝えることができます。

9.3　応用問題を解く

1 変数最大化問題は多様な応用がありますが，ここでは図形に関する応用問題を紹介します。

例題 9.3

一辺が 60cm の正方形の紙を図のように切り取り，箱を作る。箱の容積の最大値を求めよ。

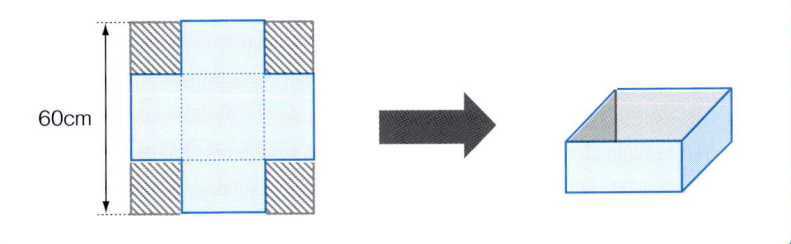

この問題はお菓子メーカーが製品容器の形を決める際などに応用できるものです。このような応用問題はどのように解けばよいでしょうか？ 問題を解く鍵は以下の作業ができるかどうかにかかっています。

▶1 変数最適化の応用問題を解く鍵

最大または最小にしたい変数と選択すべき変数との関係を関数式で表す。

この場合、最大にしたいのは「容積」です。一方、選択すべき変数は「切り取る正方形の辺の長さ」とするのがよいでしょう。容積を $y\mathrm{cm}^3$、切り取る正方形の辺の長さを $x\mathrm{cm}$ とすると、y は x の関数であり、その関数式は

$$y = x(60 - 2x)^2 \quad (0 < x < 30)$$

となります。一辺が x の正方形を切り取ると容器の底は一辺が $60 - 2x\,\mathrm{cm}$ の正方形になります。容器の体積は「底面の面積×高さ」なので上の式となるのです。ここで x はどんな数でもよいわけではありません。当然、正の数でなければ箱になりません。また、一辺が 30cm 以上の正方形を切り取ることは不可能です。だから 0 より大きく 30 より小さい区間が定義域となるのです。

このあとの解答の手順は計算問題と同じです。

Step 1：微分して導関数を求める。

$$y' = (60 - 2x)^2 - 4x(60 - 2x) = (60 - 2x)(60 - 6x)$$

Step 2：導関数の値（微分係数）がゼロになるような x の値を探す。

$$(60 - 2x)(60 - 6x) = 0$$

となる x を探します。ここで x は 30 より小さいので、最初の括弧は常に正でゼロになることはありません。つまり導関数の値が 0 となるのは 2 つめの括弧 $(60 - 6x)$ の値が 0 となるときだけです。そのときの x の値は 10 ですね。

Step 3：Step 2 の x の値を頼りに増減表を書く。

$x = 10$ を境にして傾きがどのように変化するかを調べます。

$0 \leq x < 10$ の区間では，導関数の 2 つの括弧の数字がともに正になるので導関数の符号は正になり，関数グラフが右上がりであることがわかります。

一方，$10 < x < 30$ の区間では微分係数が必ず負になり，グラフは右下がりになるはずです。この結果を増減表にまとめると，次のようになります。

x	0	$\cdots$	10	$\cdots$	30
y'	+	+	0	−	0
y	0	↗	16000	↘	0

Step 4：グラフの大まかな形を描いて解を求める

関数のグラフは図 9-2 のようになるので，容器を最大にするには，一辺 10cm の正方形を切り取ればよく，そのとき容積は 1 万 6000cm^3 となります。

増減表の情報だけだと，図 9-2A のような形までしかわかりませんが，関数が 3 次関数であり，$x = 30$ のときにも微分係数がゼロになることに注意すると，図 9-2B のような形になることもわかります。もちろん，解答を導くには A のグラフで十分です。

■図9-2　箱の容積と切り取る正方形の一辺の長さの関係

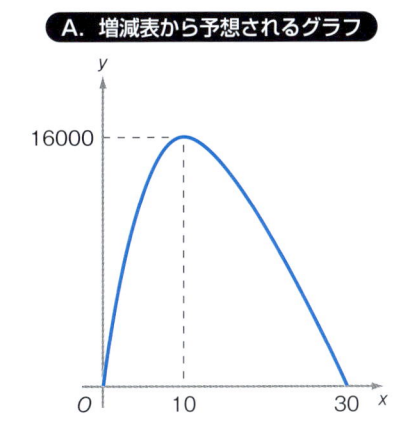

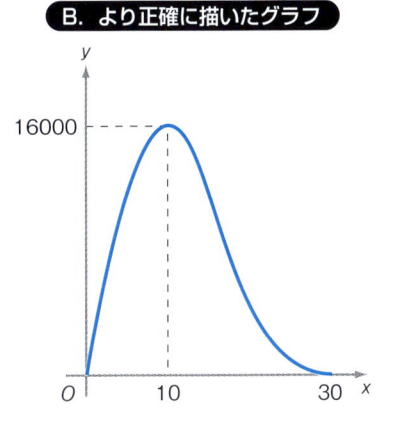

A. 増減表から予想されるグラフ

B. より正確に描いたグラフ

▶ 選択すべき変数の選び方

応用問題において「最大または最小にしたい変数」は問題で与えられていますが，選択すべき変数は与えられていないのが普通です。そして，選択すべき変数のとり方は1つとは限りません。例題9.3の解答例では切り取る正方形の一辺の長さを選択すべき変数 x としましたが，容器の底面（正方形）の一辺の長さを選択すべき変数（v cm）とすることもできます。この場合，容積 y は v の関数で，その関数式は

$$y = v^2 \frac{60-v}{2} \quad (0 < v < 60)$$

となります。計算が正しければ，どちらの方法でも結果（容積を最大にする箱の形と容積の最大値）は同じになります。例題9.3では，計算の難易度もほとんど変わりません。しかし，問題によっては選択すべき変数の選び方次第で計算が簡単になったり難しくなったりします。次の例題9.4がその典型例です。注意してやってみましょう。

例題 9.4

紙でできた半径5cmの円盤がある。下図の斜線部を切り取り，線分OAとOBをつなぎ合せると円錐形のコップができる。弧ABの長さを変えれば，コップの体積も変化する。コップの体積は最大で何 cm^3 になるか？

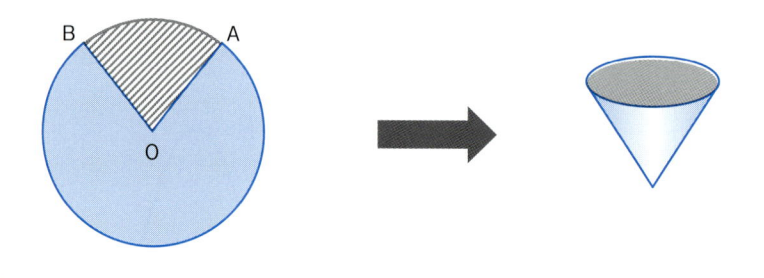

この例題で最大化するのは円錐の体積です。円錐の体積を一変数関数として書ければ問題は解けますが，問題は選択する変数を何にするかです。弧ABの長さ？ それとも∠AOBの角度？「斜線部を切り取る」ということに気を

とられると，このような変数を考えてしまいがちですがあまりよい方法ではありません。実際，計算がとても複雑になってしまいます。

　選択する変数を選ぶときのコツは，最大化したい目標から考えていくことでしょう。この場合，最大化したいのは円錐の体積です。高校で学んだように，円錐の底円の半径が $r\,\mathrm{cm}$ で高さが $h\,\mathrm{cm}$ ならば，円錐の体積 $V\,\mathrm{cm}^3$ は

$$V = \frac{\pi}{3}r^2 h$$

となります。つまり，円錐の体積を式で表すには底円の半径 r と高さ h が必要なのです。ここで半径と高さの間にどのような関係があるかを考えてみましょう。半径 5cm の円盤から円錐を作った場合，その円錐を真横から見ると二等辺三角形になりますね。そして長さの等しい 2 つの辺の長さは円盤の半径 5cm です。三平方の定理から底円の半径 r と高さ h の間には次のような関係が成り立ちます。

$$r^2 + h^2 = 5^2$$

この式から $r^2 = 25 - h^2$ として，体積の公式に代入すれば，

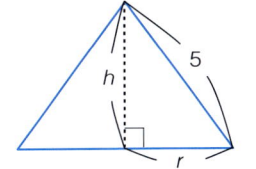

$$V = \frac{\pi}{3}(25 - h^2)h$$

となり，体積 V を 1 つの変数 h の関数として表現することができました（π は円周率ですから定数です）。続きは章末問題　問 9.3 とします。

　「斜線部を切り取る」という作業が頭にあると「どれだけ切り取ればよいか」などと考えてしまいがちで，円錐の高さを変数とする発想にはなかなか至らないでしょう。料理を作るのと似ていて，できあがり（目標）を考えずに思いつくことから作業を始めてしまうと途中で面倒なことになってしまいます。できあがりからさかのぼって，何をしなければならないかを考えていったほうが余計なことをせずにすむわけです。

9.4 最適内点解の性質
：経済学者がよく使う解法

例題 9.3 や例題 9.4 の応用問題のように，経済学で扱う問題では関数グラフが極値を 1 つだけもつ場合が多く，グラフの形状が問題の性質からおおよそわかっていることも少なくありません。このような理由から経済学ではあえて増減表を使ってグラフを描くという作業は省略し，最適解の数値を具体的に求めたり，その性質を調べたりすることが中心となります。

極大点や極小点が最適解になるというのは，端点解ではなく内点解になるということです。経済学者が最適な内点解を見つけるときに，頼りにするのが最適内点解が満たすべき条件です。

▶ 最適内点解が満たすべき条件

微分可能な関数 f と g を考えます。$f(x)$ を最大，$g(x)$ を最小にする内点解をそれぞれ $x_{\max}$，$x_{\min}$ とすると，内点解の近くでは f と g のグラフが図 9–3 のようになっているはずです。

図 9–3 から，最適内点解では関数グラフの接線の傾きが 0，すなわち水平になっていなければならないことがわかります。これを 1 階の微分係数を使って表現することで，次の 1 階の条件を得ます。

> ● 1 階の条件 (first order condition)
>
> 最大解：$f'(x_{\max}) = 0$　　最小解：$g'(x_{\min}) = 0$

1 階の条件は最大化問題と最小化問題で共通です。最適内点解ではグラフが水平になっていなければならないと言いました。それはなぜでしょう。最適点で水平になる理由を考えるよりもむしろ，グラフが水平でない点が内点解にはなりえない理由を考えるほうが簡単でしょう。かりに内点解 $x_{\max}$ での傾き（1 階の微分係数 $f'(x_{\max})$）がプラスだとすると，$x_{\max}$ よりも微小に大きい x が選択可能であり，しかもそこでは $x_{\max}$ よりも関数の値が大きいはずです。これは $x_{\max}$ が最大化の内点解であることに矛盾しています。1

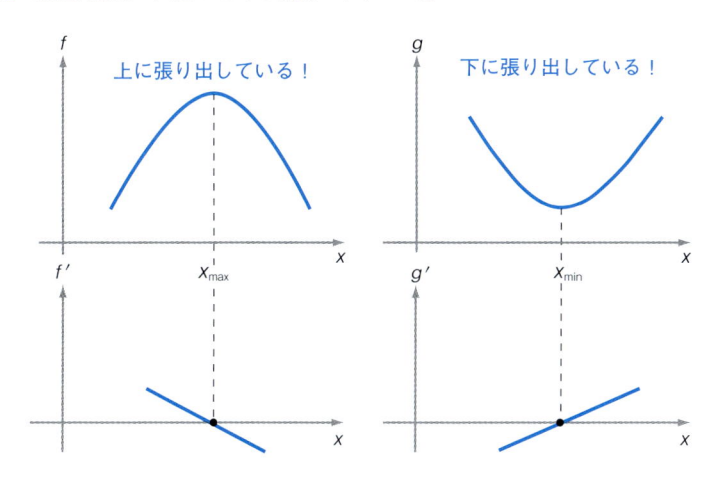

■図9-3　最適内点解の周辺における関数のグラフの形

上に張り出している！　　　下に張り出している！

階の微分係数 $f'(x_{\max})$ がマイナスの場合にも同様に矛盾が生じます。

このため $x_{\max}$ が最大化の内点解ならば，$x_{\max}$ での1階の微分係数は0でなければならないのです。同じ理由から最小化問題の内点解 $x_{\min}$ における関数の1階の微分係数 $g'(x_{\min})$ も0でなければならないのです。

最大化の内点解と最小化の内点解の違いは何でしょうか？前者は極大値であり，後者は極小値でなければなりません。両者は図9–3に描かれているように張り出し方に違いがあります。極大値では上に張り出し，極小値では下に張り出します。

このような張り出し方の違いは関数の2階の微分係数に現れます。前章で説明したように，2階の微分係数がプラスの場合には下に張り出したグラフになり，マイナスの場合には上に張り出したグラフになります。

最大内点解 $x_{\max}$ で関数グラフは上に張り出しているはずなので，$x_{\max}$ での2階の微分係数 $f''(x_{\max})$ は一般にマイナスであり，プラスであってはいけないのです。

同様に，最小内点解 $x_{\min}$ で関数グラフは下に張り出しているはずなので，$x_{\min}$ での2階の微分係数 $g''(x_{\min})$ は一般にプラスであり，マイナスであってはいけないのです。これらが最適内点解の2階の条件です。

> ● 2階の条件（second order condition）
>
> 　　最大解：$f''(x_{\max}) \leq 0$　　最小解：$g''(x_{\min}) \geq 0$

　2階の条件は最大化問題と最小化問題で不等号の向きが逆になるので注意が必要です。最大化問題では「大きい」というイメージから不等号を＞にしてしまいがちですが，これが誤りであることは意味を考えればすぐにわかります。図 9-3 に描かれているように最大内点解 $x_{\max}$ の左側では関数の傾き（1階の微分係数）がプラス，右側ではマイナスになります。このため f の 1 階の導関数 $f'(x)$ は図 9-3 の左下に描かれているような右下がりのグラフになるはずです。この 1 階の導関数の $x_{\max}$ における傾きが $f''(x_{\max})$ ですから，それは一般にマイナスでなければならないのです。

　しかし，必ずマイナスであるとは言えません。例外的に極大点で 2 階の微分係数が 0 になっていることがあります。たとえば 4 次関数 $y = -x^4$ は $x = 0$ で極大となりますが，$x = 0$ における 2 階の微分係数は 0 でマイナスではありません。このような例外があるため，極大解ならば 2 階の微分係数がマイナスであるとは言いきれないのです。しかし，2 階の微分係数 $f''(x_{\max})$ がプラスでないとは言いきれます。プラスなら $x_{\max}$ が極小解になってしまうからです。これが 2 階の条件の意味するところです。

▶ 1 階と 2 階の条件の使い方

　1 階・2 階の条件は最適内点解が満たすべき条件，正確に言えば必要条件です。つまり，最適内点解が満たしている必要がある条件です。しかし，十分条件ではありません。たとえば極大点が複数ある関数では，どの極大点も 1 階・2 階の条件をともに満たしますが，中には最大解でないものが含まれます。

　さらに，まれに定義域の端点が解になっている場合もあり，これらの解は 1 階・2 階の条件を満たしません。

　こんなに注意事項が多いと，たいして役に立たないのでは？と思われるかもしれませんが，そうではありません。第 1 章で学んだようにある区間の中に実数は無数に存在します。つまり，われわれは無限にある選択肢の中から

最適なものを探さなければならないのです．しかし，1階の条件を調べれば内点解の候補は多くても通常3個以下に絞り込めます．候補が多い場合はさらに2階の条件を使って候補を絞り込めばよいでしょう．そうすれば端点解の可能性を考慮しても，たかだか4つぐらいの候補しか残りません．それら候補の関数値を実際に計算すれば最適解は簡単に見つかります．たいした手間ではありません．グラフの形を細かく調べなくても答えを見つけ出せるのです．

最適化問題の解法を習得するには問題を解くのが一番です．うまく解けない場合は，どのステップでつまずいているのかを確認して，弱点を克服するようにしましょう．

章末問題

問 9.1　計算練習問題

次の関数の最大値と最小値，および対応する x の値を求めよ（注：存在しない場合もある）．

(1) $f(x) = -x^3 - 10x^2 + 7x + 5$ 　（定義域　$-8 \leq x \leq 1$）

(2) $f(x) = \dfrac{3x^2 + 18}{x}$ 　（定義域　$1 \leq x \leq 8$）

(3) $f(x) = (x-3)^3(2x-1)^2$ 　（定義域　$0 \leq x \leq 3$）

(4) $f(x) = x \cdot \ln x$ 　（定義域　$0 < x \leq 3$）

(5) $f(x) = \dfrac{x^2 - x + 1}{x^2 + x + 1}$ 　（定義域　$-2 < x < 2$）

(6) $f(x) = x^2 \left(1 - \sqrt{x}\right)$ 　（定義域　$0 < x < 2$）

問 9.2　応用問題

鉄板を加工して，容量が $1000\pi \, \mathrm{cm}^3$（およそ 3.14ℓ）の小さなドラム缶（直円柱）を作る．下底と上蓋の鉄板は $1\mathrm{cm}^2$ 当たり1円である．側面に使う鉄板は（曲げても折れない特殊な材質を使用するため）$1\mathrm{cm}^2$ 当たり2円である．ドラム缶の材料費を最小にするには，底面の直径をいくらにすればよいか？

問 9.3　応用問題：例題 9.4 の続き

紙でできた半径 $5\mathrm{cm}$ の円盤で円錐形の容器を作る．円錐の高さが $h\,\mathrm{cm}$ となるよ

うにすると，円錐の体積（$V\mathrm{cm}^3$）は

$$V = \frac{\pi}{3}(25 - h^2)h$$

となる。以下の問いに答えよ。

(1) h のとりうる範囲を明らかにせよ。
(2) 体積を最大にする h とそのときのコップの体積を求めよ。
(3) 結局，弧 AB の長さはどうなるか。

問 9.4　応用問題

1本 2m の棒 4本を正方形の四隅にたてて，下の図のようなピラミッド型のテントを作る。
(1) テントの高さが x m のとき，テント底面の正方形の面積を求めよ。
(2) テントの体積は最大で何 m^3 になるか。

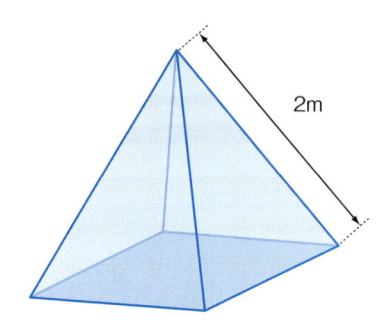

問 9.5　計算練習問題

問 9.1 の 6 つの関数の 2 階の導関数を求め，内点解が 2 階の条件を満たしているか確かめよ。

第10章

ミクロ経済学への応用
：企業の利潤最大化問題

本章の目的

本章では，微分法の知識が経済学においてどのように使われているのかを企業の利潤最大化問題を例に紹介します。
- 完全競争企業の最適雇用問題
- 完全競争企業の最適生産量
- 独占企業の最適生産量

毎日新聞社提供

10.1 完全競争企業の最適雇用問題

例題 10.1 の問題は，第 2 回経済学検定試験に出題されたミクロ経済学の問題です。

> **例題 10.1**
>
> ある完全競争企業 の 生産関数 が以下のように与えられている。
>
> $$y = 2\sqrt{L}$$
>
> ここで，y はこの企業が生産する財の生産量，L は労働量である。このとき，財の価格が 48，賃金率 が 4 であるとすると，この企業の 最適 な労働需要量はいくらになるか。
>
> （注：下線は説明のために著者がつけ加えたものです。）

　この例題は，1 変数最適化問題の解法を使って簡単に解くことができるものですが，数学の知識だけでは不十分です。当然のことながら，経済学の問題は経済学の知識がなければ解けない（ように作られている）のです。

　本書はミクロ経済学のテキストではないので，ここではこの例題を解くために必要な最低限のことを確認することにしましょう。

　例題 10.1 の中で最低限理解しておかなければならないのは，下線のつけられた 4 つの用語です。

▶企業にとって最適な行動とは？

　例題 10.1 では，企業にとって最適な労働需要量がいくらになるかが問われています。そもそも企業にとって最適な行動とは何なのでしょう？ 製品の売上を最大化することでしょうか。コストを節約することでしょうか。経済学を学んだことがないといろいろなことが思い浮かんで，答えが見つけられなくなってしまうかもしれません。

　企業がどのような目的で行動しているかについては，ミクロ経済学の中で長い間，議論されてきました。その結果，利潤の最大化（企業価値の最大化）を企業の目的とするのが理論的にも経験的にも適切であると考えられています。

　企業は製品を製造して，それを販売して利潤をあげます。利潤は製品の販売から得られる売上収入から，製造販売にかかった費用を差し引いたものです。

> 利潤 = 売上収入 − 費用

▶ 完全競争とは？

　ミクロ経済学では，最初に完全競争という前提を置いて企業分析を始めます。結論から言うと，この完全競争という前提が意味するのは，企業が価格（製品価格や原材料の価格，労働者の賃金率など）を与えられたものとして行動することを意味します。

　ミクロ経済学のテキストには，完全競争についてもっと詳しい説明が書いてあるかもしれません。同等な製品を売っているライバル企業が市場に多数いる，といった具体的な競争状態についての説明などです。もちろん，そのような背景も大事なのですが，結局のところそのような競争の結果，企業がどのような状況に置かれているのか，ということのほうが重要なのです。

　完全競争の結果，すなわち同等な製品を売っているライバル企業が多数存在する結果とは，個々の企業が市場で決まる価格（これを相場と言います）で製品を売らざるをえなくなることです。個々の企業はできるだけ高い値段で製品を売りたいけれども，相場より高く売ろうとしても，誰も買ってくれません。製品を作るための原材料価格については逆に，できるだけ安い価格で仕入れたいけれども相場より安く買おうとしても，ライバルが多い状況では誰も売ってくれないのです。

　賃金も同じです。ライバル企業が多数いれば，相場より安い人件費で人を雇うことはできません。このように，完全競争下にある企業は製品価格や原材料価格を自分で決めることはできず，ほかの企業が売買している相場に従わざるをえません。これが完全競争という言葉が意味することなのです。この完全競争の結果を「価格受容者（プライステイカー）」という言葉で表現することもあります。文字通り，「価格を受け容れざるをえない者」という意味です。

　初学者には完全競争と言うよりも，企業が価格受容者であると言ったほうがわかりやすいかもしれませんが，経済学検定試験の問題はそれほど親切で

はないようです。例題 10.1 のように「完全競争」という前提を言うだけで，この企業が価格受容者であることを明記しないことがよくあります。問題を解くには，このような知識が必要となるのです。

ところで，現実に目を向けると同様の製品を販売しているすべての企業がまったく同じ価格で売買をしていることはむしろ少ないかもしれません。すると，みなさんは「完全競争」なんて非現実的な仮定であって，それを前提に分析しても意味がない，と思うかもしれません。しかし，そうではありません。複雑な現実をありのままに表現しようとすると複雑すぎてわけがわからなくなってしまいます。大事なことは，現実の重要な要素を簡単に表現することなのです。

ガソリンの市場でもコメの市場でもミカンやリンゴの市場でも，個々の企業はまったく相場を無視して価格を決められるわけではありません。競争の激しい市場では，多少の価格差はあったとしても，個々の企業はほぼ相場で物を売り買いせざるをえないのです。このような意味で完全競争の仮定は，競争的な市場を理解する際に重要な要素を簡潔にとらえていると言えます。そして，価格受容者を仮定することで，企業の直面する問題はとても簡単な数学の問題として扱えるようになるのです。

▶生産関数とは？

企業が製品を作り販売するには，いろいろな投入物が必要です。パンを作るには原材料は言うまでもなく，設備や機械，燃料などがなければなりません。そして，もっとも重要な投入物が労働です。人の手（足を使う場合もあります）がなければ，物を作り販売することはできません。どれほど工程を機械化したところで，それらを操作したり整備したりする人が必要になります。

生産関数というのは，こうした**投入物**（input）と**生産量**（output）の関係を表す関数のことを指します。一般に投入物を増やせば増やすほど生産量を多くすることができるので，生産関数は図 10-1 のような単調増加関数であると考えられます。もちろん，同じだけの投入物を使っても，高い技術で無駄の少ない効率的な生産をすればより多く生産することができるでしょう。つまり，生産関数の形は企業によって異なると考えられます。生産関数は，そ

■図10-1　生産関数

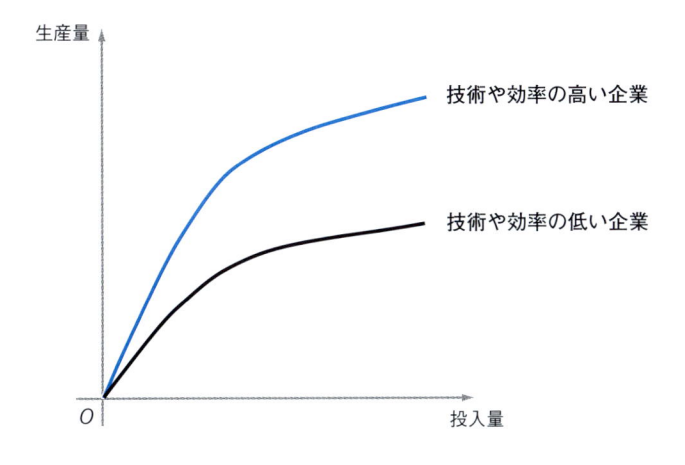

[グラフ：縦軸「生産量」、横軸「投入量」、上の曲線「技術や効率の高い企業」、下の曲線「技術や効率の低い企業」]

の企業がもつ技術や効率を反映していると言うこともできます。

　経済学では，議論を簡単にするために投入物を大きく3つのグループに分けます。労働と土地と資本です。労働は企業のために働く人間，土地は生産をするための場所です。それ以外のもろもろの投入物は資本に含まれます。

　資本は，企業がビジネスをするために必要な元手という意味ですが，元手となるお金を指すこともありますし，それらを使って購入した具体的な工場設備や機械を指すこともあります。さらに企業のもつ技術（特許）やブランドイメージ，人気キャラクターなども資本に含まれることがあります。時と場合によって使い分けられるため，「資本」はもっともわかりにくい経済用語の一つとなっています。また，資本の量を計測することは経済学の中でもっとも困難な課題の一つと考えられています。

　例題 10.1 では，話を簡単にするために3つの代表的投入物のうち労働 L だけに注目し，それと生産物 y の関係を問題にしています。

　生産関数 $y = f(L)$ のグラフは図 10-2A のような緩やかな S 字形をしていると考えるのが一般的です。

　S 字形の生産関数は次の2つの特徴を表しています。

■図10-2　一般的な生産関数と労働の限界生産物のグラフ

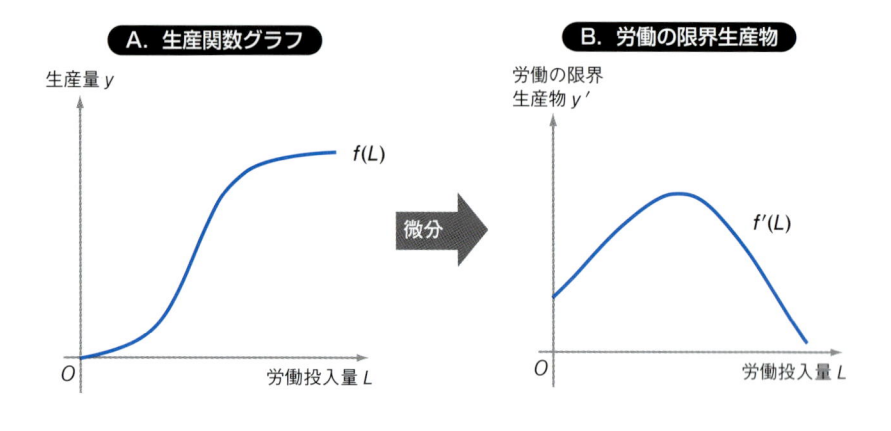

A. 生産関数グラフ

B. 労働の限界生産物

微分

(a) 労働投入の規模が非常に小さいときは，労働投入が増えるにつれて生産が効率的になって，生産関数の傾きが大きくなる。

(b) しかし，労働投入が一定水準を超えると，生産にだんだん無理が生じてきて，生産関数の傾きがだんだん小さくなっていく。

具体的なイメージとして，一定の面積の畑で農作物を作っている状況を考えてみましょう。労働者が少なければ，畑を十分活用できず効率的な農業はできません。しかし，労働者が増えてくれば，畑を有効に活用し，作業を分担したり，技術や知識を共有したりして効率的な農業ができるようになります。しかし，畑の面積が限られていれば，次第に労働投入量を増やすことによる生産の増加には無理が生じてきます。あまりに労働者が多いと場所が狭くて作業ができないなど，労働資源を有効活用できないような状態になるでしょう。

このような生産関数グラフの傾き（生産関数の微分係数）の変化は企業の行動を考える上で非常に重要です。ミクロ経済学ではこれを**労働の限界生産物**（marginal product of labor）と呼びます。

労働の限界生産物 = 生産関数グラフの傾き（生産関数の微分係数 $f'(L)$）

労働の限界生産物は「労働投入量が1単位（たとえば1時間）増加したときに，生産物がおよそ何単位増加するか」を示しています。生産関数が性質(a), (b) を満たす場合，限界生産物は図10-2Bのような山型のグラフになります。

もっとも重要なのは性質 (b) の「生産が拡大するとだんだん生産に無理が生じてきて，限界生産物が徐々に少なくなる」ことです。ミクロ経済学では生産関数のこの性質を「**収穫逓減の法則**」と呼んでいます。限界生産物グラフの右下がりの部分がこの法則に対応しています。

性質 (a), (b) をともに満たす生産関数を数式で具体的に表現すると複雑な関数になってしまうので，ミクロ経済学では性質 (a) は無視して，性質 (b) だけをもつ生産関数を使うことがよくあります。例題10.1の生産関数 $f(L) = 2\sqrt{L}$ も性質 (b) だけを満たしています。

▶ 賃金率と賃金はどう違うか？

賃金率という言葉は，日常ではあまり聞かない表現かもしれません。これは簡単に言うと労働の価格のことです。

労働者は自分の労働力を企業に売って，その見返りに賃金を受け取っています。アルバイトなどはとくにそうですが，企業に提供した労働の量が多いほど労働者が受け取る賃金は多くなります。この賃金を提供した労働の量で割ったものが賃金率です。

たとえば，労働量を労働した時間数とすると，賃金率は労働1時間あたりの賃金，すなわち「時給」を表します。完全競争市場では，企業は無数のライバル企業たちと労働者の奪い合いをしています。労働者たちも同じで，無数のライバルたちと仕事の争奪競争をしています。ほかの条件を同じとすれば，労働者は1円でも時給が高いところで働きたいと思うでしょうし，逆に企業は1円でも安い時給で労働者を雇いたいと思うでしょう。結果として，企業

も労働者も賃金率の相場を受け容れざるをえなくなるわけです。

実際，同一職種の労働者の時給はだいたいどこも同じ水準になっています。疑いのある人はコンビニエンス・ストア等の店員募集の貼り紙にある時給を比較してみましょう。

▶ 例題を解いてみよう

問題を解くための経済学的な知識を理解したら，実際に例題 10.1 を解いてみましょう。例題 10.1 では，変数の単位がついていませんが，ここではわかりやすいように単位を入れて例題の前提を整理しましょう。

> 企業が L 時間の労働者を雇うと $f(L) = 2\sqrt{L}$ 個の製品を作ることができる。製品の価格は 1 個 48 円，賃金率は時給 4 円である。

時給が 4 円というのはちょっと安すぎて現実的ではないですが，このように具体的な単位があったほうがイメージがしやすいでしょう。

さて，この例題の解き方も前章の応用問題（9.3 節）と基本的には同じです。まず，最大化したい変数と選択する変数の関係を式で表します。企業が最大化したいのは利潤です。これを変数 π で表すことにしましょう。

■補足　利潤は英語で profit なので変数 p としたいところですが，p は価格 price を表すのによく使うので，p に対応するギリシャ文字の π を使うのが一般的です。π は，円周率と勘違いされるので個人的には使わないほうがよいと思うのですが，経済学では円周率が登場することはほとんどないため，π で表すのが習慣化してしまっています。

求められているのが労働需要量 L ですから，これを選択する変数とするのがよいでしょう。L 時間の労働を需要すると，製品を $f(L)$ 個だけ製造でき，それらが 1 個 48 円で売れるので，売上は $48 \times f(L) = 96\sqrt{L}$ 円，一方，費用は賃金率が時給 4 円だから $4 \times L$ 円かかります。したがって，L 時間だけ労働を需要したときの利潤は

$$\underset{\text{利潤}}{\pi} = \underset{\text{売上収入}}{96\sqrt{L}} - \underset{\text{費用}}{4L} \qquad (\text{定義域} \quad L \geq 0) \qquad \text{【利潤関数】}$$

となります。この関数は**利潤関数**と呼ばれます。最大化すべき利潤を1変数関数として表現すれば，あとは前章の知識を使ってその最大化問題を解けばよいのです。実際にやってみましょう。

解答

Step 1：微分して導関数を求める。

平方根はべき関数として表しておけばべき乗則で簡単に微分できます。

$$\pi = 96L^{1/2} - 4L$$
$$\rightarrow \quad \pi' = 96 \cdot \frac{1}{2}L^{-1/2} - 4 = \frac{48}{\sqrt{L}} - 4$$

Step 2：導関数の値（微分係数）がゼロになるような x の値を探す。

$\pi' = 0$ となるのは，$L = 144$ のときのみ。

Step 3：Step 2 の x の値を頼りに増減表を書く。

L	0	$\cdots$	144	$\cdots$
π'	$+$	$+$	0	$-$
π	0	↗	576	↘

Step 4：グラフの大まかな形を描いて解を求める。

増減表より関数のグラフは下図のようになり，利潤を最大にする労働投入量（需要量）は 144 である。

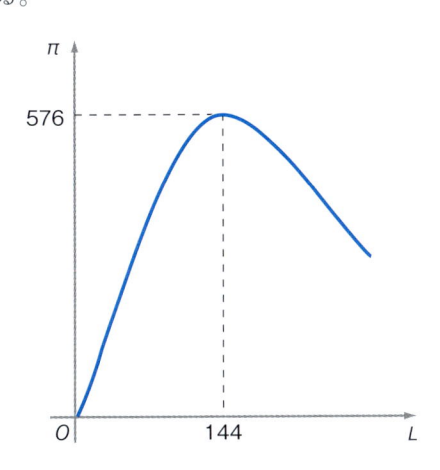

(解答終わり)

経済学検定試験は記述式ではなくマークシート式なので，解答者の中にはとりあえず1階の条件だけ調べて，それを満たす選択肢を絞り込むような解答をする人もいます。この問題では，1階の条件を満たす内点解の候補が $L = 144$ だけでこれが解になっていますので，この方法でもうまくいきます。もう少し慎重に解答するならば，端点解（この場合，まったく生産をしないという選択 $L = 0$）の可能性も確認すればよいでしょう。

▶ 最適雇用の条件

例題 10.1 では，生産関数，製品価格，賃金率がそれぞれ具体的に与えられていました。一般的な最適雇用の条件を導くために，これらを特定せずに生産関数を $f(L)$，製品価格を p，賃金率を w として，企業の最適雇用量が満たす条件を調べてみましょう。まず企業の利潤関数は次のようになります。

$$\underset{\text{利潤}}{\pi} = \underset{\text{売上収入}}{p \cdot f(L)} - \underset{\text{費用}}{wL} \qquad 【一般的な利潤関数】$$

この企業が利潤最大化をした結果 L^* だけの労働を需要しているとすると，次の1階の条件を満たさなければなりません。

$$\pi' = p \times f'(L^*) - w = 0$$

これを書き換えると次の条件を得ます。

$$\underset{\substack{\text{労働の}\\\text{限界生産物価値}}}{p \times f'(L^*)} = \underset{\text{賃金率}}{w} \qquad 【最適雇用の条件】$$

この条件式の意味を考えましょう。左辺は労働の限界生産物 $f'(L)$ に製品価格 p を掛けたものです。労働の限界生産物は「労働投入量を微小に1単位増やすことによって生み出される生産物の量」を意味しています。それに製品価格を掛けているので，左辺は労働投入量を1単位増やすことによる生産

物価値（売上収入）の増加です。この意味で左辺を「**労働の限界生産物価値**」と言います（まれに「限界収入」と言うこともあります）。一方，右辺は賃金率なので，最適雇用の条件は

> 労働の限界生産物価値＝賃金率

と言葉で表現することもできます。左辺の労働の限界生産物価値は労働投入量を1単位増やすことによる収入の増加，一方，右辺の賃金率は労働投入量を1単位増やすことによる費用の増加です。企業の利潤が最大化されている状態ではこれらが一致していなければなりません。それはなぜでしょうか？

　このことを理解するために，最適雇用の条件が成立していない状況を考えてみましょう。たとえば，労働の限界生産物価値が賃金率よりも高い場合を考えましょう。この場合，労働投入量を微小に1単位増やすことによる収入の増加が費用の増加を上回っています。つまり，労働投入量を少し増やすことによって利潤が増加するのです。利潤を増加する余地が残されているということは，このような状況は最適ではないですね。逆に賃金率のほうが高い場合には，労働投入量を減らすことによって利潤が増加します。いずれにしても，労働の限界生産物価値と賃金率が一致していない状況では利潤を改善する余地があるので，利潤を最大化しているとは言えないのです。

　例題10.1 に最適雇用の条件を適用すると，労働の限界生産物が

$$\{2\sqrt{L}\}' = \{2L^{1/2}\}' = 2 \times \frac{1}{2}L^{-1/2} = 1/\sqrt{L}$$

となるので，労働の限界生産物価値は価格を掛けた $48/\sqrt{L}$。一方，賃金率は4なので，この両者が等しいという条件から，

$$48/\sqrt{L} = 4 \quad \to \quad \sqrt{L} = 12$$

L は正だから，最適雇用量 $L^* = 144$ が得られます。

　最適雇用の条件をグラフを使って表してみましょう。まず，労働の限界生産物価値は $48/\sqrt{L}$ です。横軸に労働量をとったグラフに労働の限界生産物

■図10-3　最適雇用量

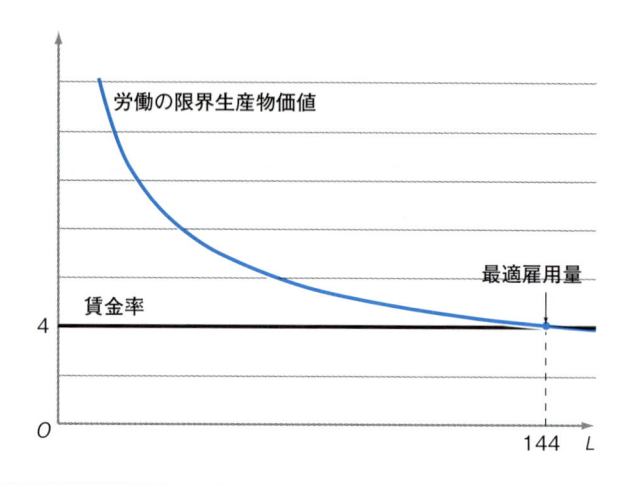

(図：縦軸に労働の限界生産物価値の曲線と賃金率4の水平線、交点が最適雇用量144)

価値をとると図10-3のような右下がりの曲線になります。最適な雇用量はこの労働の限界生産物価値と賃金率が一致する量です。賃金率は4なので，最適雇用量は144となります。

▶ 労働の需要曲線

さて例題10.1において賃金率 w が上昇するとき雇用量はどのように変化するでしょうか？最適雇用の条件にあてはめれば簡単に調べることができます。たとえば，賃金率が4から6に上昇すると，最適雇用量は144から $48^2/6^2 = 64$ に減少します。賃金率が8まで上昇すれば，雇用量は $48^2/8^2 = 36$ まで減少します。このような賃金率 w と雇用量 L^* の関係をグラフに表したものが，労働の需要曲線です。経済学では伝統的に価格や賃金率などを縦軸にとるのが慣例となっているので労働の需要曲線は図10-4のように描かれます。

図10-4に示されたように労働の需要曲線は右下がりになります。労働の需要曲線が右下がりになるというのは「賃金率が高ければ人を雇いたくなくなる」ということです。

みなさんも需要曲線が右下がりになるということはどこかで聞いたことがあ

■図10-4　労働の需要曲線

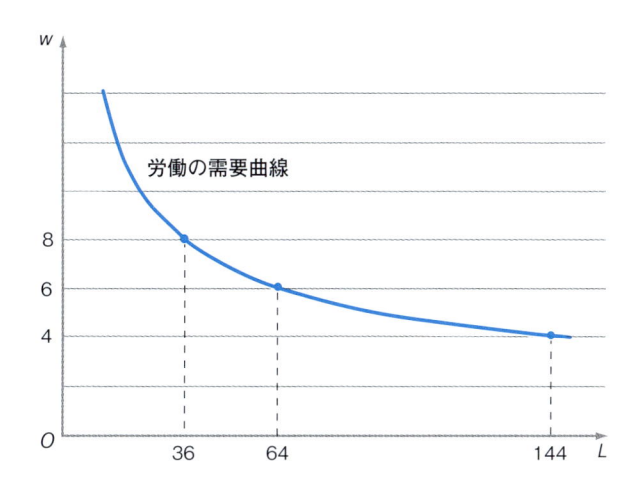

るでしょうが，なぜそうなるのかを深く考えたことはないでしょう。図10-3と図10-4を見比べてみましょう。

　そうです。実は労働の需要曲線の正体は，「労働の限界生産物価値」のグラフなのです。

　なぜ労働の需要曲線が右下がりになるのかと言えば，それは労働の限界生産物価値が労働の増加とともに減少するからです。そして，これは「収穫逓減の法則」あるいは生産関数の性質 (b)「労働投入が一定水準を超えると，生産にだんだん無理が生じてくること」に根本的な原因があるのです。

　このように，ミクロ経済学では企業や消費者の行動を微分法を使って分析することで，需要曲線や供給曲線といった経済理論の基礎概念の仕組みや性質を詳しく分析していきます。このため微分法が必須の分析道具となるわけです。

▶労働の需要関数

　労働の需要曲線を描くのに賃金率 w の変化が最適雇用量に与える影響を調べましたが，生産物価格 p の変化も最適雇用量に影響を与えます。

w と p 両方が最適雇用量に与える影響を式で表すことを考えます。**例題 10.1** で生産物価格 p と賃金率 w の両方を未知数にしたまま最適雇用の条件を L^* について解いてみましょう。$f'(L) = 1/\sqrt{L}$ なので，最適雇用の条件は $p/\sqrt{L^*} = w$ です。これを解くと

$$L^* = p^2/w^2$$

となります。この式に具体的な製品価格 p と賃金率 w を代入すれば，その条件の下での最適な雇用量を求めることができます。**例題 10.1** では，p と w がそれぞれ 48 と 4 でしたので，それを代入すれば最適雇用量が $48^2/4^2 = 144$ になることを確認できます。

ここで最適な雇用量 L^* は製品価格 p と賃金率 w を決めると一意に定まるので，L^* は製品価格 p と賃金率 w の 2 独立変数の関数になっています。これを**労働の需要関数**と言い，

$$L^* = L(p, w) = p^2/w^2$$

などと表現します。第 3 章で説明したとおり，経済学では関数の名前と従属変数に同じアルファベットを使うことがよくあります。ここでも，最適雇用量 L^* と労働需要関数の名前に両方 L が使われています。初学者にとって，この労働需要関数は混乱しやすいところです。そこで，とくに以下の 2 点に注意が必要です。

注意点 1：独立変数が p と w の 2 つになっています。

このように複数の独立変数をもつ関数，多変数関数が経済学では頻繁に登場します（このような多変数関数の微分法を学ぶのが次章以降のテーマです）。

注意点 2：関数の定数と変数が変わります。

最適化問題を考える際には，p と w は定数だと考えていました。これらは最適化問題における条件と言えます。その条件を変化させると最適解 L^* は当然変化します。p, w のような条件となる変数（**パラメータ**：parameter と呼びます）と最適解の関係を調べる分析を**比較静学分析**と言います。

比較静学分析と呼ばれるのは，変化前のパラメータの下での最適解と変化後のパラメータの下での最適解を単純に比較して，パラメータ（この場合，製

品価格 p と賃金率 w) が人や企業の行動 (この場合, 雇用量 L^*) に与える影響を分析するからです。「単純に比較して」と表現したのは, 実際に条件が変化したときに, 企業がどのようなスピードでどのように行動を修正するかという調整のプロセスを無視しているからです。

比較静学分析では, それまで定数としていたものを変数と考えます。これは初学者には難しい点だと思います。それぞれの分析において, 何を変数として, 何を定数として分析しているかを注意深く把握することが重要です。

10.2 完全競争企業の最適生産量
：費用関数と供給曲線

例題 10.1 では, 選択すべき変数として, 労働投入量を選びました。これは例題 10.1 で求められているのが最適な労働需要量だったからです。もしも, 求められているのが**最適な生産量**だったなら, 生産量 y を選択すべき変数にするのがよいでしょう。

ミクロ経済学では次のような手順で最適生産量を見つけます。

Step 1：費用関数を求める。

まず, 費用と生産量の関係を関数式で表します。生産技術と原材料価格が与えられるとある生産量を達成するのに最低限必要な費用は一つに定まるはずです。ミクロ経済学では, この関数関係を費用関数と呼びます。投入物に土地や資本などが含まれる場合はこのステップがやや複雑になりますが, 例題 10.1 では投入物が労働だけなので, 費用関数を求めるのも簡単です。

L だけの労働を投入すると $y = 2\sqrt{L}$ だけの製品が生産できるのだから, 逆に y だけ生産するのに必要な労働投入量は (生産関数を L について解けばよいので)

$$L = \frac{y^2}{4}$$

となります。賃金率が 4 なので, これだけの労働を雇用するのにかかる費用 C は,

$$C = \underset{\text{賃金率}}{4} \times \underset{\text{必要労働量}}{\frac{y^2}{4}} = y^2$$

となります。これが費用関数です。

$$C = C(y) = y^2 \qquad \text{【費用関数】}$$

ここでも経済学の慣例にならって関数の名前と従属変数の名前の両方に同じアルファベット C を使っています。

Step 2：利潤を最大化する y を求める。

費用関数 $C(y)$ が与えられれば，利潤 π を y の 1 変数関数として次のように表すことができます。

$$\pi = py - C(y)$$

例題 10.1 では，生産物価格 p が 48 で，費用関数が $C(y) = y^2$ なので，

$$\pi(y) = 48y - y^2$$

となります。この場合には，利潤が 2 次関数で上に凸の放物線を描くことがわかるので，最大化のための 1 階の条件を満たす $y = 24$ が最適解となることがわかります。

▶ 完全競争企業の利潤最大化の条件と供給曲線

価格と費用関数が未知の場合，1 階の条件は

$$\pi' = p - C'(y^*) = 0$$

となり，これを解くと次の式が得られます。

$$\underset{\text{価格}}{p} = \underset{\text{限界費用}}{C'(y^*)} \qquad \text{【完全競争企業の利潤最大化の条件】}$$

左辺は生産物の価格，右辺は限界費用（p.109 参照）です。つまり，「利潤が最大化されているならば，価格と限界費用は等しくなければならない」，これが**完全競争企業の利潤最大化の条件**です。

このようなことが成り立つのはなぜでしょうか？これも条件が成立していない状況を考えればわかります。価格のほうが限界費用より高い場合を考えましょう。生産量を微小に 1 単位増加させると，売上収入は生産物価格だけ増加します。一方，限界費用は費用関数の微分係数なので「生産量を微小に 1 単位増加させたときの費用の増加」を意味します。したがって，価格が限界費用を上回っているならば，生産量を微小に増加させることによって利潤を増加させることができます。

このような状態は最適とは言えませんね。価格が限界費用よりも低い場合は，逆に生産量を微小に減少させることによって利潤を増やすことができます。よって，最適な状態では価格と限界費用が一致していなければならないのです。

さて，**例題 10.1** では限界費用が

$$C'(y) = 2y$$

となります。これは**図 10-5A** のような右上がりの直線です。最適な生産量は価格と限界費用が一致するような生産量です。**例題 10.1** では価格が 48 なので，最適生産量は 24 です。

生産物の価格が 12 に下がると最適生産量は 6 になります。このように限界費用曲線さえわかれば，さまざまな価格に対する最適生産量を簡単に求めることができます。こうして得られた生産物の価格とそれに対応する最適生産量をグラフに表したものが供給曲線です。需要曲線と同じく，供給曲線も縦軸に価格をとるのが一般的です。そのグラフはどうなるでしょうか？

図 10-5 の **A** と **B** を見比べてみましょう。労働の需要曲線の正体が労働の限界生産物価値のグラフであったように，供給曲線の正体は限界費用のグラフであることがわかります。限界費用のグラフは，費用関数の導関数を表したグラフです。やや大げさな言い方をすれば，供給曲線という経済学の最重

■図10-5　限界費用のグラフと供給曲線

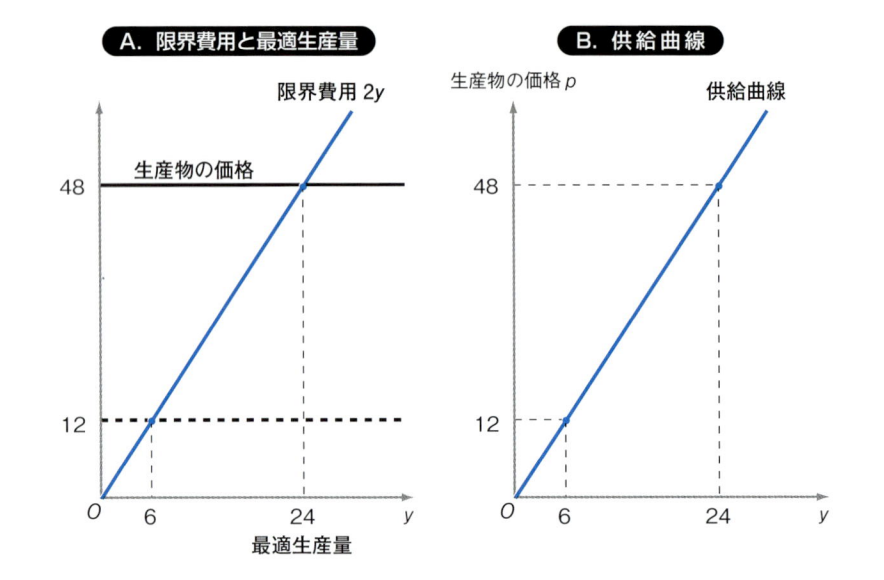

A. 限界費用と最適生産量

B. 供給曲線

要概念の根底にも「微分」があるのです。

10.3　独占企業の最適生産量

　これまでは同様の生産物を供給する企業が無数に存在し競争している状況を想定してきました。これに対し，特定の生産物を1つの企業だけが独占的に供給している場合もあります。たとえば，製薬会社は新薬を独占的に販売することを特許法で認められていますし，特許法がなくてもほかの企業には真似できない技術をもっている企業や，小さい町に1つしかない商店などは，当然の結果として独占的な供給者となっていることがあります。また，農業組合や漁業組合などが特定の生産物を独占的に供給することも認められています。以下では，ある生産物を独占的に供給する企業を**独占企業**と呼び，その行動について考えます。

▶独占企業と完全競争企業の違い

　独占企業と完全競争企業の違いはどこにあるでしょうか？　もっとも重要な違いは，独占企業は生産物の価格をコントロールできるという点です。完全競争企業は生産物の価格を自分で決めることはできず，市場で決まる相場を受け容れざるをえません。これに対し，独占企業は生産物の価格をある程度自分でコントロールできます。

　独占企業が価格をコントロールする方法は2通りあります。工業製品などは文字通り企業が価格を決めて販売します。自分で決めるのだから完全にコントロールをしていると言えます。これに対し，野菜や魚などの生鮮食品の価格は市場（青果市場や魚市場）で決まります。農業組合や漁業組合は価格自体を決めることはありませんが，生産物の供給量を調整することで価格を間接的にコントロールしています。

　価格を直接決める場合も間接的にコントロールする場合も，価格と販売個数の両方を自由に決められるわけではありません。価格を自分で決める場合，価格を上げれば製品の販売個数は減ってしまうでしょう。逆に，価格を下げれば販売個数は増えるでしょう。なぜなら製品の需要曲線が右下がりであるからです。

　同様に，農業組合がメロンの供給（出荷）を増やせば，メロンの相場は下がってしまいます。メロンの相場を高い水準で維持するためにはメロンの供給を制限しなければなりません。これもメロンの需要曲線が右下がりであるためです。

▶需要関数と逆需要関数

　生産物の価格を p，販売個数を x とすると，p と x の関係は右下がりの需要曲線によって決まるので，p と x は互いに互いの減少関数になります。少し詳しく見ていきましょう。

　図 10-6A に描かれているように，企業が生産物の価格を決めると需要曲線によって売れる生産物の数量が一意に定まります。つまり，販売数量 x は生産物の価格 p の関数です。この関数を経済学では，この生産物の需要関数と

■図10-6 需要関数と逆需要関数

A. 需要関数(例:工業製品)

生産物の価格 p

①企業が価格を決めると……
②売れる量が決まる

需要曲線

$D(p)$ 需要関数
生産物数量 x

B. 逆需要関数(例:メロンの出荷)

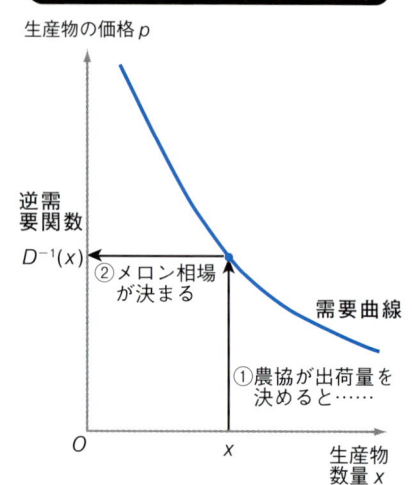

生産物の価格 p

逆需要関数
$D^{-1}(x)$

②メロン相場が決まる
①農協が出荷量を決めると……

需要曲線

x 生産物数量 x

言い,次のような式で表現します。

$$x = D(p) \quad 【需要関数】$$

価格 p が上昇すれば,需要数量 x は減少するので,需要関数は単調減少関数です。微分の記号を使って表現すれば,

$$D'(p) < 0$$

となります。工業製品メーカーが製品の販売価格を決める際には,このような需要関数を念頭に置いて決定を行います。

次に図10-6Bを見てください。たとえば,農協が出荷する農作物(たとえばメロン)の数量を x に決めると,メロン市場では x から垂直線を伸ばして需要曲線とぶつかるところ($D^{-1}(x)$ の水準)でメロンの価格が決まります。これより高い価格ではメロンが売れ残ってしまいますし,これより低い価格

では買いたいのに買えない人が出てしまいます。市場では需要と供給（＝出荷量）とが一致するところで価格が決まるのです。

出荷量 x に応じて生産物の価格 p が決まるこの関数関係は，先ほどの需要関数の逆関数にあたるものなので，ミクロ経済学ではこれを**逆需要関数**と呼び，次のような式で表します。

$$p = D^{-1}(x) \qquad \text{【逆需要関数】}$$

生鮮食品を独占的に供給する農業組合や漁業組合はまさにこの逆需要関数を念頭に置いて，生産物の価格を予想して事業計画を立てるわけです。

▶独占企業の利潤最大化問題

さて，企業が販売数量 x だけ製品を生産し，そのための費用が費用関数

$$C = C(x)$$

で与えられているとすると，企業の利潤 π は

$$\pi = px - C(x)$$

となります。この式には2つの変数 p と x がありますが，独占企業の場合，一方が他方の関数になっているので，利潤を1変数関数として表現することができます。

工業製品メーカーのように生産物価格 p を決める独占企業の場合，販売数量 x は需要関数によって決まるので，これを代入して，利潤は

$$\pi(p) = pD(p) - C(D(p))$$

のような価格の関数となります。

一方，農協のように出荷数量 x を決める独占企業の場合には販売価格が逆需要関数によって決まるので，これを代入して，利潤は

$$\pi(x) = D^{-1}(x) \cdot x - C(x)$$

のような出荷数量の関数となります。

いずれにしても，このように利潤を 1 変数関数として表現できれば，前章までに学んだ微分法の知識を活用することで独占企業の利潤最大化問題を解くことができるのです。

例題 10.2

あるパン屋では，工場から仕入れ値が 1 個 70 円のクリームパンを仕入れて販売をしている。1 個 100 円で売ると，毎日 700 個の売上がある。値上げすれば，単価 1 円の値上げにつき，10 個の割合で，売上個数が減少するという。このパン屋はどのように販売すればよいだろうか。

解答

この場合，価格を決めて販売するので需要関数をまず求めます。価格 p 円で売ったときの販売数量 x を式で表すと，

$$x = D(p) = 700 - 10 \times (p - 100) = 1700 - 10p \quad \text{【需要関数】}$$

となります。このステップは慣れないうちは間違えやすいので，需要曲線を描いて式が矛盾していないかどうかを確かめるようにしましょう。

これを使って，利潤を価格の関数として表します。まず，価格 p 円で x 個売ったときの利潤 π を式で表すと，

$$\pi = px - 70x$$

となります。パンの仕入れ値が 1 個 70 円なので x 個売るときの費用は $70x$ 円です。ここで需要関数を代入して x を消去すると，

$$\pi = p \times (1700 - 10p) - 70 \times (1700 - 10p) = (p - 70) \times (1700 - 10p)$$

これを p に関して最大化すればよいのです。

この利潤関数も，上に凸の放物線を描く 2 次関数なので，その頂点（極大点）で利潤が最大になります。最適価格を p^* とすると，1 階の条件より

$$\pi' = (1700 - 10p^*) - 10 \times (p^* - 70) = 2400 - 20p^* = 0$$

$$\therefore p^* = 120$$

となり，120 円で売れば利潤が最大になることがわかります．ちなみに予想される販売数量は 500 個で，利潤は 2 万 5000 円となります．

10.4 企業の利潤最大化問題のまとめ

　本章では，ミクロ経済分析の例として完全競争企業と独占企業の利潤最大化問題の解き方を学びました．数学の応用に慣れていない人には少し難しく感じられたかもしれませんが，経済学の微分法の使い方を少しは実感してもらえたのではないかと思います．

　企業の利潤最大化問題を微分法で解くときの一般的な流れを整理すると，以下のようになります．

① 雇用量，生産量，価格など利潤に関わる変数がどのように関係しているかを把握する．

② ①の関係に注意して，利潤を主要な変数（雇用量，生産量，価格など）の関数として表す（本章では 1 変数関数になるケースだけを扱いましたが，多変数関数になる場合もあります）．

③ 微分法を応用して，利潤を最大化する最適解を求める．

④ 価格等の条件が変化したときの最適解の変化を調べる．このような分析から需要曲線や供給曲線が導かれる．

　需要曲線や供給曲線にたどり着くまでの道のりが長いので，分析をしている途中で自分が何をしているかが見えなくなってしまうことがよくあります．道に迷わないように，全体の流れと自分のいる位置を把握するように心がけるのが経済分析のコツの一つです．もう一つの成功の秘訣は，問題演習です．いろいろな経済分析に触れれば，その作法は自然と身につきます．積極的に問題を解いてみましょう．

章末問題

問 10.1　基礎概念確認

次の経済学概念について説明しなさい。

完全競争企業　　生産関数　　賃金率　　限界生産物　　限界生産物価値
限界費用　　需要曲線　　供給曲線　　独占企業　　需要関数　　逆需要関数

問 10.2　計算練習応用問題

ある完全競争企業の生産関数が以下のように与えられている。

$$y = \ln(L+1)$$

ここで，y はこの企業が生産する財の生産量，L は労働量である。このとき，財の価格を p，賃金率を w とする。以下の問いに答えよ。

(1) $p=12$, $w=4$ のとき最適な労働需要量を求めよ。
(2) 企業の最適な労働需要量を p, w の関数として表せ。
(3) $p=12$ のとき労働の需要曲線を図示しなさい。
(4) $w=4$ のときこの企業の財の供給曲線を図示しなさい。

問 10.3　計算練習応用問題

ある完全競争企業の費用関数が $C(y) = y^3 - 6y^2 + 15y$ で与えられている。ただし y はこの企業の生産量である。以下の問いに答えなさい。

(1) 限界費用 $C'(y)$ を最小にする y の値と限界費用の最小値を求めよ。
(2) 限界費用 $C'(y)$ のグラフを描きなさい。
(3) 費用を生産量で割ったものは平均費用と呼ばれる。平均費用を最小にする y の値と平均費用の最小値を求めよ。
(4) 平均費用のグラフを (2) の図に描き入れて比較しなさい。
(5) 生産物の価格が 15 のとき，利潤を最大化する y とその利潤を求めよ。
(6) 生産物価格が 6 のとき，利潤を最大化する y とその利潤を求めよ。
(7) この企業の財の供給曲線を図示しなさい。

問 10.4　計算練習応用問題

独占企業には 2 つのタイプがある。一方は，自らが独占的に供給する製品の価格を自ら決定し，その価格に対する需要量を予想して財を製造販売するタイプ（以下，タイプ 1 とする），他方は，製品価格は市場で決まるが，市場への供給を独占しているので間接的に価格を操作できるタイプ（以下，タイプ 2 とする）である。それ

ぞれのタイプの独占企業が下図のような直線の需要曲線に直面しているとき，下記の問いに答えなさい。

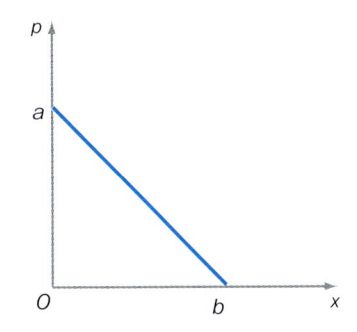

(1) タイプ 1 の独占企業の予想需要量および予想売上を製品価格 p の関数として示しなさい。また，売上を最大にする価格を求めなさい。
(2) タイプ 2 の独占企業の予想価格および予想売上を供給量 x の関数として示しなさい。また，売上を最大にする供給量を求めなさい。
(3) 各独占企業の費用関数が $C = cx$ （c は a より小さい正の定数）で与えられるとき，タイプ 1 の企業の利潤を製品価格 p の関数として示しなさい。また，利潤を最大にする価格，そのときの利潤および需要量を求めなさい。
(4) 同じく，各独占企業の費用関数が $C = cx$ （c は a より小さい正の定数）で与えられるとき，タイプ 2 の企業の利潤を製品供給量 x の関数として示しなさい。また，利潤を最大にする製品供給量，そのときの利潤および市場価格を求めなさい。

第11章

多変数の関数とそのグラフ

本章の目的

　これまでの章では1変数関数，すなわち独立変数が1つの関数を分析の対象としてきました。本章以降は，独立変数が2つ以上ある多変数関数を扱います。経済学では頻繁に多変数関数が登場しますが，高校ではその扱い方をほとんど習いません。このため，経済数学の授業などでこれを十分学ばずに大学3，4年生向けの経済学の授業を受けると，突然見たこともない記号が出てきてパニックに陥ってしまいます。そのような意味では，ここからがまさに高度な経済数学への登竜門と言ってもよいかもしれません。

　微分をすることで1変数関数の増減とグラフの形状を調べたように，これから学ぶ偏微分法を使うことで多変数関数のグラフの性質（増減や形状）を調べることができます。そして，その知識を応用して多変数関数の最大値や最小値を求めるのが最終的な目標です。

11.1　多変数関数とは

▶多変数関数のイメージ

　本章では，みなさんに多変数関数とそのグラフのイメージをつかんでもらうためにいくつかの例を紹介します。次の例題11.1を見れば多変数関数自体はそれほど難しいものではないということがわかるでしょう。

> **例題 11.1**
>
> 横の長さが $x_1$cm, 縦の長さが $x_2$cm の長方形の面積を $y$cm^2 とする。横の長さと縦の長さが決まれば, 長方形の面積は一意に定まるので, y は x_1 と x_2 の2変数関数と言える。このとき (1) 関数を式で表してみよう。また (2) 関数のグラフはどうなるだろうか。

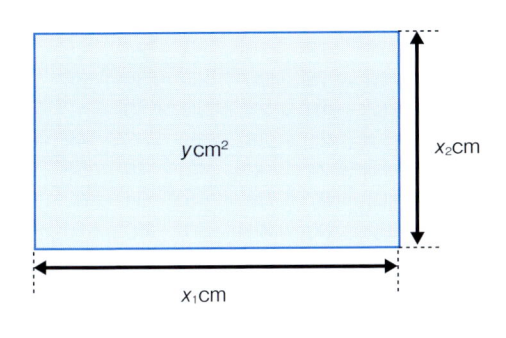

(1) 長方形の面積は横の長さと縦の長さの積なので, 関数の式は

$$y = f(x_1, x_2) = x_1 x_2$$

となります。ここで f はこの関数につけた名前で, $y = f(x_1, x_2)$ は面積 y が2つの変数 x_1 と x_2 の関数になっていることを示しています。そして, 式の右側の等号 $f(x_1, x_2) = x_1 x_2$ はこの関数の具体的な式を与えているのです。

(2) 次に, グラフはどのような形状になるでしょうか? x_1, x_2 が 0 から 10 までの整数の場合について調べてまとめると**表 11-1** のようになります。

「懐かしい」と感じた人もいるでしょう。これは小学校の掛け算で習う 100 マス計算の表ですね (0 の部分を除いて「九九」の表という場合もあります)。

表計算ソフトなどを使って, この表の棒グラフを作成すると**図 11-1** のような立体的な図形が現れます。

グラフは整数だけについて調べていますが, もっと細かく見ていくと, グラフは**図 11-2** のような滑らかな立体的曲面になることがわかります。

■表11-1 長方形の面積

		横の長さ x_1									
		0	1	2	3	4	5	6	7	8	9	10
縦の長さ x_2	0	0	0	0	0	0	0	0	0	0	0	0
	1	0	1	2	3	4	5	6	7	8	9	10
	2	0	2	4	6	8	10	12	14	16	18	20
	3	0	3	6	9	12	15	18	21	24	27	30
	4	0	4	8	12	16	20	24	28	32	36	40
	5	0	5	10	15	20	25	30	35	40	45	50
	6	0	6	12	18	24	30	36	42	48	54	60
	7	0	7	14	21	28	35	42	49	56	63	70
	8	0	8	16	24	32	40	48	56	64	72	80
	9	0	9	18	27	36	45	54	63	72	81	90
	10	0	10	20	30	40	50	60	70	80	90	100

■図11-1 棒グラフ表示

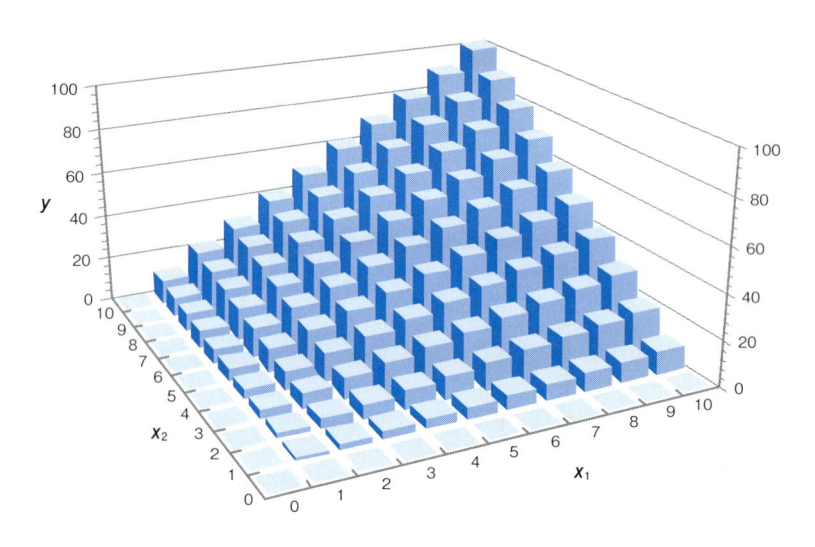

図11-1 と同じ角度から見ると，平面のようにも見えますが，図11-2 の右側の図のように見る角度を変えると曲面であることがよくわかります。2変数関数の3つの変数（ここでは x_1 と x_2 と y）の関係をグラフで表そうとすると，このような立体的なグラフになります。立体的なグラフは3次元グラ

■図11-2　$y=x_1 x_2$のグラフ

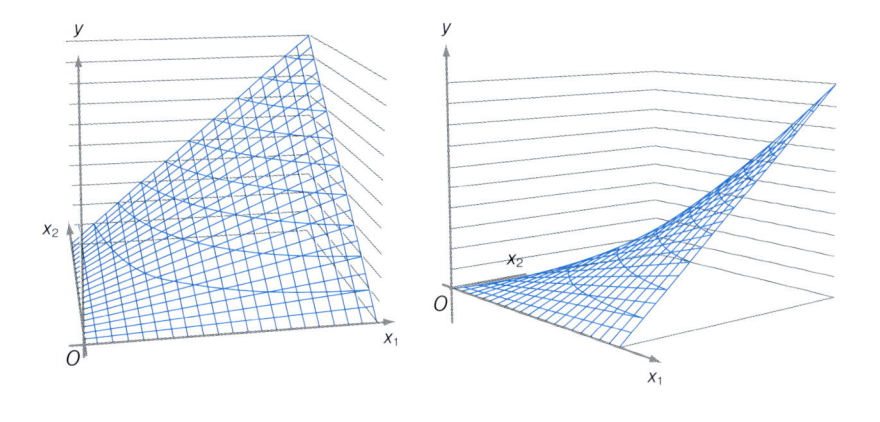

フ（通称3Dグラフ。Dは次元を意味するDimensionの略）とも言いますが，3つの次元は3つの変数に対応しています。

本書で扱う多変数関数は連続で，しかも微分できる関数です。「連続」とは，この場合グラフに切れ目や穴がないことを意味します。さらに微分できるということは，グラフが滑らかな曲面であること意味します。つまり，

微分可能な2変数関数のグラフは滑らかな曲面（立体）になる

のです。この例題11.1の関数は連続で微分できる関数のもっともシンプルな例です。

われわれの目的はこのようなグラフの性質を理解することですが，グラフが立体というのは少し厄介なことです。何が厄介かというと，立体的なグラフは紙の上に描くのが難しいのです。

1変数関数であれば，独立変数xにいくつかの具体的な数をあてはめて，対応する関数の値yを点で記し，それらを線で結ぶことで関数のグラフの大雑把なイメージをつかむことができました。しかし，2変数関数で同じことをやろうとすると困難にぶつかります。1つ変数が増えるだけで作業は大幅に複雑になり，注意深く丁寧に描いたとしても，なかなか上手にグラフを表現

することができません。

　これは空間（3次元）を紙という平面（2次元）の上に描くという無理をしているからです。空間の異なる2点を平面上に表すとそれらが重なってしまって区別できなくなることがあるためです。

　この困難を克服する方法を2つ紹介しましょう。

> ❖ コラム　2次元に3次元を描く魔術師：エッシャー
>
> 　立体的な図形を紙に描くのは簡単ではありません。これは3次元のものを2次元で表すという無理をしているからです。たとえば，3次元空間では異なる2点が，平面上では重なってしまって違いを表現できなくなったりします。普通の人にとってこれは厄介な問題ですが，逆手にとった天才もいます。下の有名なエッシャーの騙し絵はこの事実を巧みに利用してわれわれを不思議な錯覚に陥れます。

M.C.Escher's"*Waterfall*"©2009
The M.C. Escher Company-Holland. All rights reserved.
www.mcescher.com

▶ **方法1：グラフの断面を見る**

　立体の情報を，誤解を招くことなしに伝える一つの方法は，立体の断面を見るという方法です。その典型例とも言えるのが地図の<u>等高線</u>です。

　図 11-3 は榛名山の地図です。そこに描かれている等高線は地形を水平に

■図11-3 地図とその等高線

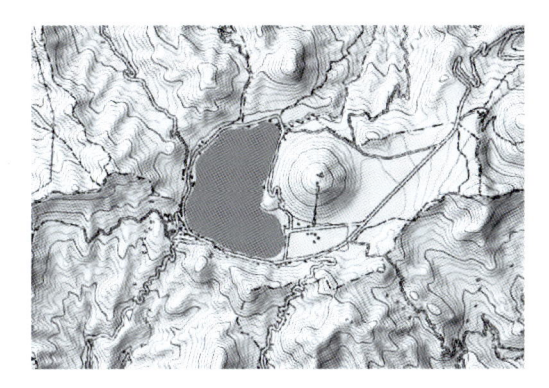

(注) 国土地理院の「数値地図50mメッシュ（標高）」を使用しています。
(CG作成) 品川地蔵。

切った断面を表しています。山登りをする人はこの等高線を見るだけで，山の立体的なイメージをかなり正確に思い浮かべることができます。

この手法は経済学でも頻繁に使われるので，少し練習しておきましょう。

> **例題 11.2**
>
> $y = x_1 x_2$ の $y = 1$ となる等高線のグラフを (x_1, x_2) 座標平面に描き入れなさい。

解答

y が 1 になる x_1 と x_2 の関係式は $x_1 x_2 = 1$ です。これを x_2 について解くと，

$x_2 = 1/x_1$

となります。これは (x_1, x_2) 座標平面における双曲線の方程式で，そのグラフは図11-4 の太線のようになります。

図 11-4 の細線はさまざまな y の値についての等高線です。山登りをしたことがある人なら，このグラフの形を想像できるでしょう。なだらかな山ですが右上に行くほど勾配がどんどん急になっていくことがわかります。

■図11-4　$y=x_1 x_2$の等高線のグラフ　　■図11-5　平面$x_2=2$で切った断面

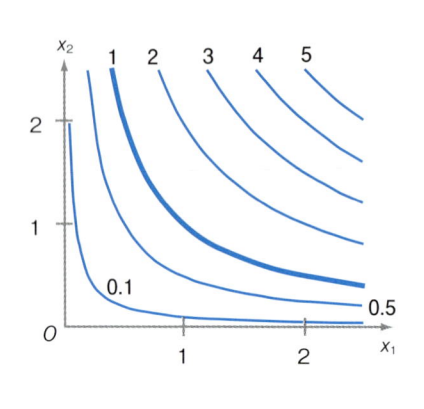

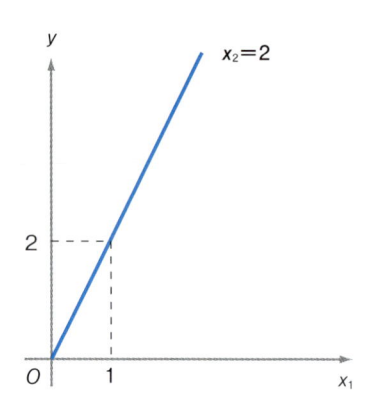

水平に切った断面ではなく，垂直に切った断面を見ることもあります。たとえば，x_2の値を2に固定して，x_1とyの関係を調べると図11-5のようになります。これはグラフを平面$x_2=2$で切った断面です。この断面もグラフの部分的な情報を正確に教えてくれます。

等高線が曲線なのに，垂直面$x_2=2$で切った断面が直線になるのは意外に思えるかもしれません。直線でも少しずつ傾きを変えながら重ねていくと曲面を作ることができるのです。ちなみに，この仕組みをうまく利用したのが螺旋階段で，直線的な材料から曲線的な構造を作り出しています。

このように，3つの変数のうちの1つを固定してしまえば，残る2つの関係を平面上のグラフに表すことができます。従属変数yを止めれば等高線という水平に切った断面が，独立変数の一方を止めれば，グラフを垂直に切った断面が得られます。次章で詳しく説明しますが，後者の断面の傾きを調べることが偏微分という作業なのです。

▶方法2：パソコンを使う

パソコンの表計算ソフトや数学解析ソフトを使うと，3次元のグラフを短時間で，きれいに描くことができます。本章に描かれた立体グラフもコンピュータソフトを使って作成しました。こうしたソフトは，平面上に立体を表現す

る難しさをどのように克服しているのでしょう。グラフをよく見ると色や影をつけることで立体を表現しています。色や影という追加的な情報を加える工夫によって困難を解消しているのです。

> **例題 11.3**
>
> 例題 11.1 と同じく横の長さが x_1 cm，縦の長さが x_2 cm の長方形において，その対角線の長さを z cm とすると，z は x_1 と x_2 の関数になる。この関数を式で表してみよう。また，グラフの形がどのようになるか調べてみよう。この関数は連続か。また，微分は可能か。

解答

長方形を対角線に沿って切ると直角三角形になります。対角線の長さ z cm はこの直角三角形の斜辺の長さなので三平方の定理より，

$$z = \sqrt{x_1^2 + x_2^2} = \left(x_1^2 + x_2^2\right)^{1/2}$$

となります。

このグラフの形を理解するために，等高線を考えてみましょう。対角線の長さ z が 1 になる x_1 と x_2 の組合せは，

$$\sqrt{x_1^2 + x_2^2} = 1$$

を満たします。この方程式は原点中心，半径 1 の円の方程式です。もちろん x_1 と x_2 は長さなのでマイナスの値はとりませんから，等高線は円周の一部となります。z の大きさを変えると，円の半径も同じように変化するので，等高線グラフは図 11–6A のようになります。

この等高線グラフから立体グラフの形がイメージできますか？ そうです。立体グラフは円錐を 4 分の 1 に切断したような形になります（図 11–6B）。

グラフは切れ目のない滑らかな曲面なので，この関数は連続であり，微分も可能です。

3 次元の情報を平面上に表す工夫として，地図の等高線を紹介しました。このことからわかるように，地形も 2 変数関数で表されます。ある地点は緯度

x_1 と経度 x_2 という 2 つの変数によって特定され，その地点の標高を y m とすれば，y は x_1 と x_2 の関数になります。地形というのは複雑なので式で表せないのが普通ですが，各地点の標高を注意深く調べていけば，関数のグラフを描くことができます。

■図11-6　等高線グラフと立体グラフ

A. 例題11.3の等高線グラフ

B. 例題11.3の立体グラフ

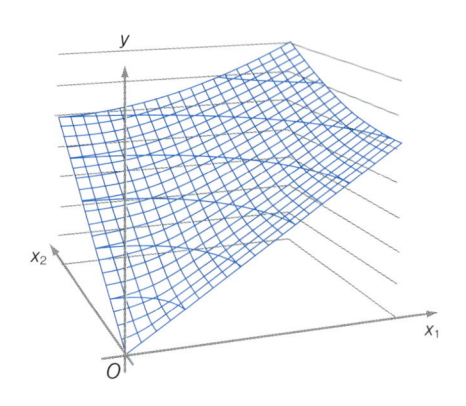

■図11-7　榛名山の鳥瞰図

（注）　国土地理院の「数値地図50mメッシュ（標高）」を使用しています。
（CG作成）　品川地蔵。

実際，地形の分析にコンピュータ画像を活用することが一般的に行われていますが，これは各地点の標高を緯度 x_1 と経度 x_2 の関数として表現できているから可能なのです。図 11-3 の元になっている関数情報を使って描かれた榛名山の鳥瞰図が図 11-7 です。各地点の標高データから立体的な図形のイメージをコンピュータでグラフ表示しているのです。

11.2　線形関数

1 個 50 円のミカン x 個と 1 個 100 円のリンゴを y 個買ったときの合計金額を z 円とすると，z は x と y の関数で，

$z = 50x + 100y$

という式で表されます。これは**線形関数**と呼ばれるとても重要な多変数関数で，変数の数が 2 つ程度なら

$z = ax + by + c$

のような形で，変数がもっと多い場合は，

$y = a_0 + a_1 x_1 + a_2 x_2 + \cdots + a_n x_n$

のような形で表されます（a, b, c, a_0, a_1, $\cdots$, a_n は定数）。線形関数と呼ばれるのは，ある特定の独立変数だけを変化させると，従属変数が直線的に変化していくからです。

2 変数関数の場合，線形関数のグラフはどのような形になるかわかりますか？　上の例の関数について，表計算ソフトを使ってグラフを作成すると図 11-8 のようになります。

これは平面です。等高線もグラフに描き込まれています。平面の等高線は必ず平行な直線になります。地図上に平行な等高線が並んでいたら，そこは傾斜のある平面のような地形と考えられます（初心者向けの広いスキーゲレ

■図11-8　$z=50x+100y$のグラフ

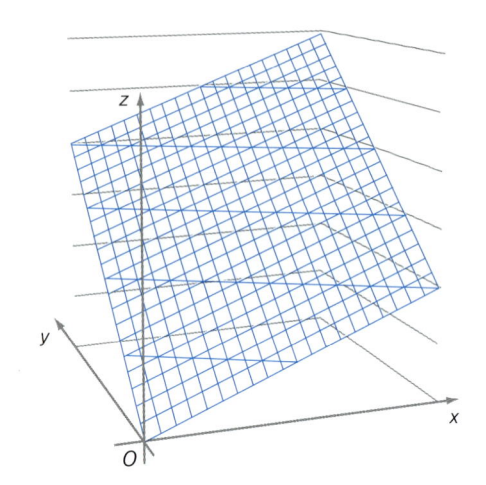

ンデを思い浮かべるとよいかもしれません）。ちなみに，この例では，xとyはミカンとリンゴの個数なので現実問題としては自然数しかとりえませんが，ここではプラスの実数値をとれると仮定してグラフを描いています。

11.3　経済学での例
：効用関数と生産関数

▶効用関数

　経済学において需要曲線はとても重要な概念です。このため，ミクロ経済学では「需要がどのように決まるのか」という問題を深く研究します。この問題はとても難しく現在も研究が続けられていますが，もっとも標準的なミクロ経済学では，消費者は「効用」を最大化するように消費行動，すなわち物に対する需要を決定すると考えます。

　「効用」というのは学術用語で，消費者が消費することから得る満足度を指します。われわれはいろいろな欲求を満たすために消費行動をしているのですから，消費をすることで何らかの満足を得ているはずです。何をどれだけ

買うかは，その人の好み，つまり，どのような消費行動からより高い満足を感じるかによって決まると考えられます。たとえば，コーヒーの好きな人はそうでない人よりもコーヒーを多く消費するでしょう。消費行動はその人の好みを反映したものになっているはずです。

このような考え方からミクロ経済学では，消費者が効用（満足）を最大にする消費選択をした結果として需要行動を分析します。そして，この需要行動分析から需要曲線が導出されます。

消費者の需要行動分析において，中心的な役割を果たすのが**効用関数**です。たとえば，小麦価格の上昇が米の需要にどのような影響を与えるかを分析する場合には，主食としてのパンの消費量を c_1，米の消費量を c_2 として，それらが決まると消費者の効用 u が一意に定まると仮定し，これを関数

$$u = U(c_1, c_2)$$

で表現して分析します。

❖コラム　効用への疑問

みなさんの中には，このような考え方に疑問を感じる人がいるかもしれません。それはとても自然なことですし，疑問をもつことはとてもよいことです。実際，「そもそも満足度を数字で表すことができるのか」とか「満足度はパンと米の消費だけで決まるのか」などの批判が昔からあります。また，「効用関数を式で表すことができるのか」という問題もあります。生物学や医学，心理学などの最新の研究成果を見ても，人間の行動にはまだまだ不可解なことがたくさんあります。そのような複雑な人間の行動を単純な効用関数ですべて説明できるということ自体，無理があるかもしれません。

こうした批判や問題にもかかわらず，効用関数を使った分析が経済学で標準的に使われているのは，このように単純に考えることのメリットがデメリットよりも大きいと経済学者は考えているからです。

実際，効用関数を前提にして，分析をすることで現実の消費者の需要行動をより簡単に，深く理解することができます。そこから導出されたシンプルな需要曲線という道具を使えば，価格や取引量の変化を適切に予測することもできます。もちろん，前提が著しく不適切であるために，適切な予想ができない場

合もあるかもしれません。そのような問題を克服するために前提を変更，修正していくことで経済学は発展していくのです。

▶生産関数

消費者行動分析の主役が効用関数であるのに対して，生産者（企業）行動分析の主役になるのが生産関数です。生産関数は，複数の生産要素（労働や資本など生産に使う投入物）の組合せに対して，企業が生産可能な生産物の量を対応させる関数です。前章で学んだ生産関数は生産要素が労働だけだったので1変数関数になりましたが，実際には企業は多種類の投入物から生産を行っていますので，その行動をより詳細に分析するには多変数関数で生産関数を表現しなければなりません。

しかし，種類を増やせばそれだけ分析も複雑になるため，企業行動分析では類似の投入物をまとめて一つの投入物とみなすなどして必要最低限の投入物に絞って分析を行います。たとえば，労働以外の投入物には土地，工場や店舗，事務所などの建物，その中にある機械や道具など実に多様なものがあります。経済学ではそれらすべてをひっくるめて「資本」として，生産関数を2変数関数で表現することがよくあります。資本の投入量を K，労働の投入量を L として，それらが決まるとある企業の生産量 Y が一意に定まると仮定し，これを次のような関数式で表現します。

$$Y = F(K, L)$$

▶効用関数と生産関数の類似点

効用関数は消費者の好みを表し，生産関数は企業の生産技術を表すので両者はまったく異なるものです。しかし，効用関数と生産関数には多くの類似点があります。

(1) 独立変数の値が大きくなればなるほど，従属変数の値も大きくなる。

普通，消費量が多くなれば効用（満足）も大きくなります。生産でも投入物が増えれば，生産量が増えるのは自然なことです。この性質は数学的には**単**

調性と呼ばれます。

(2) バランスのとれた組合せが好まれる。

　消費者は実に多様な財を消費しています。どんなにコーヒーが好きな人でも，コーヒーだけを消費していては生きていけません。生理的な理由から人々は生活に必要なものをバランスよく消費しようとします。ぜいたく品のようなものでも，1種類のものをたくさん欲しいと思う人は少なく，映画や旅行や貴金属，美術品など多様なものを手に入れたいと思うのが普通のようです。

　生産でも同じで，労働だけで，あるいは資本だけで生産するのではなく，労働と資本を組み合わせて生産するのが普通です。生産工程を機械化することで，労働者がやっている仕事を資本で置き換えることは可能ですが，限界があります。機械を操作する人までロボットに置き換えようとすると大変なコストがかかってしまいます。

　この性質は経済学的には代替が不完全であると言います。代替が完全であるというのは，ある消費財（投入物）をほかの消費財（投入物）に置き換えてもまったく問題が起こらないことを指します。しかし，一般に消費でも生産でも置き換えには限界があります。

　消費者は，こうした好みの下で満足を最大にする消費財の組合せを選び，企業は利潤を最大化する生産要素投入の組合せを選びます。効用関数における消費財の種類，生産関数における生産要素の種類はいずれも何種類でもよいのですが，入門レベルの経済学では2種類に限定して分析することがよくあります。こうすれば効用関数も生産関数も2変数関数になり，そのグラフが3次元のグラフになるからです。本書でも2変数関数の理解を最優先して議論を進めていくことにします。ちなみに3種類以上の場合には，グラフが4次元以上になってしまうので，グラフの全体像をイメージすることが難しくなります。

　効用関数や生産関数は，地形の場合と同様に式に書けるほど簡単ではないかもしれません。このため，ミクロ経済学では効用関数や生産関数が満たしているべき条件をいくつかあげて，可能な限り関数の式を特定せずに議論を進めようとします。

　しかし，具体的な式がないと関数のイメージがわかず理解しづらいため，簡

単な関数の型を使って分析をすることがよくあります。

経済学でもっとも頻繁に使われる関数の型は，以下の **Cobb-Douglas**（コブ=ダグラス）型関数です。

> ● **Cobb-Douglas 型関数**
>
> $$U(c_1, c_2) = a \cdot c_1^{\alpha} c_2^{\beta} \qquad F(K, L) = a \cdot K^{\alpha} L^{\beta}$$
>
> 効用関数　　　　　　　生産関数

類似点 (1) を満たすためには，定数 a と α と β はすべてプラスの数でなければなりません。はじめて見ると難しく見えるかもしれませんが，べき乗則さえ使えれば扱いはとても簡単です。ちなみに $a = \alpha = \beta = 1$ の場合には，例題 11.1 と同じ関数式になります。

Cobb-Douglas 型関数はとても扱いやすいのですが，実際に消費者行動をデータに基づいて分析する際には，この関数では簡単すぎて役に立ちません。そのような場合は次の **CES 型関数**をよく使います。

> ● **CES 型関数**
>
> $$U(c_1, c_2) = [a \cdot c_1^{\rho} + b \cdot c_2^{\rho}]^{1/\rho} \qquad F(K, L) = [a \cdot K^{\rho} + b \cdot L^{\rho}]^{1/\rho}$$
>
> 効用関数　　　　　　　　　　　生産関数

類似点 (1) を満たすためには，定数 a と b はプラスの数でなければなりません。さらに，類似点 (2) を満たすためには，ρ は 1 より小さい（0 を除く）実数でなければなりません。CES とは Constant Elasticity of Substitution の略で日本語に直すと「代替の弾力性が一定」という意味です。類似点 (2) で説明したとおり，ある消費財（投入物）をほかの消費財（投入物）に置き換えることを代替と言いますが，それがどれぐらい簡単であるかを示しているのが「代替の弾力性」という概念です。

効用関数の代替の弾力性は消費財の関係に依存します。たとえば，鶏肉と

豚肉であれば代替はある程度可能でしょうが，肉類と野菜との代替は難しいでしょう。豚肉は鶏肉の代わりになりますが（豚肉があれば鶏肉がなくてもあまり困らない），肉類で野菜の代わりにはなりません（肉類で野菜の栄養を補うのは難しい）。もちろん，消費者の好みにも依存します。豚肉が食べられない人にとっては，豚肉は鶏肉の代わりにはなりません。

ρ が 0 のとき関数は定義できませんが，それにあたるのが Cobb-Douglas 型関数になります。CES 型関数は少し高いレベルの経済学を学ぶ人にとっては必須の知識ですが，扱い方を間違えると計算が複雑になってしまいます。以降の章では CES 型関数の扱い方のコツも紹介しますので，上手に CES 型関数を扱えるようになりましょう。ちなみに a と b がともに 1 で ρ が 2 になると，関数の形が例題 11.2 と同じになります。

以上，多変数関数の例をいくつか紹介しましたが，イメージがつかめたでしょうか。紹介したのは主に 2 変数関数です。応用上でも 2 変数関数がもっとも頻繁に登場するので，まずはこれを理解することが重要です。

そして，2 変数関数が理解できたら，次のステップとして 3 変数以上の関数を考えるというのが自然な学習方法です。上述のとおり，独立変数が 3 つ以上になるとすべての独立変数と従属変数の関係をグラフに表すことができなくなってしまいます。パソコンを使っても描けません。それではどうするかというと，断面を見るのです。断面を見る方法は，3 変数以上の関数でも相変わらず利用可能なのです。

たとえば 3 変数関数の場合，3 つの独立変数のうちの 2 つを固定してしまえば，残る 1 つの独立変数と従属変数の関係は簡単に調べることができ，それを平面上にグラフで表すこともできます。そもそも全体のグラフが表せないのですから，このグラフを「全体のグラフ」の断面と表現するのは不適当かもしれません。しかし，変数間の関係を理解するためにはとても有効な方法なのです。

実は，次章で学ぶ偏微分はまさにこのようなアイデアから誕生した概念なのです。「独立変数がたくさんあるときには，すべての独立変数を同時に考えるのではなく，1 つの独立変数だけに注目して（それ以外の独立変数はすべて

固定して），それが従属変数に与える影響を微分法を使って調べてみよう」，これが偏微分の基本的なアイデアです。1つの独立変数だけに「偏って」微分するから偏微分と呼ばれるのです。そう考えれば偏微分なんてたいして難しくないと思えるでしょう。

▶多変数関数マスターのコツ

では，多変数関数を理解する際の最大の難関は何でしょうか？それは，まさに変数が増えて話が複雑になっていることです。偏微分が難しいのではなくて，考えている問題が複雑なのです。AがCに与える影響を分析するよりも，AとBがCに与える影響を分析するほうがずっと難しいのです。2から3になるので，話が1.5倍難しくなるかというと，そうではありません。感覚的には2倍から3倍難しく感じるはずです。実際の経済分析でも変数が増えれば，分析の途中で「あれ？xは何だったかな？」と変数の意味を忘れてしまうことがあります。変数が増えればそれだけ覚えるのが大変になります。

また，どの変数を固定し，どの変数に注目をしているのかを強く意識して分析をしないと，途中で自分が何をやっているのかがわからなくなってしまうということも起こります。集中力や記憶力も必要です。記憶が苦手な人は，やっていることをノートにメモしながら計算をすすめることで混乱を解消することができます。問題が複雑になっていることを自覚し，混乱しないように注意や工夫をすることが偏微分法をマスターするコツなのです。

章末問題

問 11.1 Cobb-Douglas 型関数

以下の効用関数は Cobb-Douglas 型関数である。

$$u = U(c_1, c_2) = \sqrt{c_1 c_2}$$

(1) $U(c_1, c_2) = a \cdot c_1^{\alpha} c_2^{\beta}$ の形に書き換えるとき，a，α，β の値はそれぞれいくらになるか。

(2) 第1財の消費量 c_1 が3で第2財の消費量 c_2 が12のとき効用水準 u はいくらになるか。

(3) 効用 u の値が 3 となる等高線の方程式を求め，そのグラフを (c_1, c_2) 平面に描け．

問 11.2　CES 型関数

以下の CES 型生産関数について以下の問いに答えよ．

$$Y = F(K, L) = [K^\rho + L^\rho]^{1/\rho}$$

(1) $\rho = 1$ のとき，$Y = 1$ の等高線グラフを (K, L) 平面に描け．この関数の立体グラフはどのような形になると予想されるか．
(2) $\rho = 0.5$ のとき，$Y = 1$ の等高線グラフを (K, L) 平面に描け．
(3) $\rho = -1$ のとき，$Y = 1$ の等高線グラフを (K, L) 平面に描け．

問 11.3　Leontief（レオンチェフ）型関数

あるお店では牛乳と砂糖だけでアイスクリームを作っている．そのアイスクリームは牛乳と砂糖を 3 対 1 の比率で混ぜて作られている．たとえば牛乳 300cc に対して，砂糖を 100g の割合で混ぜると 400g のアイスクリームができる．牛乳 Mcc と砂糖 Sg からできるアイスクリームの量を Ig とするとき，以下の問いに答えよ．

(1) $M = 400$，$S = 400$ のときの I を求めよ．
(2) I は M と S を独立変数とする 2 変数関数である．関数関係を式あるいは言葉で表せ．
(3) $I = 500$ となる等高線のグラフを (M, S) 平面に描け．
(4) 関数の立体グラフはどのような形になるか．

第12章

偏微分

本章の目的

　前章で簡単に触れたように，偏微分とは大雑把に言うと，「複数ある独立変数のうち1つの独立変数だけに注目して多変数関数を微分すること」です。多変数関数の性質を調べるためのとても大事な作業ですが，基本的には微分と同じです。しかし，変数の数が増えているので，「どの変数の変化に注目しているのか」を強く意識しないと自分が何をやっているのかを見失ってしまいます。そうならないように注意しましょう。
- 偏微分係数と偏導関数の概念を理解する。
- 多変数関数の偏導関数を計算で求めることができる。
- 偏導関数から偏微分係数を調べることができる。

12.1　偏微分係数
：2変数関数の場合

　上に述べたように，偏微分とは多変数関数をある1つの独立変数だけについて微分することを意味します。2変数関数 $y = f(x_1, x_2)$ には，x_1 と x_2 の2つの独立変数がありますが，まず x_1 で微分することを考えましょう。x_1 で微分するときには，x_1 以外の独立変数（ここでは x_2）を固定します。たとえば，x_2 の値を a_2 に固定して，独立変数 x_1 が関数の値 y に与える影響を調べます。これは図12-1の左のグラフのように関数のグラフを垂直面（$x_2 = a_2$）

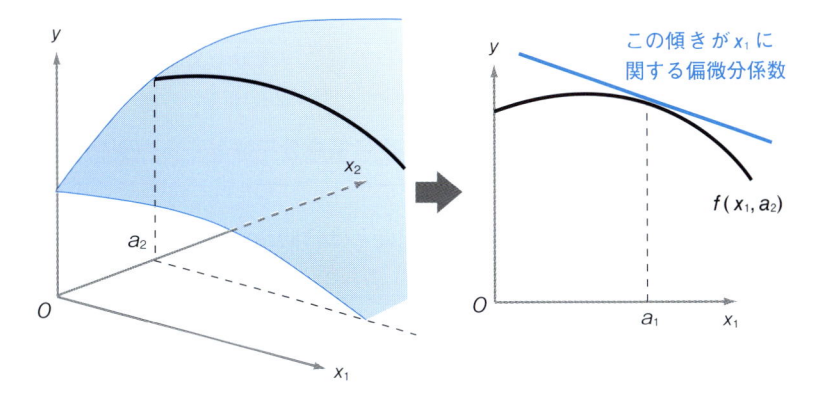

■図12-1　x_1に関する関数$f(x_1, x_2)$の偏微分

で切断した断面を見ることを意味します。

図12–1 の右のグラフがその断面図 $y = f(x_1, a_2)$ のグラフです。このように，x_2 が a_2 から変化しないのであれば，関数 y の値は x_1 だけによって決定されるので，もはや $y = f(x_1, a_2)$ は 1 変数関数です。

この 1 変数関数の微分係数こそが，x_1 に関する関数 f の偏微分係数です。ほかの独立変数は固定して，x_1 だけに関する微分係数を考えているので，「偏った」微分係数と言うのです。つまり，微分係数の概念と偏微分係数の概念はほとんど同じものなのです。

具体的には，図 12–1 の右のグラフのように $x_1 = a_1$ のところで断面 $y = f(x_1, a_2)$ のグラフに接線が引けるとき，その接線の傾きを

$(x_1, x_2) = (a_1, a_2)$ における x_1 に関する関数 f の偏微分係数

と呼び，

$$\frac{\partial f(a_1, a_2)}{\partial x_1} \qquad f_{x_1}(a_1, a_2) \qquad f_1(a_1, a_2)$$

のように表記します。微分係数に多様な表記があったように，偏微分係数にも多様な表記があります。初学者にありがちな間違いは

$$f'(a_1, a_2)$$

と書いてしまうことです。書いている本人は x_1 か x_2 のどちらかで微分しているのでしょうが，この表記ではどちらの変数で微分しているのかほかの人にはわかりません。上の 3 つの表記法では，いずれも x_1 で微分したことがわかるように書かれています。このように偏微分ではどちらの変数で微分したのかを明らかにしなければならないのです。

数式を使った定義式も微分係数の定義とほぼ同じです。

> ● 偏微分係数の定義式
>
> $$\frac{\partial f(a_1, a_2)}{\partial x_1} \equiv \lim_{\Delta x_1 \to 0} \frac{f(a_1 + \Delta x_1, a_2) - f(a_1, a_2)}{\Delta x_1}$$

微分係数の定義式との違いは，関数が 2 変数関数であって，x_2 の値が a_2 に固定されている点だけです。

> **例題 12.1**
>
> 関数 $f(x_1, x_2) = x_1 x_2$ において，x_2 の値を 3 に固定するとき，$y = f(x_1, 3)$ のグラフがどうなるかを考えて，偏微分係数 $\dfrac{\partial f(2, 3)}{\partial x_1}$ を求めてみよう。

解答

x_2 の値を 3 に固定すると，

$$y = f(x_1, 3) = 3x_1$$

となります。このグラフは原点を通る傾き 3 の直線です。偏微分係数 $\partial f(2, 3)/\partial x_1$ はこのグラフの $x_1 = 2$ のときの傾きですが，傾きは x_1 の値にかかわらず 3 で一定なので，

$$\frac{\partial f(2, 3)}{\partial x_1} = 3$$

となります。

▶偏微分係数の意味

微分係数と偏微分係数は本質的に同じで，グラフ上では接線の傾き，直感的には独立変数が関数の値に与える影響を表しています。もう少し詳しく見てみましょう。

接線の傾き

ここまでの説明から明らかなように，偏微分係数は微分する変数以外を固定することで得られる断面グラフの接線の傾きを表します。例題 12.1 の偏微分係数 $\partial f(2,3)/\partial x_1$ は x_1 で偏微分しているので，これは x_2 の値を 3 に固定して得られる断面 $y = f(x_1, 3)$ のグラフの $x_1 = 2$ における接線の傾きです。

実はこの接線は，$y = f(x_1, x_2)$ の 3 次元グラフの点 $(2,3)$ における接線でもあります。しかし，3 次元グラフの接線という表現をする場合には注意が必要です。3 次元グラフには点 $(2,3)$ で接する接線がたくさん存在するからです。例として，ヘルメットに接している針金を想像してください。今，針金はヘルメットに 1 点で接しています。針金をヘルメットに押しあてたまま，その接点を中心にして針金を回転させることができますね。元の直線も，回転して角度が変わった直線もすべて同じ点で曲面に接する接線ですから，「ある点で曲面に接する直線」は数えきれないほど存在することがわかります。

「$y = f(x_1, x_2)$ の 3 次元グラフの点 $(2,3)$ における接線」という表現だけでは，それらのうちのどれなのかがわかりません。「x_2 軸に垂直な接線」とか「(x_1, y) 平面と平行な接線」あるいは「x_2 の値が 3 で固定された接線」などという表現を加える必要があります。

直感的な意味

経済学のように応用で数学を使う場合には，グラフよりも次のような直感的な意味を理解していることのほうが大事です。

偏微分係数 $\partial f(a_1, a_2)/\partial x_1$ は，状態 $(x_1, x_2) = (a_1, a_2)$ から，
① x_1 だけが微少に増加したとき，y がその何倍増加するか，あるいは
② x_1 だけが 1 単位増加したとき，y がおよそ何単位増加するか，
を示す。

後者の表現は若干曖昧ですが，経済学者がよく使う表現です。

この直感的な意味の表現は，偏微分係数の「偏った」というイメージを的確に表現しています。それは1つの変数の変化だけに注目しているというイメージです。多変数関数では，関数の値に影響を与える独立変数が複数あります。その中の1つだけに注目して，それが関数の値に与える影響を調べる，これが偏微分なのです。

さて，ここまでは x_2 を固定して x_1 に関する偏微分係数を考えましたが，逆ももちろん可能です。上の直感的意味の x_1 を x_2 に置き換えたものが偏微分係数 $\partial f(a_1, a_2)/\partial x_2$ です。つまり，$\partial f(a_1, a_2)/\partial x_2$ は状態 $(x_1, x_2) = (a_1, a_2)$ から，

① x_2 だけが微少に増加したとき，y がその何倍増加するか，あるいは
② x_2 だけが1単位増加したとき，y がおよそ何単位増加するか，

を示しているのです。

本書ではほとんど扱いませんが，微分できない関数があるように，偏微分できない関数もあります。断面グラフが不連続であったり，屈折していたりすれば，そこでは偏微分係数が定められません。

12.2 偏導関数

独立変数の値が変わればグラフの接線の傾きも変わる。この関係を調べたものが導関数でした。偏微分係数

$$\frac{\partial f(a_1, a_2)}{\partial x_1} \qquad \frac{\partial f(a_1, a_2)}{\partial x_2}$$

の値も変化の基準点 (a_1, a_2) が異なれば変化します。つまり，偏微分係数は基準点となる独立変数の組合せの関数です。この関数を**偏導関数**と言い，元の関数から偏導関数を求める作業を「**偏微分**」と言います。

注意しなければならないのは，関数 f には独立変数の数だけ偏導関数が存在することです。2 変数関数 $f(x_1, x_2)$ には，2 つの偏導関数

$$\frac{\partial f(x_1, x_2)}{\partial x_1} \qquad \frac{\partial f(x_1, x_2)}{\partial x_2}$$

が存在します。これらは明確に区別されなければなりません。前者は「x_1 に関する f の偏導関数」，後者は「x_2 に関する f の偏導関数」です。ただ単に「偏微分しなさい」と言われた場合，通常両方を求めなければなりません。

偏導関数の表記も複数あります。x_1 に関する関数 $y = f(x_1, x_2)$ の偏導関数は次のように表現されます。

$$\frac{\partial f(x_1, x_2)}{\partial x_1} \qquad f_1(x_1, x_2) \qquad \frac{\partial f}{\partial x_1} \qquad \frac{\partial y}{\partial x_1}$$

やはり，偏導関数も $f'(x_1, x_2)$，y' などと書いてはいけません。これらの表記では，一体どちらの変数で偏微分をしたのかがわからないからです。

最後に，偏導関数の定義式は次のようになります。応用上あまり使いませんが，より高いレベルを目指す人は違いを確認して理解するようにしましょう。

●偏導関数の定義式

$$\frac{\partial f(x_1, x_2)}{\partial x_1} \equiv \lim_{\Delta x_1 \to 0} \frac{f(x_1 + \Delta x_1, x_2) - f(x_1, x_2)}{\Delta x_1}$$

$$\frac{\partial f(x_1, x_2)}{\partial x_2} \equiv \lim_{\Delta x_2 \to 0} \frac{f(x_1, x_2 + \Delta x_2) - f(x_1, x_2)}{\Delta x_2}$$

▶偏導関数の計算方法

さて，実際に計算によって偏導関数を求めてみましょう。やり方は簡単です。偏微分する独立変数以外は定数とみなして，微分すればよいのです。

> **例題 12.2**
>
> $y = x_1 x_2$ を偏微分してみよう。

まず，注意したいことは，偏導関数には x_1 に関するものと x_2 に関するものの2つがあることです。x_1 に関する偏導関数を求める際には，x_2 を定数とみなします。x_2 を定数とみなすと，関数は「$y = $ 定数 $\times x_1$」となりますから，これを x_1 で微分すると x_1 の係数だけが残りますね。したがって，

$$\partial y / \partial x_1 = x_2$$

となります。同様に，x_2 に関する導関数は

$$\partial y / \partial x_2 = x_1$$

となります。

計算自体は簡単ですね。でも結果を見て納得できますか？「x_1 で微分したら x_2 が出てきて，x_2 で微分したら x_1 が出てくるのは変な気がする」と言う人がいるかもしれません。確かに，この式だけを見ると変ですが，関数と偏導関数の意味を思い出してみましょう。

この関数は，前章の例題 11.1 の，横の長さ x_1，縦の長さ x_2 の長方形の面積を与える関数と同じです。この関数を x_1 で偏微分した偏導関数は「ある独立変数の組合せ (x_1, x_2) から，横の長さ x_1 だけを微小に増加させたときに，面積がその何倍増加するか」を意味しています。長方形の横の長さだけが長くなると，面積は大きくなりますが，その変化は

縦の長さ (x_2) ×横の長さの変化 (Δx_1)

となります。つまり，面積は横の長さの変化 (Δx_1) の縦の長さ (x_2) 倍変化します（たとえば縦の長さが3のときには，横の長さの増加分に対して面積はその3倍増加します）。だから，「横の長さ x_1 に関する偏導関数 $\partial y / \partial x_1$ は縦の長さ，すなわち x_2 に等しい」という計算結果は正しいのです。

偏微分の計算では，固定したはずの変数で微分をしてしまう……などという計算ミスが多発します。このため，計算結果が正しいかどうかを確認す

る必要があるのですが，そのときにこのような偏微分の意味をちゃんと考えてみると，些細な計算ミスはすぐに見つかります。ただ機械的に計算をするだけでなく，どうしてそうなるのかを考える習慣をつけるようにしましょう。

> **例題 12.3**
>
> $z = (x_1^2 + x_2^2)^{1/2}$ を偏微分してみよう。

解答

x_1 に関する偏導関数を求める際には，x_2 を定数とみなします。この関数は 2 次関数と無理関数が合成された形になっているので，合成関数の微分法を使います。

$$\frac{\partial z}{\partial x_1} = \frac{1}{2}\left(x_1^2 + x_2^2\right)^{-1/2} \times 2x_1 = \frac{x_1}{(x_1^2 + x_2^2)^{1/2}}$$

同様に，x_2 に関する偏導関数は，

$$\frac{\partial z}{\partial x_2} = \frac{x_2}{(x_1^2 + x_2^2)^{1/2}}$$

となります。

この問題でも計算結果の意味を考えてみましょう。この関数は前章の例題 11.2 で紹介した関数で，横の長さ x_1，縦の長さ x_2 の長方形の対角線の長さ z を与える関数です。つまり，x_1 に関する偏導関数は「横の長さ（x_1）が変化したとき，対角線の長さ（z）がどれだけ変化するか」を示しています。x_1 に関する偏導関数を注意深く見ると，分母は対角線の長さ（z）に等しく，また分子は変化する横の長さ（x_1）となっています。対角線の長さは長方形のどの辺の長さよりも長いので，偏導関数の値（つまり偏微分係数）は常に 1 未満です。これは横の長さが伸びても，対角線の長さはその伸びた分以上には伸びないことを意味しています。実際そうなるのですが，イメージできますか？ さらに，計算結果から次のことも言えます。

> 対角線の長さに比べてどちらか一辺の長さが著しく短い場合には，その辺の長さが伸びても対角線の長さはたいして伸びない。

たとえば，横の長さ x_1 が 1cm で対角線の長さ z が 100cm の長方形を考えましょう（この場合縦の長さは 100cm より少しだけ短くなります）。これは縦長の細長い長方形です。横の長さを 1mm 伸ばしたとき，偏微分の結果から対角線の長さはおよそ 1/100mm だけ伸びると言えます。実際，対角線の長さはほとんど変わらないと予想されますね。

逆に，横の長さが 100cm で対角線の長さが 101cm の長方形では，横の長さが微小に 1mm 伸びると，対角線もそれとほぼ同じだけ伸びると予想されます。計算結果は間違っていないのです。

12.3　n 変数関数の偏微分

ここまでは 2 変数関数の偏微分係数と偏導関数の話をしてきました。これら偏微分の概念は独立変数が 3 個以上の関数についても，自然にあてはめることができます。独立変数が 3 個以上あっても，1 つ以外を全部固定してしまえば，1 変数関数になってしまいます。それを微分したものが偏導関数です。

> **例題 12.4**
>
> 5 変数関数 $f(x_1, x_2, x_3, x_4, x_5)$ が与えられたとき，偏微分係数
>
> $$\frac{\partial f(3, 2, 5, 8, 9)}{\partial x_3}$$
>
> は何を意味するか。

解答

まず，この式の読み方ですが，「$(x_1, x_2, x_3, x_4, x_5) = (3, 2, 5, 8, 9)$ における x_3 に関する関数 f の偏微分係数」と読みます。

これは $(x_1, x_2, x_3, x_4, x_5) = (3, 2, 5, 8, 9)$ の状態，すなわち $x_1 = 3$, $x_2 = 2$, $x_3 = 5$, $x_4 = 8$, $x_5 = 9$ の状態から，x_3 だけが微小に増加したときに関数 f の値がその何倍変化するかを示しています。

グラフ上での意味は，x_3 以外を $x_1 = 3$, $x_2 = 2$, $x_4 = 8$, $x_5 = 9$ に固定した関数 $f(3, 2, x_3, 8, 9)$ のグラフの $x_3 = 5$ における接線の傾きです。

2 変数関数では，偏導関数をグラフ全体上での接線としても解釈できました。しかし，この例のように独立変数が 3 個以上の場合は全体のグラフ（この場合 6 次元空間上のグラフということになります）は描けませんので，そのような解釈は普通しません。

▶ まとめ

要点をまとめておきましょう。偏微分とは，独立変数のうちの 1 つに関して関数を微分することです。多変数関数には，独立変数の数だけ偏導関数が存在します。したがって，単に偏微分するというときはすべての偏導関数を求めます。やっている作業は微分と変わりませんが，どの変数を固定して，どの変数で微分するのかを強く意識していないと，混乱して計算ミスが多発します。計算に自信がある人でも，意味を考えて，結果が間違っていないかどうかを確認する慎重さが欲しいところです。

章末問題

問 12.1 基礎概念確認

$\partial f(a_1, a_2)/\partial x_2$ とは何ですか。以下の空欄を埋めよ。

(1) 点 ＿＿＿＿＿ における，＿＿＿ に関する ＿＿＿＿＿ の ＿＿＿＿＿。
(2) 定義式を完成させなさい。

$$\frac{\partial f(a_1, a_2)}{\partial x_2} \equiv \lim_{\to 0} \underline{}$$

(3) ＿＿＿ の値を ＿＿ に固定した 1 変数関数 ＿＿＿＿＿ のグラフの $x_2 = $ ＿＿ における接線の傾き。
(4) $y = f(x_1, x_2)$ の 3 次元グラフの点 ＿＿＿＿＿ における ＿＿ 軸に垂直な接線の傾き。

問 12.2 応用問題

円柱の体積 V は底円の半径 r と高さ h の 2 変数関数である。関数の式を明らか

にして，偏微分しなさい。また計算結果の意味を考えなさい。

問 12.3　経済学への応用
次の Cobb-Douglas 型生産関数を偏微分しなさい。

$$F(K, L) = a \cdot K^\alpha L^\beta$$

(ただし，a, α, β はすべてプラスの定数とする。)

問 12.4　経済学への応用
次の CES 型効用関数を偏微分しなさい。

$$U(c_1, c_2) = [a \cdot c_1^\rho + b \cdot c_2^\rho]^{1/\rho}$$

(ただし，a, b はプラスの定数，ρ は 1 以下の 0 でない定数とする。)

第13章

接平面の方程式と全微分

本章の目的

　2 変数関数の立体グラフの形状を調べる上で，立体グラフに接する接平面の方程式がわかるととても便利です．偏微分ができれば，接平面の方程式は簡単にわかります．そして，接平面の方程式の意味を考えることで，全微分という新しい概念を導きます．
- 平面の方程式の性質を理解する．
- 2 変数関数の接平面の方程式を導く．
- 全微分の意味を理解する．

13.1 平面の方程式

　(x, y) 平面における直線は $y = ax + b$ という方程式で表されます（ただし，垂直な直線を除く）．実際，この式を満たす点 (x, y) を調べていくと，それらが直線上に並んでいることがわかります．傾きが a，y 切片が b の直線です．

　この知識を自然に発展させると平面の方程式が得られます．(x, y, z) 空間における平面は

> ● 平面の方程式
>
> $z = ax + by + c$ 　　（a, b, c は定数）

という方程式で与えられます（ただし、垂直な平面を除く）。これは第 11 章で学んだ線形関数の式です。線形関数の立体グラフが平面になることをそこで学びましたね。

さて、接平面の話に入る前に平面の方程式と空間図形の表現に慣れておきたいので、少し練習問題をやってみましょう。

例題 13.1

平面 $z = 3x - 2y + 4$ が与えられている。
(1) 次の点のうち、平面上にある点はどれか。
　　A : $(1, 2, 3)$　　B : $(1, 1, 1)$　　C : $(0, 0, 0)$　　D : $(2, 5, 0)$
　　E : $(0, 1, 2)$
(2) この平面の高さ $z = 0$ となる等高線の方程式を求め、図示せよ。その傾きはどうか。
(3) 等高線の高さを変えると、等高線の傾きはどのように変わるか。
(4) この平面を垂直面 $y = 2$ で切った断面の方程式を求め、図示せよ。
(5) y を固定して、x だけが 5 増加すると、z はどれだけ増加するか。

解答

(1) 点の座標をあてはめて平面の方程式が成り立てば、その点は平面上にあることになります。たとえば、$(1, 2, 3)$ をあてはめてみましょう。つまり、$x = 1$, $y = 2$, $z = 3$ ですから、

　　左辺：$z = 3$

　　右辺：$3x - 2y + 4 = 3 \times 1 - 2 \times 2 + 4 = 3$

となり、左辺と右辺が等しいので方程式は成立します。よって、点 A は平面上の点です。まったく同じように調べると、ほかに D と E が平面上にあり、B と C は平面上にないことがわかります。ある点が平面上にあるかどうか、別の言い方をすると、平面がその点を通るかどうかは、このように簡単に調べられます。

(2) $z = 0$ のとき、x と y は $0 = 3x - 2y + 4$ という関係になります。これが等高線の方程式です。あるいは、この式を y について解いた式、

　　$y = 1.5x + 2$

でもよいでしょう。少し厳密なことを言うと，(x, y, z) 空間における等高線の方程式という場合，$z = 0$ と $y = 1.5x + 2$（あるいは $0 = 3x - 2y + 4$）の 2 つの式で表すのが正しい方法です。$y = 1.5x + 2$ だけで $z = 0$ がないと，z は何でもよいと誤解され，垂直な平面とみなされてしまうからです。

　空間図形に慣れていない人のために，少し補足をしましょう。$z = 0$ は単独では水平な平面を意味します。一方，$y = 1.5x + 2$ は単独では垂直な平面を意味します。$z = 0$ と $y = 1.5x + 2$ の 2 つの式が表す図形とは，2 つの式を同時に満たす点の集まりであり，対応する 2 つの平面の交わり（共有点）となります。2 つの平行でない平面の交わりは 1 本の直線になります。ここで求めた等高線は $z = 0$ と $y = 1.5x + 2$ という 2 つの平面が交わる直線なのです。

　さて，これを図示します。$z = 0$ を固定した (x, y) 平面に描くと図 **13-1** のようになります。等高線の傾きは 1.5 ですね。ちなみに，このグラフが描かれた (x, y) 平面は (x, y, z) 空間における $z = 0$ となる点の集まりです。(1) の 5 つの点のうち点 C と点 D は $z = 0$ なので，この平面上に現れます。C は原点，D は等高線の上の点です。

(3) 平面の等高線の高さを変えても傾きは変わりません。たとえば，高さを 5 とすると，等高線の方程式は

■図13-1　平面の等高線グラフ　　　　■図13-2　平面の切断面

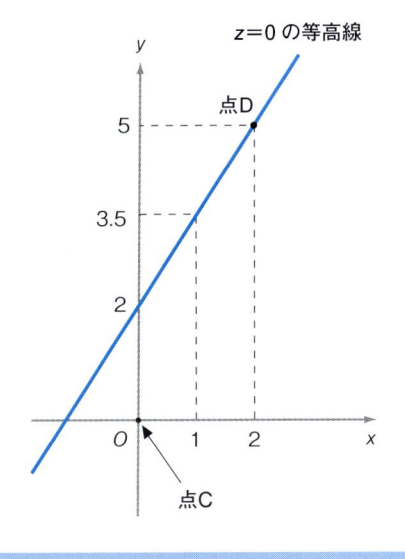

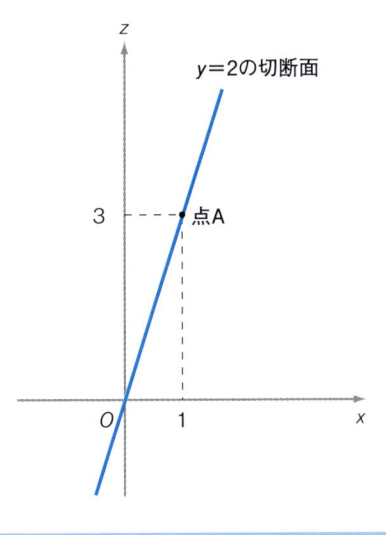

$$5 = 3x - 2y + 4 \quad \text{または} \quad y = 1.5x - 0.5$$

となります。傾きは 1.5 で変わりませんね。等高線が直線で傾きが同じ，つまり平行になる，これが平面の特徴でしたね。

(4) 考え方は (2) の等高線と同じです。$y = 2$ で切断した断面では，x と z は

$$z = 3x - 2 \times 2 + 4$$

つまり，断面の方程式は $z = 3x$ となります。厳密には $y = 2$ と $z = 3x$ の 2 つの式で表されます。さて，これを y の値を 2 で固定した (x, z) 平面に描くと図 13-2 のようになります。図 13-2 の点 A は，(1) の点 A にあたります。

(5) 点 A を例に考えてみましょう。y を 2 に固定して，x を 5 増加させて 6 にすると，

$$z = 3 \times 6 - 2 \times 2 + 4 = 18$$

となり，点 A の z 座標 3 から 15 だけ増加することがわかります。

これを一般化しましょう。y の値を $\overline{y}$ に固定して，x の値を x_0 から 5 だけ増加します。変化前の z の値 z_0 と変化後の z の値 z_1 はそれぞれ

$$z_0 = 3x_0 - 2\overline{y} + 4$$
$$z_1 = 3(x_0 + 5) - 2\overline{y} + 4$$

となります。よって，z の値の変化は

$$z_1 - z_0 = 3 \times 5 = 15$$

です。y をどのような値に固定しても，また変化前の x の値をどのような値にしても，x が 5 変化すると，z はその 3 倍の 15 変化します。この 3 倍という数字は実は x の係数です。

一般に，平面の方程式の係数 a は x の変化が z に与える影響を示しています。y の値を固定して，x を増加させると z はその a 倍変化します。同様に平面の方程式の係数 b は y の変化が z に与える影響を示します。

平面の確認ができたところで，話を接平面に移しましょう。

13.2　接平面の方程式

　1変数関数のグラフの接線に対応するのが，2変数関数の接平面です。接平面と言われても具体的なイメージがわかないかもしれません。そのような人はヘルメットの上に平たいアクリル板を置いて，ヘルメットとアクリル板とが1点で接している状況を想像してください。ヘルメットが2変数関数のグラフで，アクリル板が接平面のイメージです。

　1変数関数に接線が描けない場合があるように，2変数関数でも，その立体グラフが屈折していたり，切れていたり，穴があいていたりしたら，そのような場所で立体グラフに接する接平面を考えることはできません。接平面が存在するのは立体グラフがヘルメットのような滑らかな面である場合です。

　より厳密に言うと，2変数関数のグラフをある点の周りで拡大したときに平面で近似できるならば，その点を接点とする接平面が存在します。地球の表面は宇宙から眺めれば丸いですが，地上にいるわれわれには平面に見えますね。ヘルメットの表面も，顕微鏡で拡大してみればほぼ平面に見えます。このように，立体グラフを拡大して「平面」のように見えるならば，その2変数関数にはある1点で接する平面があり，この「平面」を接平面と言うのです。

　この節では接平面を式で表すことを考えます。

　まず，1変数関数のグラフの接線の方程式を思い出しましょう。$y = f(x)$ のグラフに点 $(a, f(a))$ で接する接線は，点 $(a, f(a))$ を通り，傾きが $f'(a)$ の直線なので，

$$y - f(a) = f'(a) \times (x - a)$$

という式で表すことができます。一見複雑な式ですが，a は定数なので，変数は x と y のみの1次方程式です。

　実は，この議論を2変数関数に自然に発展させることができます。

　$y = f(x_1, x_2)$ の立体グラフに点 $(a_1, a_2, f(a_1, a_2))$ で接する接平面が描

ける場合，接平面は次の方程式で表されます。

> ●接平面の方程式
>
> $$y - f(a_1, a_2) = \frac{\partial f(a_1, a_2)}{\partial x_1}(x_1 - a_1) + \frac{\partial f(a_1, a_2)}{\partial x_2}(x_2 - a_2) \quad ☆$$

どうしてこの式（以下「☆の式」と呼ぶことにします）で接平面が表されるのかを考えてみましょう。

まず，☆の式が平面の方程式になっていることを確認します。この式は一見とても複雑ですが，x_1, x_2, y の3変数以外はすべて定数です。a_1, a_2, $f(a_1, a_2)$ はそれぞれ接点の座標です。そして，x_1, x_2 の係数 $\partial f(a_1, a_2)/\partial x_1$ と $\partial f(a_1, a_2)/\partial x_2$ は偏微分係数ですから，定数です。よって，この式は3つの変数をもつ1次式であり，平面の方程式になっていることが確認できます。

次に，接平面は必ず接点を含みますが，これを確認しましょう。x_1, x_2, y の各値にそれぞれ a_1, a_2, $f(a_1, a_2)$ を代入すると，☆の式の左辺は0，右辺もやはり0になるので，式が成立しますね。これは接点が☆の式が表す平面に含まれることを意味しています。

さて，次がもっとも重要なステップです。関数グラフと接平面の両方を，接点を通る垂直面で切断したらどうなるでしょうか？

ヘルメットにアクリル板が接している状態で，ヘルメットとアクリル板の

■図13-3　ヘルメットに接するアクリル板を接点を通る面で切断すると……

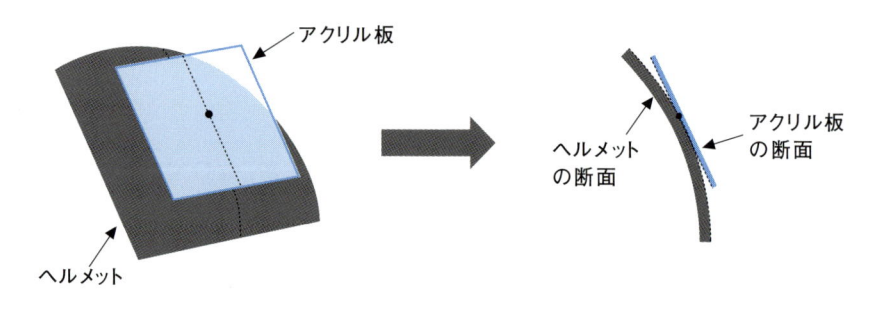

両方を，接点を通る線でスパっと切断したら図13-3のようにヘルメットの断面は曲線に，アクリル板の断面はそれに接する接線になるはずです。この接点は，ヘルメットとアクリル板が接している点にほかなりません。

同じように，関数のグラフと接平面のグラフを接点を通る垂直面 $x_2 = a_2$ で切断することを考えましょう。関数のグラフの断面は，前章で登場した x_2 の値を a_2 に固定した1変数関数 $y = f(x_1, a_2)$ のグラフです。ヘルメットの議論から予想されるように，接平面の断面は図13-4に描かれるように $y = f(x_1, a_2)$ のグラフの $x_1 = a_1$ における接線になっていなければなりません。もちろん，$y = f(x_1, x_2)$ のグラフがヘルメット，接平面がアクリル板に対応しています。

つまり，図13-4の右の図の接線と接平面の断面は同じものでなければなりません。このことを確認することで接平面の方程式が矛盾していないかどうかを確かめてみましょう。

冒頭の接線の議論に従って，まず図13-4の右の図の接線の方程式を求めてみましょう。接線は点 $(a_1, f(a_1, a_2))$ を通り，傾きが偏微分係数 $\partial f(a_1, a_2)/\partial x_1$ の直線ですから，その方程式は

$$y - f(a_1, a_2) = \frac{\partial f(a_1, a_2)}{\partial x_1}(x_1 - a_1)$$

■図13-4　関数グラフと接平面を接点を通る面（$x_2 = a_2$）で切断すると……

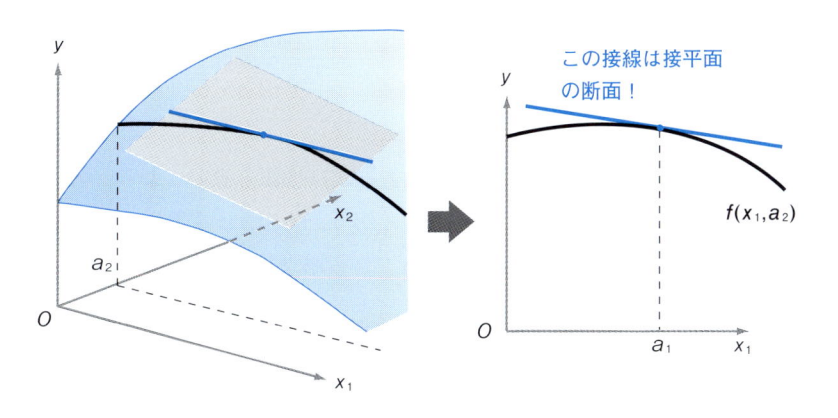

となります．さて，もし上の接平面の方程式が正しいならば，その $x_2 = a_2$ における断面が上の式と一致していなければなりません．

実際，☆の式に $x_2 = a_2$ を代入すると，

$$y - f(a_1, a_2) = \frac{\partial f(a_1, a_2)}{\partial x_1}(x_1 - a_1)$$

となり，めでたく同じ式になることが確認できます．別の見方をすれば，接平面が

$$接線 1: x_2 = a_2, \quad y - f(a_1, a_2) = \frac{\partial f(a_1, a_2)}{\partial x_1}(x_1 - a_1)$$

を含んでいるということもできます（2つの方程式で空間内の直線が表現されていることに注意）．

同様に今度は，切断する角度を90度変えて垂直面 $x_1 = a_1$ で切った場合を考えます．関数グラフの断面は1変数関数 $y = f(a_1, x_2)$ となり，その $x_2 = a_2$ における接線の方程式は

$$y - f(a_1, a_2) = \frac{\partial f(a_1, a_2)}{\partial x_2}(x_2 - a_2)$$

です．接平面の断面がこれと一致することを確認するために，☆の式に $x_1 = a_1$ を代入すると上とまったく同じ式になることが確かめられ，接平面の方程式に矛盾がないことが確認できます．別の見方をすれば，接平面は

$$接線 2: x_1 = a_1, \quad y - f(a_1, a_2) = \frac{\partial f(a_1, a_2)}{\partial x_2}(x_2 - a_2)$$

を含みます．

以上をまとめると，☆印の接平面の方程式は平面を表しており，接点を通り，そして角度の異なる2つの垂直面で切った断面が，関数グラフの断面の接線（接線1と接線2）になっています．一点で交わる平行でない2本の直線を含む平面はただ1つしか存在しないので，☆の式で与えられる平面が接線1と接線2をともに含んでいるのであれば，この式以外に接平面の方程式と呼べるものは存在しない，つまりこれこそが接平面の方程式と言えるのです．

> **例題 13.2**
>
> 関数 $y = x_1 x_2$ のグラフに点 $(1, 2, 2)$ で接する接平面の方程式を求めよ。

解答

接平面の方程式にあてはめる必要があります。まず、関数に名前をつけておきましょう。

$$f(x_1, x_2) = x_1 x_2$$

接点の座標は $(a_1, a_2, f(a_1, a_2)) = (1, 2, 2)$ です。これを接平面の方程式に代入すると

$$y - 2 = \frac{\partial f(1,2)}{\partial x_1}(x_1 - 1) + \frac{\partial f(1,2)}{\partial x_2}(x_2 - 2)$$

となります。問題なのは偏微分係数です。まず偏導関数を求めると

$$\frac{\partial f(x_1, x_2)}{\partial x_1} = x_2 \qquad \frac{\partial f(x_1, x_2)}{\partial x_2} = x_1$$

となります(わからない人は前章例題 12.2 を復習しましょう)。よって、偏微分係数は

$$\frac{\partial f(1,2)}{\partial x_1} = 2 \qquad \frac{\partial f(1,2)}{\partial x_2} = 1$$

となります。これを代入して整理すると接平面の方程式は、

$$y = 2x_1 + x_2 - 2$$

となります。

この例題からわかるように、2 つの偏微分係数さえ得られれば、その点における接平面の方程式を簡単に求めることができます。グラフが連続でなかったり、屈折していたりして、偏微分係数が特定できない場合には接平面は存在しません。偏微分ができることと接平面が存在することは密接に関係していますが、同じことではありません。接平面が存在するならば、その点で偏微分ができます。しかし、逆は成り立ちません。つまり、偏微分はできるけれど、接平面が存在しないというケースがありえます。これについては章末問題 問 13.6 を見てください。ただし、経済学ではこのようなケースを扱う

13.3 接平面の意味と応用

接平面上のある点 P の座標を (x_1, x_2, y) とすると，この組合せは接平面を表す式，

$$y - f(a_1, a_2) = \frac{\partial f(a_1, a_2)}{\partial x_1}(x_1 - a_1) + \frac{\partial f(a_1, a_2)}{\partial x_2}(x_2 - a_2)$$

を満たしていなければなりません。接点 (a_1, a_2) から点 P に向かって x_1 と x_2 の値が同時に変化するとき，接平面に沿って y の値も変化します。この式は，そのときの x_1, x_2 の変化と y の変化の関係を表す式と解釈することができます。詳しく見てみましょう。

$x_1 - a_1$ は，接点から点 P に移動するときの x_1 の値の変化を示しています。これを Δx_1 で表すことにしましょう。同様に，$x_2 - a_2$ は x_2 の値の変化を示すので，Δx_2 で表します。そして，これに伴う y の値の変化を Δy とすると，上の式は次のように書き換えられます。

$$\Delta y = \frac{\partial f(a_1, a_2)}{\partial x_1} \Delta x_1 + \frac{\partial f(a_1, a_2)}{\partial x_2} \Delta x_2$$

言葉で表現すると，「接点から x_1 が Δx_1, x_2 が Δx_2 だけそれぞれ変化するとき，y の値は接平面に沿って

x_1 に関する偏微分係数 $\times$ x_1 の変化
$+$ x_2 に関する偏微分係数 $\times$ x_2 の変化

だけ変化する」と言えます。偏微分係数は接点におけるものです。

これを先ほどの例題で確認してみましょう。

関数 $y = x_1 x_2$ の点 $(1, 2, 2)$ における接平面は

$$y = 2x_1 + x_2 - 2$$

でした。この式の x_1, x_2 の係数が，接点における各変数の偏微分係数です。すなわち，x_1 に関する偏微分係数が 2 で，x_2 に関する偏微分係数が 1 です。さて，接平面に沿って x_1 を 2 だけ，x_2 を 3 だけ増加させると，y の値はどれだけ変化するでしょうか？上の式にあてはめると

$\boxed{x_1 \text{ に関する偏微分係数}} \times \boxed{x_1 \text{ の変化}}$
$+ \boxed{x_2 \text{ に関する偏微分係数}} \times \boxed{x_2 \text{ の変化}} = 2 \times 2 + 1 \times 3 = 7$

となります。実際，この変化によって $(x_1, x_2) = (3, 5)$ となりますので，接平面に沿って y が変化するならば，

$y = 2 \times 3 + 5 - 2 = 9$

となり，確かに y の値が 2（接点）から 7 だけ増加していることが確認できます。

　冒頭の例題 13.1(5) で確認したように，平面の方程式の x_1 の係数は「x_1 が y に与える影響」を示しています。x_2 を固定して，x_1 だけが増加すると y はこの係数倍だけ変化します。接平面の x_1 の係数は「x_1 に関する関数 f の偏微分係数」なので，y はこの偏微分係数倍だけ変化します。同様に，x_1 を固定して x_2 を増加させれば，y は x_2 の変化の「x_2 に関する関数 f の偏微分係数」倍だけ変化するはずです。

　この話は前章の偏微分係数の説明の繰返しであるように聞こえるかもしれませんが，前章の話と違うところは，x_1 と x_2 を同時に変化させていることです。式が示していることは，x_1 と x_2 が同時に変化するとき，接平面に沿った y の変化はそれぞれの変化による影響を単純に足し合わせたものになるということです。しかし，これは今のところ接平面上でだけの話です。

　さて，接平面とは何であったかを思い出してください。曲面の関数グラフであっても拡大すれば「平面」のように見える。この「平面」が接平面でした。つまり，接点に非常に近いところ（これを接点の近傍と言います）では，関数のグラフとその接平面のグラフは同一視することができるのです。

　つまり，次のことが言えます。

> (x_1, x_2) が (a_1, a_2) からそれぞれ微小に Δx_1，Δx_2 だけ変化するとき，関数の値 y は関数のグラフに沿って，およそ
>
> $$\Delta y = \frac{\partial f(a_1, a_2)}{\partial x_1} \Delta x_1 + \frac{\partial f(a_1, a_2)}{\partial x_2} \Delta x_2$$
>
> だけ変化する。

重要なのは「微小に」というところです。関数のグラフと接平面を同一視することができるのは，接点のごく近くの近傍だけです。x_1 と x_2 の変化がこの近傍にとどまるためには，Δx_1 と Δx_2 はともに十分に小さくなければなりません。

ここまでは特定の接点 (a_1, a_2) を固定して，そこからの変化について議論してきましたが，接平面が存在するならば接点はどこでも構いません。すなわち，次のことが言えます。

> 任意の点 (x_1, x_2) から，x_1 と x_2 がそれぞれ微小に Δx_1，Δx_2 だけ変化するとき，関数の値はおよそ
>
> $$\Delta y = \frac{\partial f(x_1, x_2)}{\partial x_1} \Delta x_1 + \frac{\partial f(x_1, x_2)}{\partial x_2} \Delta x_2$$
>
> だけ変化する。

独立変数の微小な変化と関数の値の変化に関するこの式を，関数 f の**全微分**と言います。微小な変化であることを強調するために Δ を d に置き換えて，

$$dy = \frac{\partial f(x_1, x_2)}{\partial x_1} dx_1 + \frac{\partial f(x_1, x_2)}{\partial x_2} dx_2$$

と書くこともあります。これらの式が全微分と呼ばれるのは，すべての独立変数を同時に変化させたときの関数の値の変化を示しているからにほかなりません。

> **例題 13.3**
> $y = (x_1^2 + x_2^2)^{1/2}$ の全微分を求めよ。

解答

$f(x_1, x_2) = (x_1^2 + x_2^2)^{1/2}$ とすると,偏導関数は

$$\frac{\partial f(x_1, x_2)}{\partial x_1} = \frac{x_1}{(x_1^2 + x_2^2)^{1/2}}$$

$$\frac{\partial f(x_1, x_2)}{\partial x_2} = \frac{x_2}{(x_1^2 + x_2^2)^{1/2}}$$

となります(わからない人は前章例題 12.3 参照)。これを全微分の式にあてはめれば,

$$dy = \frac{x_1}{(x_1^2 + x_2^2)^{1/2}} dx_1 + \frac{x_2}{(x_1^2 + x_2^2)^{1/2}} dx_2$$

となります。

▶ n 変数関数のケース

全微分の議論のありがたいところは,独立変数がいくら多くてもよいことです。すなわち,次のことが言えます。

> 独立変数がそれぞれ微小に dx_1, dx_2, $\cdots$, dx_n だけ変化するとき,n 変数関数の値 y は,
>
> $$dy = \frac{\partial f(x_1, x_2, \cdots, x_n)}{\partial x_1} dx_1 + \frac{\partial f(x_1, x_2, \cdots, x_n)}{\partial x_2} dx_2 + \cdots$$
> $$+ \frac{\partial f(x_1, x_2, \cdots, x_n)}{\partial x_n} dx_n$$
>
> だけ変化する。

独立変数の数が 3 以上になると,もはや関数のグラフの全体像を描くこともできなければ,接平面を議論することもできません。しかし,接平面の考え方を発展させることで,すべての独立変数が微小に変化したときの関数の値の変化を分析することはできます。

もちろん，独立変数の変化は微小でなければなりません。「微分」という概念の本質がここにあります。どれほど複雑な関数でも，変数の微小変化の影響には単純明快な関係があります。単純明快な関係とは「線形関数で近似できるような関係」ということです。さらに言えば，変数の変化がそれぞれ微小であれば，個々の変化の影響の単純な和として全体の影響を求めることができるということです。

　全微分という単純明快な関係が教えてくれる情報は，関数全体における極めて局所的な情報であると言わざるをえません。しかし，増減表を調べてグラフの概形がわかるように，局所的な情報であっても，それを上手に利用すればグラフの全体像を把握することも可能になるのです。これこそが微分法の分析戦略なのです。

章末問題

問 13.1　計算練習問題
　関数 $y = x_1^2 x_2^3$ のグラフに点 $(4, 1, 16)$ で接する接平面の方程式を求めよ。

問 13.2　計算練習問題
　関数 $y = (x_1^{1/2} + x_2^{1/2})^2$ のグラフに点 $(4, 1, 9)$ で接する接平面の方程式を求めよ。

問 13.3　応用問題
　横の長さ 3m，縦の長さ 4m の長方形の区画がある。横の長さを 1mm 伸ばす代わりに，縦の長さを 1mm 短くすると，対角線の長さはどのように変化するか。
(1) 計算する前に結果を予想してみよう。
(2) 全微分を使って，対角線の長さの変化を調べよ。
(3) 全微分を使わずに，対角線の長さの変化を調べよ（計算機などを使ってもよい）。

問 13.4　応用問題
　底円の半径 5m，高さ 10m の円柱形のタンクがある。半径の長さを 1mm 大きくする代わりに，高さを 1mm 短くすると，タンクの容積はどのように変化するか。
(1) 計算する前に結果を予想してみよう。
(2) 全微分を使って，容積の変化を調べよ。

(3) 全微分を使わずに，容積の変化を調べよ（計算機などを使ってもよい）。

問 13.5　応 用 問 題

横幅 3m ×高さ 2m ×奥行き 1m の直方体の箱を設計している。横幅と高さと奥行きをすべて 1cm 小さくすると，箱の容積はどれだけ小さくなるか。

(1) 計算する前に結果を予想してみよう。
(2) 全微分を使って，容積の変化を調べよ。
(3) 全微分を使わずに，容積の変化を調べよ（計算機などを使ってもよい）。

問 13.6　発 展 問 題

偏微分係数 $\partial f(a_1, a_2)/\partial x_1$ と $\partial f(a_1, a_2)/\partial x_2$ が存在するが，点 $(a_1, a_2, f(a_1, a_2))$ における関数 $f(x_1, x_2)$ の立体グラフの接平面が存在しない例を作れ。ただし，「接平面が存在しない」とは，立体グラフをいくら拡大しても平面で近似できないことを指す。

第14章

等高線の傾きと陰関数定理

本章の目的

　本章のテーマは等高線の傾きです。すでに述べたように，等高線は立体的な図形の性質を平面上に表現する便利な方法として社会生活のいろいろな場面で使われています。経済学でも，効用関数や生産関数などの立体的なグラフの性質を表現するのに等高線が使われます。これらの等高線は，消費者や企業が直面する問題を視覚的に理解するのを助けてくれる強い味方です。そして，とくに重要なのがこれらの等高線の傾きです。効用関数と生産関数の等高線の傾き（絶対値）はともに，限界代替率（MRS：Marginal Rate of Substitution）と呼ばれます。これらについての理解を深めることも本章の目的です。
- ■接平面の知識を応用して等高線の傾きの公式を求める。
- ■等高線の傾きの公式の意味を理解する。
- ■経済学への応用：限界代替率を学ぶ。
- ■発展した知識として陰関数定理を紹介する。

14.1　等高線の傾き

　まず「等高線の傾き」とは何かを明確にすることから始めましょう。等高線が直線であれば「等高線の傾き」の意味は明らかですが，等高線が曲線の場合には必ずしも明らかではないからです。

■図14-1 等高線とその傾き

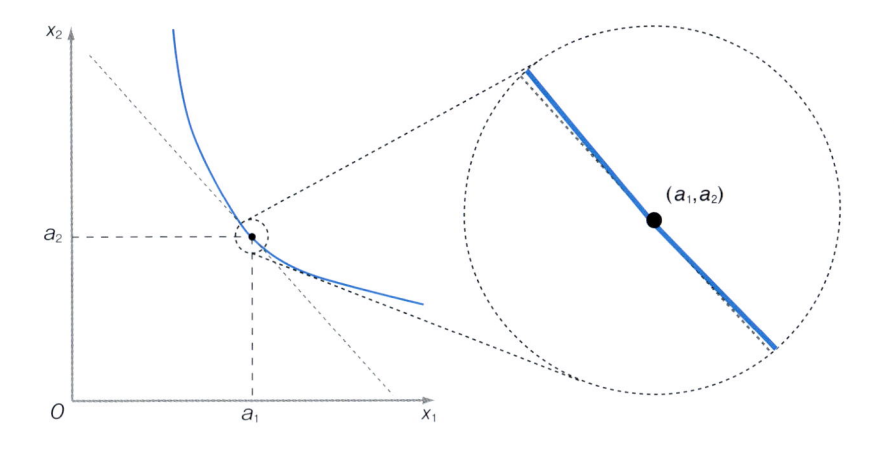

　連続で微分可能な 2 変数関数 $f(x_1, x_2)$ を考えます。地図上のほとんどすべての点に，その点を通る等高線が描けるように，(x_1, x_2) 平面上のほとんどすべての点にその点を通る関数 f の等高線を描くことができます。

　図 14-1 のように，点 (a_1, a_2) を通る関数 f のグラフの等高線が青い右下がりの曲線であるとしましょう。関数 f が微分可能ならば，その等高線は必ず滑らかな曲線になるはずです。等高線が滑らかなので，点 (a_1, a_2) の周りで十分に拡大すれば等高線はほぼ直線になります。本書で「点 (a_1, a_2) における等高線の傾き」という場合，この直線の傾きを指します。つまり，等高線を直線になるまで十分に拡大して調べた傾きです。この直線を延長して描くと等高線の接線になるので，等高線の傾きを「等高線の点 (a_1, a_2) における接線の傾き」と言うこともできます。

14.2　等高線の傾きの調べ方

　等高線の傾きの調べ方を次の例題を使って考えてみましょう。

> **例題 14.1**
>
> 関数 $y = x_1 x_2$ のグラフの点 $(3, 4)$ における等高線の傾きを調べよ。

等高線の傾きを調べる方法はいろいろありますが，前章で学んだ接平面の知識を応用して調べるのがもっとも簡単でミスも少なく，また意味の理解もしやすいのでオススメです。しかし，このことをみなさんに理解してもらうために，あまりオススメでない解法から先に紹介しましょう。

接平面の知識がない学生の多くは，おそらく以下のように例題を解くでしょう。

▶ オススメでない解法

Step 1：等高線の方程式を求めます。$3 \times 4 = 12$ だから，等高線の高さは 12, よって等高線の方程式は $x_1 x_2 = 12$ となります。

Step 2：等高線の方程式を x_2 について解くと $x_2 = 12/x_1$ となり，等高線上で x_2 は x_1 の関数になっていることがわかります。

Step 3：$x_1 = 3$ におけるこの関数のグラフの傾き（微分係数）こそが，求める等高線の傾きにほかなりません。関数の導関数は

$$\frac{dx_2}{dx_1} = -\frac{12}{x_1^2}$$

となるので，$x_1 = 3$ のときの微分係数は $-12/3^2 = -4/3$, よって等高線の傾きは $-4/3$ となります。

要点をまとめると，等高線の方程式を満たす2つの変数間に関数関係を見つけ出し，微分法の知識を使って等高線の傾きを調べる解き方です。微分がグラフの傾きを調べる作業であるということに着目して解こうというアイデアは素晴らしいと言えます。簡単な問題ならこれで十分通用します。しかし，2変数関数が複雑になるとこの解法ではすぐに行き詰ってしまいます。次の例題を見てみましょう。

例題 14.2

関数 $y = x_1^3 + x_1^2 x_2 - x_2^3$ のグラフの点 $(3, 4)$ における等高線の傾きを調べよ。

これを先ほどと同じ解法で解く場合，Step 1 は問題ないでしょう。等高線の方程式は

$$x_1^3 + x_1^2 x_2 - x_2^3 = -1$$

となります。問題は Step 2 です。等高線の方程式を x_2 について解こうとしても，x_1 について解こうとしても，いずれも3次方程式になっていて簡単に解くことができません。3次方程式ですから，与えられた x_1 の値に対して，方程式を満たす x_2 が最大3つ存在する可能性があります。逆も同じです。つまり，この方程式を満たす x_1 と x_2 の間にはそもそも関数関係がないのかもしれないのです。かりに関数関係があったとしても，3次方程式を解くのは至難の業です。

このように，2変数関数が少しでも複雑になると，途端に「等高線の方程式から2変数間の関数関係を見つけ出す」という作業ができなくなってしまいます。この意味で，上の解法は関数関係が簡単に見つけられる場合にしか使えない利便性の低い方法なのです。

▶接平面の知識を応用する解法

接平面の知識を上手に応用すると，例題 14.2 のような問題でも簡単に解けてしまいます。解法のポイントは

> 関数の等高線の接線＝関数の接平面の等高線

という事実に注目することです。

図 14-2 のように，関数の曲面グラフに接平面が接している状況を想像してみましょう。さて，両者の接点を通る水平面で曲面グラフと接平面の両方

■図14-2 等高線の接線＝接平面の等高線

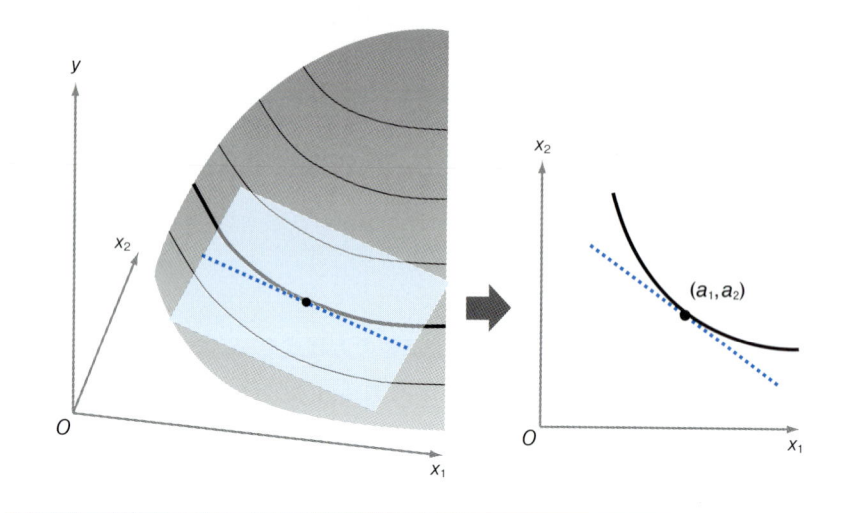

を切断したら断面はどうなるでしょうか。

　曲面グラフの断面は曲線（黒い太線）になり，接平面の断面は直線（青い点線）になり，そして接点のところで両者が接しているはずです。黒い太線が問題となっている等高線で，求めたいのは青い点線の傾きですね。つまり，「関数 f の等高線の接線＝関数 f の接平面の等高線」と言えるのです。

　この事実に注目すると，等高線の傾きを求めるのはとっても簡単です。実際に，例題 14.1 を解いてみましょう。

例題14.1の模範解答

　まず，接平面の方程式を求めましょう。関数の名前を $f(x_1, x_2)$ とすると接平面の方程式は

$$y - f(3, 4) = \frac{\partial f(3, 4)}{\partial x_1}(x_1 - 3) + \frac{\partial f(3, 4)}{\partial x_2}(x_2 - 4)$$

となります。$f(3, 4) = 3 \times 4 = 12$ です。関数を偏微分して偏微分係数を求めると次のようになります。

$$\frac{\partial f(x_1, x_2)}{\partial x_1} = x_2 \text{で，} \quad x_2 = 4 \text{ だから} \frac{\partial f(3, 4)}{\partial x_1} = 4,$$

$$\frac{\partial f(x_1, x_2)}{\partial x_2} = x_1 \text{で}, \quad x_1 = 3 \text{ だから} \frac{\partial f(3, 4)}{\partial x_2} = 3$$

よって，接平面の方程式は

$$y - 12 = 4(x_1 - 3) + 3(x_2 - 4)$$

です．さて，接点（高さ $y = 12$）を通るこの接平面の等高線の方程式は

$$4(x_1 - 3) + 3(x_2 - 4) = 0$$

です．これは直線なので傾きを簡単に調べることができます．

x_2 について解けば，

$$x_2 = -\frac{4}{3}x_1 + 8$$

となり，この直線の傾き，$-4/3$ が求める等高線の傾きです．

先ほどのオススメでない解法と同じ答えになっていますね．例題 14.1 では，この解法のありがたさがわからないでしょうから，例題 14.2 も解いてみましょう．

例題14.2の模範解答

関数の名前を $g(x_1, x_2)$ とします．接平面の方程式は

$$y - g(3, 4) = \frac{\partial g(3, 4)}{\partial x_1}(x_1 - 3) + \frac{\partial g(3, 4)}{\partial x_2}(x_2 - 4)$$

です．$g(3, 4) = 3^3 + 3^2 \times 4 - 4^3 = -1$ であり，偏微分係数は，

$$\frac{\partial g(x_1, x_2)}{\partial x_1} = 3x_1^2 + 2x_1 x_2 \text{ より}, \quad \frac{\partial g(3, 4)}{\partial x_1} = 3 \times 3^2 + 2 \times 3 \times 4 = 51$$

$$\frac{\partial g(x_1, x_2)}{\partial x_2} = x_1^2 - 3x_2^2 \text{ より}, \quad \frac{\partial g(3, 4)}{\partial x_2} = 3^2 - 3 \times 4^2 = -39$$

となります．よって，接平面の方程式は

$$y + 1 = 51(x_1 - 3) - 39(x_2 - 4)$$

です．接点（高さ $y = -1$）を通るこの接平面の等高線の方程式は

$$51(x_1 - 3) - 39(x_2 - 4) = 0$$

です．x_2 について解けば，

$$x_2 = \frac{17}{13}x_1 + \frac{1}{13}$$

となり，この直線の傾き，17/13 が求める等高線の傾きです。

このように，接平面の知識を応用すれば，複雑な関数のグラフでも等高線の傾きを簡単に調べることができるのです。

▶ 等高線の傾きの公式

問題を一般化することで等高線の傾きの公式を求めてみましょう。

> **例題 14.3**
>
> 関数 $y = f(x_1, x_2)$ のグラフの点 (a_1, a_2) における等高線の傾きを調べよ。
>
> （まずは自力での解答に挑戦してみよう。）

前章で学んだように，関数 $f(x_1, x_2)$ の接点 $(a_1, a_2, f(a_1, a_2))$ における接平面の方程式は

$$y - f(a_1, a_2) = \frac{\partial f(a_1, a_2)}{\partial x_1}(x_1 - a_1) + \frac{\partial f(a_1, a_2)}{\partial x_2}(x_2 - a_2)$$

となります。この接平面を接点を通る水平面，すなわち平面 $y = f(a_1, a_2)$ で切断した断面（＝等高線）の方程式は

$$\frac{\partial f(a_1, a_2)}{\partial x_1}(x_1 - a_1) + \frac{\partial f(a_1, a_2)}{\partial x_2}(x_2 - a_2) = 0$$

です。これを x_2 について解くと，

$$x_2 = -\frac{\dfrac{\partial f(a_1, a_2)}{\partial x_1}}{\dfrac{\partial f(a_1, a_2)}{\partial x_2}}(x_1 - a_1) + a_2$$

となります。よって，その傾きは x_1 の係数ですから，次の結論が得られます。

● 等高線の傾きの公式

関数 $y = f(x_1, x_2)$ のグラフの点 (a_1, a_2) を通る等高線の傾きは

$$-\frac{\partial f(a_1, a_2)/\partial x_1}{\partial f(a_1, a_2)/\partial x_2}$$

偏微分係数に慣れない人には公式が難しく見えるかもしれませんが，要は「等高線の傾きは偏微分係数の比にマイナスの符号をつけたもの」なのです。問題となっている点 (a_1, a_2) において各変数の偏微分係数を求めることができれば，それらの比をとることで簡単に等高線の傾きが調べられるのです。

例題でそれを確認しておきましょう。

例題 14.1 では点 $(x_1, x_2) = (3, 4)$ における x_1 に関する偏微分係数が 4，x_2 に関する偏微分係数が 3 なので，この点における等高線の傾きは $-4/3$ となります。

例題 14.2 では点 $(x_1, x_2) = (3, 4)$ における x_1 に関する偏微分係数が 51，x_2 に関する偏微分係数が -39 なので，この点における等高線の傾きは $51/39 = 17/13$ とわかります。

どうです？簡単でしょう。接平面の知識を使えば，等高線の傾きを調べることはとても簡単なことなのです。

> **ステップアップ** 全微分の概念を使った解法

点 (a_1, a_2) から，x_1 と x_2 がそれぞれ微少に dx_1，dx_2 だけ変化するときの y の変化 dy は

$$dy = \frac{\partial f(a_1, a_2)}{\partial x_1}dx_1 + \frac{\partial f(a_1, a_2)}{\partial x_2}dx_2 \qquad \text{全微分}$$

となります。さて，等高線に沿って x_1 と x_2 を微少に変化させると，y が変化しないので，

$$\frac{\partial f(a_1, a_2)}{\partial x_1}dx_1 + \frac{\partial f(a_1, a_2)}{\partial x_2}dx_2 = 0$$

となります。この式を書き換えると，

$$\frac{dx_2}{dx_1} = -\frac{\partial f(a_1, a_2)/\partial x_1}{\partial f(a_1, a_2)/\partial x_2}$$

が得られます。これは等高線に沿って x_1 を微小に増加したときに，x_2 がその何倍変化するかを示しています。意味を考えれば，これが等高線の傾きであることがわかります。

14.3 限界代替率
：無差別曲線と等産出量曲線の傾き

▶ 無差別曲線とその傾き

財の種類が 2 つの効用関数，つまり 2 変数の効用関数 $u = U(c_1, c_2)$ を考えます。ミクロ経済学では，効用関数グラフの等高線を**無差別曲線**と呼びます。同じ等高線上の消費の組合せであれば，どれも同じ効用（満足度）を消費者に与えるので，それらは消費者にとって優劣がつけられない，無差別であると言えます。このことから効用関数を無差別曲線と呼ぶのです。

消費者選択を考える際には，この無差別曲線の傾きの大きさ（絶対値）がとても重要で，**限界代替率**という特別な呼び名がついています。英語では Marginal Rate of Substitution と言い，その頭文字をとって **MRS** と表記されることがよくあります。

等高線の傾きの公式を使えば，限界代替率は簡単に調べることができます。ある消費財の組合せ $(c_1, c_2) = (a_1, a_2)$ における限界代替率を $MRS(a_1, a_2)$ とすると

$$MRS(a_1, a_2) = \frac{\partial U(a_1, a_2)/\partial c_1}{\partial U(a_1, a_2)/\partial c_2}$$

となります。限界代替率は傾きそのものではなく，傾きの大きさ（絶対値）なので，マイナスの符号が取り除かれていることに注意してください。

式が示すように，限界代替率は効用関数の偏微分係数の比という形で表現されます。効用関数の偏微分係数は限界効用と呼ばれ，ある消費財の消費量が微小に増加したときに消費者の効用がその何倍増加するかを示しています。無差別曲線の傾きの大きさは，この限界効用の比率によって決まるのです。

■図14-3　第1財の限界効用が3，第2財の限界効用が1であるときの無差別曲線

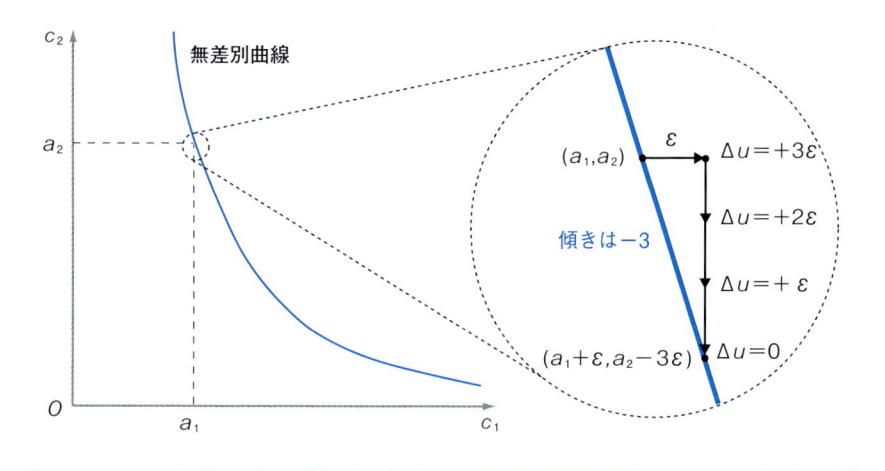

なぜそうなるのでしょうか？ 例を使って考えてみましょう。

今，図14-3の消費点 (a_1, a_2) を選択している消費者を考えます。この状態における第1財の限界効用が3，第2財の限界効用が1であると仮定しましょう。式で表すと，

$$\frac{\partial U(a_1, a_2)}{\partial c_1} = 3 \qquad \frac{\partial U(a_1, a_2)}{\partial c_2} = 1$$

です。このことは同じ微小数量だけもらうならば，第1財のほうが第2財よりも3倍嬉しいことを意味します。このとき，無差別曲線の傾きと限界代替率はどうなるでしょうか？

公式にあてはめると，限界代替率 MRS は限界効用の比なので $3/1 = 3$ となります。ちなみに，無差別曲線（等高線）の傾きはマイナスなので，-3 です。なぜこのようになるのかを考えましょう。図14-3のように (a_1, a_2) を消費している状態から，第1財の消費量 c_1 を微少に ε だけ増やしたとします。すると，第1財の限界効用が3なので，効用はその3倍すなわち 3ε だけ増加します。

さて，効用を元の水準に戻すには第2財の消費量 c_2 をどれだけ減少させれ

ばよいでしょうか？第2財の限界効用は1なので，第2財の消費量を ε だけ減らしても効用はその1倍の ε しか減りません。第2財の消費量を 3ε だけ減らして，ようやく増加した 3ε の効用を元の水準に戻すことができます。ε が微小なので，3ε も微小な数であることに注意してください。

こうして，消費点 (a_1, a_2) と無差別な別の状態，消費点 $(a_1 + \varepsilon, a_2 - 3\varepsilon)$ を見つけることができました。つまり，消費点 (a_1, a_2) を通る無差別曲線は消費点 $(a_1 + \varepsilon, a_2 + 3\varepsilon)$ も通ります。また，ε は微小な数なので，2つの消費点間の距離も微小です。無差別曲線が図 14-3 のように滑らかであれば，近接する2点を通る無差別曲線は2点を結ぶ直線とほぼ一致します。つまり，これら2つの消費点を結ぶ直線の傾きこそが，われわれが知りたい無差別曲線の傾きなのです。図から明らかなように傾きは -3 です。限界代替率 MRS は傾きの大きさ，絶対値なので3となります。先ほど公式を使って求めた答えと同じですね。

ちょっと長い話になったので，要点をまとめておきましょう。先ほど述べたように，第1財の限界効用が第2財の限界効用よりも3倍大きいということは，この消費者は同じ量ならば第1財をもらったほうが3倍嬉しいと感じているわけです。失われた1単位の第1財を埋め合わせるには，その3倍の3単位の第2財が必要になります。このように無差別曲線の傾きは消費者にとっての第1財と第2財の主観的な評価の比率によって決まっていて，この主観的な評価の比率を経済学では限界代替率（MRS）と呼んでいるのです。このように，限界効用の意味を考えれば，限界効用と限界代替率（無差別曲線の傾き）の関係を直感的に理解することができるのです。

■補足 **等高線からわかる坂の傾き** よく山登りをする人は，等高線を見れば山道の傾きがわかります。山に登る場合，等高線に垂直な山道ほど急なルートです。等高線に沿うような道はわりと平坦で楽なルートです。等高線に垂直に登るルートよりも，角度をずらしたほうが勾配が緩くなりずっと楽に移動することができます。2つのルートがある場合，等高線との角度を比べれば，どちらのほうが傾斜が緩いかを言い当てることができるのです。

同じように，無差別曲線の傾きから第1財と第2財の限界効用の大小関係を言い当てることができます。図 14-3 の消費点 (a_1, a_2) では無差別曲線の傾きが -3 でやや急な傾きをしています。第1財の限界効用とは「第1財の消費量を微少に増加させたときに，効用がその何倍増えるか」を意味しますので，消費点 (a_1, a_2) から右方向に進んだときの効用

関数グラフの勾配に対応します。一方，第 2 財の限界効用は上方向に進んだときの勾配に対応します。

　山登りをする人なら，右に行くルートと上に行くルートのどちらが急かがわかるでしょう。そうです。右に行くほうが急です。実際，右に行くときの勾配（第 1 財の限界効用）のほうが上に行くときの勾配（第 2 財の限界効用）よりも 3 倍大きいのでしたね。このように無差別曲線の傾きから限界効用の比を読み取ることも可能なのです。

▶等産出量曲線の傾き

　ここまでは消費者の効用関数とその等高線の傾きを議論をしてきましたが，同様の議論を生産者の生産関数とその等高線の傾きにも適用できます。

　ミクロ経済学では，生産関数の等高線を**等産出量曲線**（あるいは単に等量曲線）と呼びます（図 14-4）。困ったことに，等産出量曲線の傾きの絶対値も，同じく限界代替率 MRS と呼ばれます。これは，等産出量曲線の傾きと無差別曲線の傾きが数学的にはほとんど同じであることに由来していますが，とくに混同したくない場合には等産出量曲線のほうを「**技術的限界代替率**」と言って区別します。

■図14-4　等産出量曲線と技術的限界代替率

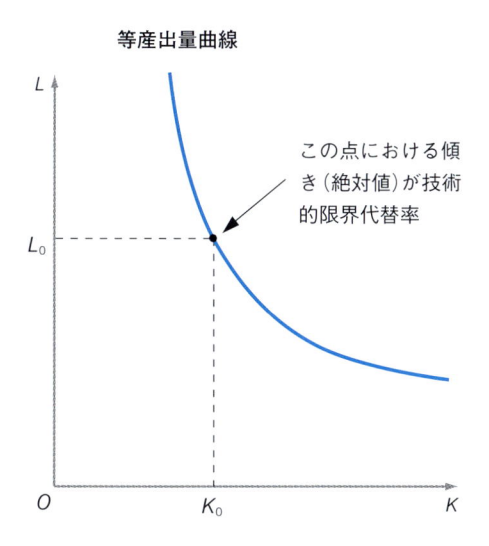

等産出量曲線

この点における傾き（絶対値）が技術的限界代替率

> ● 技術的限界代替率

ある生産要素の組合せ $(K, L) = (K_0, L_0)$ における技術的限界代替率を $MRS(K_0, L_0)$ とすると

$$MRS(K_0, L_0) = \frac{\partial F(K_0, L_0)/\partial K}{\partial F(K_0, L_0)/\partial L}$$

これが技術的限界代替率の公式です。関数が効用関数 U ではなく，生産関数 F になっていることを除いて，効用関数の限界代替率とほとんど同じですね。第10章で紹介したように生産関数の各生産要素の偏微分係数はその生産要素の限界生産物と呼ばれ，その生産要素が微少に増加したときに生産量がその何倍増えるかを表します。技術的限界代替率は限界生産物の比になるのです。

技術的限界代替率の意味はどうでしょうか？ 等産出量曲線の傾き（絶対値）ですから，生産量を一定にして，第1生産要素を第2生産要素で置き換えることを考えます。このときに，1単位の第1生産要素を置き換えるのに必要な第2生産要素の量が技術的限界代替率の直感的な意味です。

第1生産要素の限界生産物が第2生産要素と比べて相対的に低ければ，1単位の第1生産要素を，1単位より少ない第2生産要素で置き換えることができるので，技術的限界代替率は1より小さくなります。このとき，等産出量曲線の傾きの絶対値も1より小さく，緩やかな右下がりになっているはずです。

14.4 陰関数定理

さて，冒頭に述べた「オススメでない解法」を思い出しましょう。この解法は等高線の方程式から，2つの変数間の関数関係を見つけて傾きを調べようとするものでした。この方法の難点は，方程式を満たす2つの変数間に関数関係がない場合やわからない場合には使えないことでした。

たとえば，図 14-5 のように方程式を満たす点の軌跡が複雑な形をしている場合，x_1 の値に対応する x_2 の値が複数存在していますし，逆に x_2 に対応する x_1 の値も複数存在しますから，方程式を満たす x_1 と x_2 の間には関数関係がありません。したがって，この場合にはオススメでない解法は使えません。

しかし，方程式を満たす 2 変数間に関数関係を見出そうとする発想自体は素晴らしいものです。実際，方程式を満たす点の軌跡上にある特定の点の近傍，すなわちある点のごく近くにだけ議論を限定し，そこから離れた点を無視してしまえば，x_1 と x_2 の間に関数関係を見出すことができます。図 14-5 では，点 (a_1, a_2) の近傍に議論を限定すると，x_1 が増えると x_2 が減少するという関数関係があるのがわかります。方程式を満たす点の軌跡がちゃんと線になっていて，かつ傾きが垂直でなければ，軌跡上の各点の近傍において x_2 が x_1 の関数になっていると言えます（ちなみに垂直の部分では x_1 が x_2 の関数になっています）。

数学ではこの関数関係を，方程式に隠されていた関数という意味で陰関数（implicit function）と言います。方程式の軌跡が線にならないような場合（軌

14.4 陰関数定理

■図14-5　ある方程式を満たす点(x_1, x_2)の軌跡と陰関数

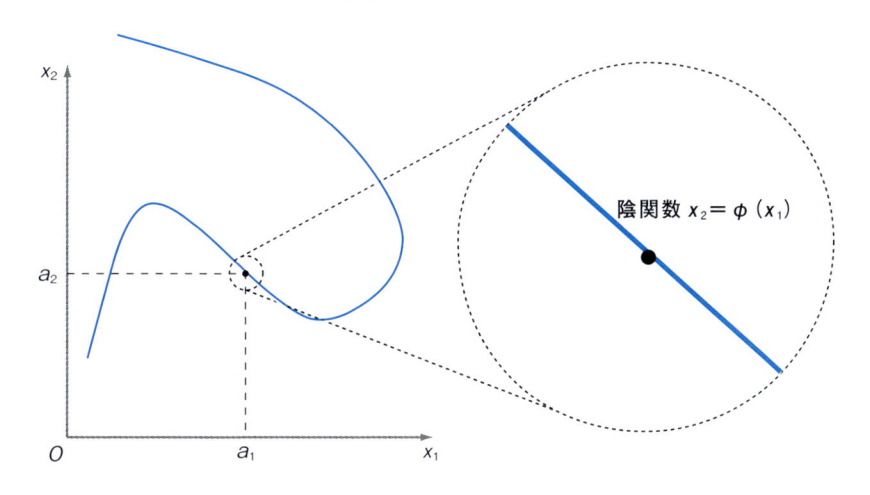

陰関数 $x_2 = \phi(x_1)$

跡が点や領域になることがあります）にはもちろん陰関数は存在しません。

陰関数と通常の関数を区別する意味で，通常の関数を**陽関数**（explicit function）と呼ぶことがあります。通常の関数とは，$x_2 = 3x_1 + 1$ や $x_2 = x_1^2$ のように，$x_2 = g(x_1)$ の形で明示的に示される関数を指します。

方程式が与えられたときに，それを満たす2変数間の関数関係を陰関数と言うのですが，陰関数の中には陽関数の形で書けるものもあります。たとえば，例題 14.1 の等高線の方程式 $x_1 x_2 = 12$ は，陰関数をもちますがそれは $x_2 = 12/x_1$ という陽関数の形で書き表すことができます。

しかし，方程式を満たす点の軌跡が図 14-5 のような形をしていれば陰関数を陽関数の形で書き表すことはできません。

本章で学んだ等高線の傾きの知識を応用すると，陰関数を陽関数の形で書き表せなくても，その微分係数を調べることができてしまいます。式がわからないのに微分ができるなんて不思議に思えるかもしれませんが，それができてしまうのです。この驚きの事実は**陰関数定理**として知られています。

> ●**陰 関 数 定 理**
>
> 関数 $f(x_1, x_2)$ は点 (a_1, a_2) の近くで接平面をもち，$f(a_1, a_2) = k$ とする。
>
> このとき $\partial f(a_1, a_2)/\partial x_2 \neq 0$ ならば方程式 $f(x_1, x_2) = k$ は点 (a_1, a_2) の近くで x_2 について（x_1 の関数として）解ける。
>
> これを $x_2 = \phi(x_1)$ とすると，
>
> $$\frac{d\phi(a_1)}{dx_1} = -\frac{\partial f(a_1, a_2)/\partial x_1}{\partial f(a_1, a_2)/\partial x_2}$$
>
> が成り立つ。

ちょっとオーバーな表現をしたので難しい定理のように思われたかもしれませんが，これは等高線の傾きについてすでに学んだみなさんにとっては当たり前の定理なのです。陰関数とは関数 $f(x_1, x_2)$ の等高線（高さ k）であり，その微分係数はその等高線の傾きにほかなりません。だから，陰関数の微分係数は，関数 f の偏微分係数の比にマイナスの符号をつけたものになる

のです。

章末問題

問 14.1　計算練習問題

関数 $y = x_1^2 x_2^3$ のグラフの点 $(x_1, x_2) = (4, 1)$ における等高線の傾きを求めよ。

問 14.2　計算練習問題

関数 $y = (x_1^{1/2} + x_2^{1/2})^2$ のグラフの点 $(x_1, x_2) = (4, 1)$ における等高線の傾きを求めよ。

問 14.3　陰関数定理

方程式 $x^2 + 2y^2 = 3$ を満たす点の軌跡の点 $(x, y) = (1, 1)$ における傾きを求めよ。

問 14.4　応用問題

横の長さ 3m，縦の長さ 4m の長方形の区画がある。
(1) 横の長さを 1mm 伸ばすとき面積を一定に保つには，縦の長さをどのように変化させればよいか。等高線の傾きの知識を応用して調べよ。
(2) 横の長さを 1mm 伸ばすとき対角線の長さを一定に保つには，縦の長さをどのように変化させればよいか。等高線の傾きの知識を応用して調べよ。

問 14.5　応用問題

底円の半径 5m，高さ 10m の円柱形のタンクがある。半径の長さを 1mm 大きくするとき，タンクの容積を一定に保つには高さをどのように変化させればよいか。等高線の傾きの知識を応用して調べよ。

問 14.6　発展問題

連続な 2 変数関数において，その点を通る等高線が描けない点とはどのような点だろうか。
（ヒント：地図上でその地点を通る等高線が描けない地点とはどのような地点だろうか？）

第15章

合成関数の微分と高階偏導関数

本章の目的

本章では，これまで学んだ多変数関数の微分に関する知識をレベルアップさせます。まず，合成関数の微分の概念を2変数関数に発展させます。次に，2変数関数の高階偏導関数の概念を理解し，その重要な性質としてYoungの定理を学びます。この高階偏導関数の知識の応用として，2変数関数を2次関数で近似する方法を紹介します。
■合成関数の微分
■高階偏導関数とYoungの定理
■多変数関数の2次関数近似

15.1　合成関数の微分

▶2変数関数の合成関数の微分の公式

2変数関数 $y = f(x_1, x_2)$ を考えます。y の値は x_1 と x_2 の2つの変数の値によって決定されます。経済学では時間の経過とともに x_1 と x_2 が変化する状況を考えることがよくあります。たとえば，経済成長の分析では資本と人口が増えるときに，それらに依存して決まる国民所得がどのように変化するかを調べます。時間の経過とともに変化する変数は，時間を独立変数とす

る関数と考えられます。x_1 の変化の様子が完全に把握されているのであれば，任意の時点 t の x_1 の値は一意に特定されるからです。x_2 についても同じです。このとき時点 t が決まると，それに対応して x_1 と x_2 がそれぞれ決まり，x_1 と x_2 が決まると関数 f によって y が一意に定まるので，y は時点 t の 1 変数関数となります。

複数の変数が時点 t の関数になっている場合，それぞれの関数の名前に g や h のような新しい文字を使ってしまうと文字が増えすぎて混乱をしてしまいます。そこで，経済学では従属変数の名前と関数の名前を同じ記号で表すのが一般的で，

$$x_1 = x_1(t), \quad x_2 = x_2(t)$$

のように表現します。この表現を使うと合成関数は次の式で表現されます。

$$y(t) = f(x_1(t), x_2(t))$$

左辺は y が t の関数であることを示し，右辺はそれが具体的にどのように作られているかを示します。

さて，この合成関数の導関数を求めることを考えます。2 変数関数 f が全微分可能で，x_1 と x_2 が t の微分可能な関数であるとき，次の合成関数の微分の公式が成り立ちます。

●2 変数関数の合成関数の微分の公式

$$\frac{dy}{dt} = \frac{\partial f(x_1(t), x_2(t))}{\partial x_1} \cdot \frac{dx_1}{dt} + \frac{\partial f(x_1(t), x_2(t))}{\partial x_2} \cdot \frac{dx_2}{dt}$$

公式は 2 つの特徴をもちます。一つは鎖の法則が成立していることです。t が x_1 を経由して y に与える影響が 2 つの導関数（$\partial f/\partial x_1$ と dx_1/dt）の積になっていることを確認してください。もう一つの特徴は，t が y に与える影響が，x_1 を通じた影響と x_2 を通じた影響の和であることです。複数の変数を通じた t の影響が単純な和で表されるというのは，とてもシンプルで覚

えやすいですね。

　この公式は全微分の公式とよく似ています。関数 f を全微分すると，

$$dy = \frac{\partial f(x_1(t), x_2(t))}{\partial x_1} \cdot dx_1 + \frac{\partial f(x_1(t), x_2(t))}{\partial x_2} \cdot dx_2$$

となります。**合成関数の微分の公式**は，あたかもこの式の両辺を dt で割ったかのような表現になっていますね。実際には dy/dt は分数ではないので，両辺を dt で割ることで公式が得られるわけではありませんが，公式は全微分と深く関係しているのです。

　公式の意味を考えてみましょう。公式の左辺の意味は，時点 t が微少に変化したときに，y の値がその何倍変化するかを示します。これを直感的に理解するために，t が微少に ε だけ増加したとします（時間が少しだけ経過したことを意味します）。この t の増加によって，まず最初に変化するのは x_1 と x_2 です。これらは t の微分可能な関数なので，t が ε だけ変化するとき，x_1 と x_2 はそれぞれ

$$\frac{dx_1}{dt} \times \varepsilon \qquad \frac{dx_2}{dt} \times \varepsilon$$

だけ変化します。次に，x_1 と x_2 の変化によって y の変化がもたらされますが，全微分の公式の意味を思い出しましょう。上の全微分の公式は「x_1 と x_2 がそれぞれ微少に dx_1，dx_2 だけ変化するとき y の変化 dy の大きさ」を示すものでした。したがって，t が ε だけ変化するとき，y は

$$\frac{\partial f(x_1(t), x_2(t))}{\partial x_1} \cdot \frac{dx_1}{dt} \times \varepsilon + \frac{\partial f(x_1(t), x_2(t))}{\partial x_2} \cdot \frac{dx_2}{dt} \times \varepsilon$$
$$= \left(\frac{\partial f(x_1(t), x_2(t))}{\partial x_1} \cdot \frac{dx_1}{dt} + \frac{\partial f(x_1(t), x_2(t))}{\partial x_2} \cdot \frac{dx_2}{dt} \right) \times \varepsilon$$

だけ変化します。y は t の変化である ε の何倍変化しているでしょうか？ 括弧の中がその答えですね。よって，

$$\frac{dy}{dt} = \frac{\partial f(x_1(t), x_2(t))}{\partial x_1} \cdot \frac{dx_1}{dt} + \frac{\partial f(x_1(t), x_2(t))}{\partial x_2} \cdot \frac{dx_2}{dt}$$

となるわけです。この議論が成立するためには ε は微小でなければなりません。ε が微小であり，それゆえに x_1 と x_2 の変化も微小であるから関数 f 上の変化を接平面（線形関数）上の変化で近似できるのです。このように，公式の背後には全微分（あるいは接平面）が隠されているのです。このため，全微分ができない関数では合成関数の微分の公式は成り立ちません（経済学ではほとんど扱わないので心配いりません）。

ここまでは 2 変数関数に議論を限定しましたが，n 変数関数であっても問題ありません。

$$y(t) = f(x_1(t), x_2(t), \cdots, x_n(t))$$

を微分すると，

$$\frac{dy}{dt} = \frac{\partial f(x_1(t), \cdots, x_n(t))}{\partial x_1} \cdot \frac{dx_1}{dt} + \cdots + \frac{\partial f(x_1(t), \cdots, x_n(t))}{\partial x_n} \cdot \frac{dx_n}{dt}$$

となります。

やはり，個々の変数を通じた影響に関して鎖の法則が成立している点と，t という変数の y に与える影響が各独立変数を通じた影響の和となる点が重要です。

繰返しになりますが，複数の経路を通じた影響が，個々の経路を通じた影響の単純な和になるというシンプルな結論は，変数の変化が十分に小さくなくては成立しません。時点 t が大きく変化する場合に，この議論を強引にあてはめると間違った結論を導いてしまうので気をつけましょう。

▶公式の応用

2 変数関数の合成関数の微分公式には多様な応用方法があり，頻繁に利用されます。ここでは，2 つの応用例を紹介します。

> **例題 15.1**
> $y = x^x$ を微分せよ。　（ただし $x > 0$。）

解答

　この関数は対数微分法を使って微分することができましたが，公式を使えば対数微分法を使わなくても微分できます。

　やや回りくどいようですが，与えられた式を次のような合成関数と考えます。

$$y = u^v \quad かつ \quad u = x, \quad v = x$$

x が u と v を決めて，u と v が y を決めていると考えます。公式をあてはめると，

$$\frac{dy}{dx} = \frac{\partial}{\partial u}(u^v) \cdot \frac{du}{dx} + \frac{\partial}{\partial v}(u^v) \cdot \frac{dv}{dx}$$

つまり，x の影響を u を通じた影響と v を通じた影響に分解できます。ここで，u^v は u のべき関数なので

$$\frac{\partial}{\partial u}(u^v) = v \cdot u^{v-1}$$

となり，u^v は v の指数関数なので，

$$\frac{\partial}{\partial v}(u^v) = u^v \cdot \ln u$$

となります。$u = x,\ v = x$ ですから，導関数 du/dx と dv/dx はともに 1 です。よって，

$$\frac{dy}{dx} = v \cdot u^{v-1} + u^v \cdot \ln u = u^v(v \cdot u^{-1} + \ln u)$$

となります。ここで，新たに導入した u と v を x に戻せば，

$$\frac{dy}{dx} = x^x(1 + \ln x)$$

が得られます。

　例題 7.7 の答えと同じになっていますね。このテクニックは対数微分法を忘れてしまった場合や対数微分法の答えを検算する場合などに役立ちます。

　次に，経済分析への応用例として 1 次同次マクロ生産関数の分析を紹介しましょう。

　第 11 章で紹介した生産関数は経済成長理論や国際貿易理論にも登場し，個々の企業ではなく，国全体の投入と産出の関係を表すために用いられます。この国全体の生産関数を，本書ではマクロ生産関数と呼ぶことにします。ある

国の資本の量 K と労働の量 L が決まると，その国の総生産量，すなわち国民総生産 Y が決まる，$Y = F(K, L)$ という関数です。

数学的な経済分析では，微分法を使った分析をするために F が連続で全微分可能であると仮定します。伝統的な経済成長理論や国際貿易理論（新古典派経済成長理論とヘクシャー=オーリンの国際貿易モデル）では，このことに加えてマクロ生産関数が次の性質を満たすと仮定します。

●1 次 同 次 性

任意の正数 a と任意の資本量 K_0，労働量 L_0 に対して，次の関係式が成り立つ。

$$F(aK_0, aL_0) = aF(K_0, L_0)$$

1 次同次性をもつ生産関数は **1 次同次生産関数** と呼ばれます。1 次同次性と言うと難しく聞こえますが，意味はそれほど難しくありません。「投入量（input）がすべて a 倍になったら，産出量（output）も a 倍になる」というものです。この仮定についての説明は経済学の専門書に譲るとして，ここでは 1 次同次性をもつ生産関数の数学的な性質を調べてみることにしましょう。

まず，1 次同次生産関数のグラフはどのようなものでしょうか？ 平面上に表された資本量と労働量の組合せに対応する産出量を第 3 の軸にとると，連続で全微分可能な関数のグラフは滑らかな曲面になりますが，1 次同次生産関数のグラフの形はさらにユニークな特徴をもちます。基準点 (K_0, L_0) を固定して，a を増加させると，投入点 (aK_0, aL_0) は原点を通る直線に沿って原点から離れていきます。このとき産出量も a に比例して大きくなるので，投入と産出の組合せを示す点 $(aK_0, aL_0, F(aK_0, aL_0))$ の軌跡は原点を通る直線を描きます。この直線上のすべての点が関数グラフ上の点なのです。

K_0 と L_0 の比率を変えると，原点を通る新しい直線が描き出されます。K_0 と L_0 の比率を少しずつズラしていくと，関数 F は連続なので直線の軌跡が面を作ります。それこそが 1 次同次生産関数の立体グラフです。

グラフの曲面は一般に **図 15-1** のような弾力のある板を曲げたような形を

■図15-1　1次同次生産関数のグラフ　　■図15-2　同じグラフを横から見た図

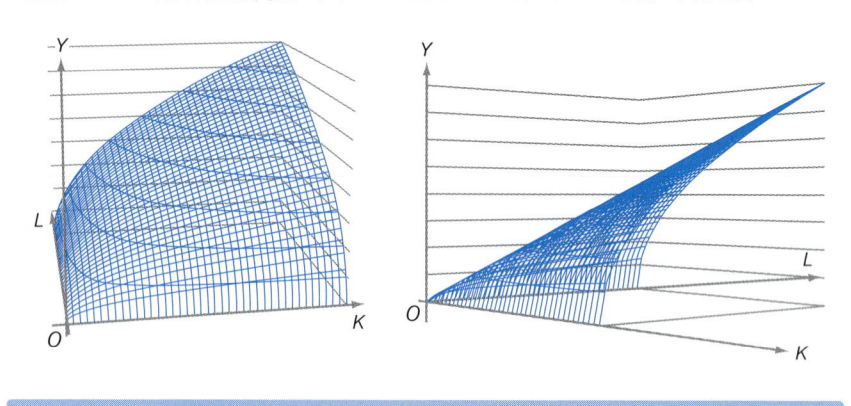

しています。曲面なので断面は曲線になるのが普通ですが，原点を通る直線に沿って切断した断面は必ず直線になります。図 15-1 だとわかりにくいですが，図 15-2 のように横からグラフの山の稜線を見ると直線になっていることがわかります。見る角度を変えても稜線は必ず直線になります。これこそが1次同次生産関数のグラフの特徴なのです。

グラフもユニークですが，合成関数の微分法を使うと1次同次生産関数がほかにも面白い性質をもっていることがわかります。まず，定義式の両辺にはそれぞれ3つの変数 a, K_0, L_0 がありますね。この3つの値が決まると左辺の値も右辺の値も決まるので，左辺も右辺もこれら3変数の関数になっていると言えます。a, K_0, L_0 のいずれかの値を微少に変化させると右辺の値も左辺の値も変化します。しかし，定義式はどんな a, K_0, L_0 に対しても成り立つのですから，右辺の変化と左辺の変化は常に一致していなければなりません。つまり，左辺を微分したものと右辺を微分したものもやはり一致しなければならないのです。この事実から，1次同次生産関数の興味深い性質が導かれます。

まず，定義式を K_0 で微分してみましょう。

> **例題 15.2**
>
> 定義式の左辺と右辺をそれぞれ K_0 で微分しなさい。

この問題は簡単なようですが，合成関数をちゃんと意識していないと解けません。面倒ですが，以下のように合成関数を強く意識して解くようにしましょう。

解答

ここでは話を簡単にするために，a と L_0 は定数であると考えましょう。すると左辺も右辺も 1 変数 K_0 だけの関数として考えられます。

まず，左辺を K_0 で微分します。この際，左辺が 2 つの関数が合成されていると考えます。左辺を英語の Left Hand Side の頭文字をとって LHS とすると左辺 LHS は，

$$LHS = F(u, aL_0)$$
$$u = aK_0$$

という 2 つの関数に分解できます。実際，下の関数を上の関数に代入すると，左辺が得られますね。公式に従って，この合成関数を K_0 で微分します。K_0 が変化しても関数 F の第 2 独立変数が変化しないことに注意しましょう。あらかじめそれぞれの関数を微分をしておきます。

$$\frac{dLHS}{du} = \frac{\partial F(u, aL_0)}{\partial K} \qquad \frac{du}{dK_0} = a$$

$dLHS/du$ とは u の微小変化に対する左辺 LHS の変化の比率です。u は関数 F の第 1 独立変数の値ですから，これが微少に変化すると関数 F の値は「点 (u, aL_0) における第 1 独立変数 K に関する偏微分係数」倍，すなわち $\partial F(u, aL_0)/\partial K$ 倍だけ変化します。これが 1 つめの式の意味です。一方，u を K_0 で微分すると係数 a だけが残ります。

合成関数の微分公式（鎖の法則）より次が得られます。

$$\frac{dLHS}{dK_0} = \frac{dLHS}{du}\frac{du}{dK_0} = \frac{\partial F(u, aL_0)}{\partial K} \times a = a\frac{\partial F(aK_0, aL_0)}{\partial K}$$

これが左辺を微分したものです（u は計算過程で勝手に導入した変数なので，定義に従って aK_0 に置き換えています）。

同様に右辺 $aF(K_0, L_0)$ を K_0 で微分してみましょう．右辺の場合，面倒くさいと思うかもしれませんが，やはり合成関数として表現しておきましょう．右辺を RHS（<u>R</u>ight <u>H</u>and <u>S</u>ide の頭文字）として，

$$RHS = aF(v, L_0) \qquad v = K_0$$

という2つの関数に分解します．あらかじめそれぞれの関数を微分をしておくと，

$$\frac{dRHS}{dv} = a\frac{\partial F(v, L_0)}{\partial K} \qquad \frac{dv}{dK_0} = 1$$

となります．$dRHS/dv$ とは v の微小変化に対する右辺 RHS の変化の比率です．v が微少に変化するとき関数 $F(v, L_0)$ の値は変化しますが，係数の a は変化しません．微分の公式より，この係数 a はそのまま前に残ります．v は関数 F の第1独立変数の値なので，これが微少に変化すると関数 F の値はその偏微分係数 $\partial F(v, L_0)/\partial K$ 倍だけ変化します．よって，右辺 RHS を微分したら，$a \cdot \partial F(v, L_0)/\partial K$ が得られるのです．再び合成関数の微分公式（鎖の法則）にあてはめると，

$$\frac{dRHS}{dK_0} = \frac{dRHS}{dv}\frac{dv}{dK_0} = a\frac{\partial F(v, L_0)}{\partial K} \times 1 = a\frac{\partial F(K_0, L_0)}{\partial K}$$

となります（再び勝手に導入した v を元に戻してあります）．

左辺：$a\dfrac{\partial F(aK_0, aL_0)}{\partial K}$ 　　　右辺：$a\dfrac{\partial F(K_0, L_0)}{\partial K}$ 　…答

■**注意**　この問題でありがちな間違いは関数 F の偏微分係数を

$$\frac{\partial F(u, aL_0)}{\partial u} \qquad \frac{\partial F(v, L_0)}{\partial v} \qquad \frac{\partial F(K_0, L_0)}{\partial K_0}$$

のように書いてしまうミスです．$(K, L) = (3, 2)$ における K に関する偏微分係数は $\partial F(3, 2)/\partial K$ ですが，これを $\partial F(3, 2)/\partial 3$ などと書いたら何をしたのかよくわかりませんね．それと同じようにこれらの表現もおかしいのです．F という関数には2つの独立変数があって，偏微分係数の ∂K は2つある独立変数のうち第1独立変数 K で偏微分したものであることを意味しているのです．K が第1独立変数の名前であるのに対し，K_0（および解答中の u と v）は K の具体的な値を指します．ややこしいですが意識して区別しましょう．

さて，練習問題の結果出てきた左辺の微分と右辺の微分は同じでなければならないので，次の性質が成り立ちます．

● 1 次同次マクロ生産関数の性質 1

任意の正数 a と任意の資本量 K_0，労働量 L_0 に対して，

$$\frac{\partial F(aK_0, aL_0)}{\partial K} = \frac{\partial F(K_0, L_0)}{\partial K}$$

左辺も右辺も「生産関数 F の K に関する偏微分係数」であり，資本の微小変化に対する生産量の変化の比率を示しています。経済学ではこれを，資本の限界生産物と呼びます。この性質の意味は，「資本と労働がすべて a 倍になっても資本の限界生産物は変わらない」，あるいは同じことですが「資本と労働の比率が同じならば資本の限界生産物も同じである」というものです。

このことをグラフ上で解釈してみましょう。まず，資本の限界生産性は資本の軸に平行な垂直面でグラフを切った断面の傾きです。この傾きが点 (K_0, L_0) と原点 $(0,0)$ を通る直線上のすべての点で同じであることを性質 1 は意味しています。例として，図 15–1 の稜線上の点に注目して下さい。稜線上の点は原点を通る同一の直線上に位置しています。これらの点から微小に資本を増やすと，生産も増えますが，その増え方はどの点でも同じであると言えるのです。

ここまでは資本について議論をしましたが，資本と労働は対称的な立場なので性質 1 は労働 L についても言えます。つまり，資本と労働の比率が同じならば労働の限界生産性も不変です。

次に，定義式を a で微分してみましょう。

例題 15.3

定義式の左辺と右辺をそれぞれ a で微分しなさい。

解答

今回は，K_0 と L_0 が定数であり，左辺 LHS も右辺 RHS も 1 変数 a だけの関数であると考えます。まず左辺 LHS を a で微分します。この際，左辺 LHS が次の 3 つの関数の合成関数であると考えます。

$$LHS = F(s,t) \qquad s = aK_0 \qquad t = aL_0$$

実際，右の 2 つの関数を一番左の関数に代入すると，左辺 LHS が得られますね。ここで合成関数の微分の公式を使います。左辺 LHS を a で微分すると公式により

$$\frac{dLHS}{da} = \frac{\partial F(s,t)}{\partial K} \cdot \frac{ds}{da} + \frac{\partial F(s,t)}{\partial L} \cdot \frac{dt}{da}$$

となります。合成された関数の導関数は

$$\frac{ds}{da} = K_0 \qquad \frac{dt}{da} = L_0$$

なので，これを代入すると次が得られます（ここでも勝手に導入した s と t は元に戻しています）。

$$\frac{dLHS}{da} = \frac{\partial F(s,t)}{\partial K} \cdot \frac{ds}{da} + \frac{\partial F(s,t)}{\partial L} \cdot \frac{dt}{da}$$
$$= \frac{\partial F(aK_0, aL_0)}{\partial K} K_0 + \frac{\partial F(aK_0, aL_0)}{\partial L} L_0$$

一方，右辺 RHS を a で微分すると

$$\frac{dRHS}{da} = \frac{d}{da}\{aF(K_0, L_0)\} = F(K_0, L_0)$$

となります。難しいことをやっているように見えるかもしれませんが，右辺のうち a 以外は定数です。a が微少に変化するとき，右辺は a の係数 $F(K_0, L_0)$ 倍変化するので，これが右辺の微分係数にほかならないのです。

$$左辺: \frac{\partial F(aK_0, aL_0)}{\partial K} K_0 + \frac{\partial F(aK_0, aL_0)}{\partial L} L_0 \qquad 右辺: F(K_0, L_0) \quad \cdots 答$$

再び，この左辺の微分と右辺の微分は同じでなければならないので，

$$F(K_0, L_0) = \frac{\partial F(aK_0, aL_0)}{\partial K} K_0 + \frac{\partial F(aK_0, aL_0)}{\partial L} L_0$$

が任意の a, K_0, L_0 に対して成り立ちます。ここで a はどのような値でもよいので 1 とすると（実際，性質 1 より a の値をどのように変化させても偏微分係数の値は変化しません），1 次同次マクロ生産関数の 2 つめの性質が得られます。

> ● 1次同次マクロ生産関数の性質 2
>
> 任意の資本量 K_0, 労働量 L_0 に対して,
>
> $$F(K_0, L_0) = \frac{\partial F(K_0, L_0)}{\partial K} K_0 + \frac{\partial F(K_0, L_0)}{\partial L} L_0$$

　この式は全微分の公式によく似ているので，勘違いする人が多くいます。しかし，これは全微分の式ではありません。1次同次生産関数は，このように2つの関数に分解することができるのです。経済学で扱う多変数関数はほとんど全微分可能ですが，このような分解ができるのは1次同次性をもつ場合だけです。

　経済成長理論や国際貿易理論では，1次同次マクロ生産関数を仮定することで，その性質1と2を巧みに分析に利用します。たとえば，貿易理論では貿易財の相対価格が変化したときに，生産量がどのように変化するのかを性質1を使って調べます。また，経済成長理論では国民所得が資本と労働にどのように分配されるのか，そして経済成長の過程で分配がどのように変化するのかを性質2を使って分析します。

　この節では1次同次関数の性質を調べるにあたり，関数を具体的に与えて調べるのではなく，定義式だけを使いました。このような方法によって得られた結果は，1次同次性を満たすすべての2変数関数にあてはめることができます。そして，それを可能にしたのが合成関数の微分公式です。この公式は，多変数関数の一般的性質を導くための強力な武器となるのです。

15.2　高階偏導関数とYoungの定理

　多変数関数の偏導関数も多変数関数になっているので，一般にそれらをさらに偏微分することが可能です。1変数関数の場合と同様に，偏導関数をさらに偏微分したものを **2階の偏導関数**，それをさらに偏微分したものを **3階の偏導関数** などと言います。多変数関数の高階偏導関数の厄介なところは，そ

の表記が複雑で種類が多いことです。たとえば，2 変数関数の 2 階の偏導関数は 4 種類あって，以下のように表記されます。

$$x_1 で偏微分 \to \frac{\partial f(x_1, x_2)}{\partial x_1} \begin{cases} x_1 で偏微分 \to \frac{\partial}{\partial x_1}\left(\frac{\partial f(x_1, x_2)}{\partial x_1}\right) \equiv \frac{\partial^2 f(x_1, x_2)}{\partial x_1^2} \\ x_2 で偏微分 \to \frac{\partial}{\partial x_2}\left(\frac{\partial f(x_1, x_2)}{\partial x_1}\right) \equiv \frac{\partial^2 f(x_1, x_2)}{\partial x_2 \partial x_1} \end{cases}$$

$$f(x_1, x_2)$$

$$x_2 で偏微分 \to \frac{\partial f(x_1, x_2)}{\partial x_2} \begin{cases} x_1 で偏微分 \to \frac{\partial}{\partial x_1}\left(\frac{\partial f(x_1, x_2)}{\partial x_2}\right) \equiv \frac{\partial^2 f(x_1, x_2)}{\partial x_1 \partial x_2} \\ x_2 で偏微分 \to \frac{\partial}{\partial x_2}\left(\frac{\partial f(x_1, x_2)}{\partial x_2}\right) \equiv \frac{\partial^2 f(x_1, x_2)}{\partial x_2^2} \end{cases}$$

　2 変数関数の場合，偏導関数が 2 種類あって，それぞれをまた 2 変数で偏微分できるので，偏導関数は全部で 4 種類出てきます。とくに第 1 変数に関する偏導関数を第 2 変数で偏微分したものと，第 2 変数に関する偏導関数を第 1 変数で偏微分したものは表記が似ているので，混同してしまいそうですね。

　でも，そのようなことを心配する必要はありません。実は，これらは（特殊な例外を除き）まったく同じものになるのです。この性質は **Young の定理**と呼ばれます。

● **Young の定理**

$$\frac{\partial^2 f}{\partial x_2 \partial x_1} = \frac{\partial^2 f}{\partial x_1 \partial x_2}$$

　つまり，複数の変数で偏微分する場合，偏微分の順番を変えてもよいのです。この定理の証明は，本書のレベルを超えているので省略しますが，実際に成り立っていることを例題で確かめましょう。

例題 15.4

$f(x_1, x_2) = (3x_1 - x_2)^2$ について Young の定理が成立することを確かめよ。

解答

まず 1 階の導関数を求めましょう。

$$\frac{\partial f(x_1, x_2)}{\partial x_1} = 6(3x_1 - x_2) \qquad \frac{\partial f(x_1, x_2)}{\partial x_2} = -2(3x_1 - x_2)$$

さて，まず第 1 変数に関する偏導関数を第 2 変数で偏微分したものを求めると，

$$\frac{\partial}{\partial x_2}\left\{\frac{\partial f(x_1, x_2)}{\partial x_1}\right\} = \frac{\partial}{\partial x_2}\{6(3x_1 - x_2)\} = -6$$

となります。次に，第 2 変数に関する偏導関数を第 1 変数で偏微分したものを求めると，

$$\frac{\partial}{\partial x_1}\left\{\frac{\partial f(x_1, x_2)}{\partial x_2}\right\} = \frac{\partial}{\partial x_1}\{-2(3x_1 - x_2)\} = -6$$

となり，いずれも同じ値（定値関数）になり定理が成立することが確認されました。

4 つのうち 2 つは同一なので，2 変数関数の 2 階の偏導関数は全部で 3 種類あります。混乱を避けるために本書ではそれらを以下のように呼ぶことにします。

$\dfrac{\partial^2 f}{\partial x_1^2}$：関数 f の x_1 に関する 2 階の偏導関数

$\dfrac{\partial^2 f}{\partial x_2^2}$：関数 f の x_2 に関する 2 階の偏導関数

$\dfrac{\partial^2 f}{\partial x_1 \partial x_2}$：関数 f の交差偏導関数

念のために確認しますが，これら 2 階の偏導関数の値が 2 階の偏微分係数です。

1 変数関数の場合と同じく，ある点 (a_1, a_2) における 2 階の偏微分係数の値はその点における関数グラフの曲がり具合を表しています。たとえば，x_1

に関する 2 階の偏微分係数は，点 (a_1, a_2) から x_1 だけを変化させたときのグラフの曲がり具合を示しています．同様に，x_2 に関する 2 階の偏微分係数は，x_2 だけを変化させたときのグラフの曲がり具合を示します．いずれも値がプラスであれば下に張り出したようなグラフになり，マイナスであれば上に張り出したようなグラフになります．

最後の交差偏微分係数は一体何を意味しているのでしょうか．実は，x_1 と x_2 を同時に変化させたときの曲がり具合に関係しています．曲面の立体的曲がり具合は，2 つの 2 階の偏微分係数だけでは表現できません．交差偏微分係数も加えた 3 つの 2 階の偏微分係数によって立体グラフの曲面の性質が表現されるのです．このことは次章でもう少し詳しく説明します．

15.3　2 変数関数の 2 次関数近似

第 8 章では 1 変数関数の接線の方程式を発展させて，元の関数を n 次関数で近似する方法を学びました．同じことを，2 変数関数についてやるとどうなるでしょうか？

接点 (a_1, a_2) における接平面の方程式から，次のような 1 次関数を作ります．

$$g_1(x_1, x_2) = f(a_1, a_2) + \frac{\partial f(a_1, a_2)}{\partial x_1} \cdot (x_1 - a_1) + \frac{\partial f(a_1, a_2)}{\partial x_2} \cdot (x_2 - a_2)$$

この 1 次関数のグラフは元の関数 $f(x_1, x_2)$ に点 (a_1, a_2) で接する接平面です．これを 2 変数関数 $f(x_1, x_2)$ の点 (a_1, a_2) における **1 次近似関数** と呼びます．1 次近似関数とは，点 (a_1, a_2) において関数の値と 1 階の偏微分係数が元の関数 f と一致する 1 次関数です．確認をしてみましょう．

関数 g_1 の式の x_1, x_2 のところに a_1, a_2 を代入すると，右辺の第 2 項と第 3 項は 0 となるので，$g_1(x_1, x_2) = f(a_1, a_2)$ となり点 (a_1, a_2) において関数の値は確かに一致します．

次に 1 階の偏微分係数を調べます．関数 g_1 の 1 階の偏導関数は

$$\frac{\partial g_1(x_1, x_2)}{\partial x_1} = \frac{\partial}{\partial x_1}\left\{f(a_1, a_2) + \frac{\partial f(a_1, a_2)}{\partial x_1}\cdot(x_1 - a_1)\right.$$
$$\left. + \frac{\partial f(a_1, a_2)}{\partial x_2}\cdot(x_2 - a_2)\right\} = \frac{\partial f(a_1, a_2)}{\partial x_1}$$
$$\frac{\partial g_1(x_1, x_2)}{\partial x_2} = \frac{\partial}{\partial x_2}\left\{f(a_1, a_2) + \frac{\partial f(a_1, a_2)}{\partial x_1}\cdot(x_1 - a_1)\right.$$
$$\left. + \frac{\partial f(a_1, a_2)}{\partial x_2}\cdot(x_2 - a_2)\right\} = \frac{\partial f(a_1, a_2)}{\partial x_2}$$

となります。

関数 g_1 は一見複雑な関数に見えますが，a_1, a_2 は定数なので x_1 と x_2 に関する 1 次式にすぎないのです。このため，偏微分すると各変数の係数が出てくるだけです。偏導関数の値はいずれも一定なので，点 (a_1, a_2) における偏微分係数も

$$\frac{\partial g_1(a_1, a_2)}{\partial x_1} = \frac{\partial f(a_1, a_2)}{\partial x_1} \qquad \frac{\partial g_1(a_1, a_2)}{\partial x_2} = \frac{\partial f(a_1, a_2)}{\partial x_2}$$

となります。つまり，点 (a_1, a_2) における1階の偏微分係数も関数 g_1 と関数 f とで一致することが確認できました。

それでは，次に関数 f の 2 次関数近似を考えましょう。

2 次関数近似とは，関数の値と 1 階の偏微分係数に加えて，点 (a_1, a_2) における2階の偏微分係数の値も f と一致するような 2 次関数を探すことです。ここで注意したいのは 2 階の偏微分係数が

$$\frac{\partial^2 f(a_1, a_2)}{\partial x_1^2} \qquad \frac{\partial^2 f(a_1, a_2)}{\partial x_2^2} \qquad \frac{\partial^2 f(a_1, a_2)}{\partial x_1 \partial x_2}$$

と 3 種類あることと，2 変数関数の 2 次関数とは，x_1^2 と x_2^2 の項はもちろん $x_1 x_2$ の項も含むことです（注：1 変数関数の場合に説明したように，2 次関数近似は近似点におけるグラフの傾きだけでなく，その曲がり具合も一致するような関数なのですが，$x_1 x_2$ の項も入らないと関数 f の立体的な曲がり具合を表現できないのです）。

1 変数関数の場合と同じように，1 次近似関数 g_1 に 2 次関数を追加すると

いう方法で 2 次近似関数 g_2 を求めてみましょう。まず，g_2 を次のように置きます。

$$g_2(x_1, x_2) = g_1(x_1, x_2) + A(x_1-a_1)^2 + B(x_1-a_1)(x_2-a_2) + C(x_2-a_2)^2$$

追加された部分は，第 8 章の関数 h に相当する部分です。A, B, C の値がどのような値であっても，このように作られた 2 次関数 g_2 は点 (a_1, a_2) における関数の値と 1 階の偏微分係数を関数 f と共有します。2 次近似関数 g_2 は加えて点 (a_1, a_2) における 2 階の偏微分係数も関数 f と一致しなければなりません。

式で表すと

$$\frac{\partial^2 g_2(a_1, a_2)}{\partial x_1^2} = \frac{\partial^2 f(a_1, a_2)}{\partial x_1^2}$$

$$\frac{\partial^2 g_2(a_1, a_2)}{\partial x_1 \partial x_2} = \frac{\partial^2 f(a_1, a_2)}{\partial x_1 \partial x_2}$$

$$\frac{\partial^2 g_2(a_1, a_2)}{\partial x_2^2} = \frac{\partial^2 f(a_1, a_2)}{\partial x_2^2}$$

が成り立たなければなりません。この 3 つの条件を満たす A, B, C を求めればよいのです。

このためにまず g_2 の 1 階の導関数を求めます。

$$\frac{\partial g_2(x_1, x_2)}{\partial x_1} = \frac{\partial g_1(x_1, x_2)}{\partial x_1} + 2A(x_1 - a_1) + B(x_2 - a_2)$$

$$= \frac{\partial f(a_1, a_2)}{\partial x_1} + 2A(x_1 - a_1) + B(x_2 - a_2)$$

$$\frac{\partial g_2(x_1, x_2)}{\partial x_2} = \frac{\partial g_1(x_1, x_2)}{\partial x_2} + B(x_1 - a_1) + 2C(x_2 - a_2)$$

$$= \frac{\partial f(a_1, a_2)}{\partial x_2} + B(x_1 - a_1) + 2C(x_2 - a_2)$$

それぞれの最初の項は定数（g_1 の 1 階の導関数は定値関数）なので，これらはいずれも x_1 と x_2 に関する 1 次式です。したがって，これらをもう一度偏微分することで得られる 2 階の偏導関数はいずれも定数（定値関数）にな

ります。

$$\frac{\partial^2 g_2(x_1,x_2)}{\partial x_1^2} = 2A \qquad \frac{\partial^2 g_2(x_1,x_2)}{\partial x_2^2} = 2C \qquad \frac{\partial^2 g_2(x_1,x_2)}{\partial x_1 \partial x_2} = B$$

点 (a_1, a_2) における 2 階の偏微分係数が一致するためには,

$$A = \frac{1}{2}\frac{\partial^2 f(a_1,a_2)}{\partial x_1^2} \qquad B = \frac{\partial^2 f(a_1,a_2)}{\partial x_1 \partial x_2} \qquad C = \frac{1}{2}\frac{\partial^2 f(a_1,a_2)}{\partial x_2^2}$$

でなければなりません。

よって,点 (a_1, a_2) における 2 次近似関数 g_2 は

$$\begin{aligned}
g_2(x_1, x_2) = {} & f(a_1, a_2) + \frac{\partial f(a_1, a_2)}{\partial x_1} \cdot (x_1 - a_1) \\
& + \frac{\partial f(a_1, a_2)}{\partial x_2} \cdot (x_2 - a_2) + \frac{1}{2}\frac{\partial f^2(a_1, a_2)}{\partial x_1^2} \cdot (x_1 - a_1)^2 \\
& + \frac{\partial f^2(a_1, a_2)}{\partial x_1 \partial x_2} \cdot (x_1 - a_1)(x_2 - a_2) \\
& + \frac{1}{2}\frac{\partial f^2(a_1, a_2)}{\partial x_2^2} \cdot (x_2 - a_2)^2
\end{aligned}$$

となります。この 2 次近似関数は次章の 2 変数の最適化問題で使用します。

同様の方法で 3 次近似関数なども定義することができますが,応用上の重要性が低いので本書では紹介しません。

章末問題

問 15.1　経済学への応用

ある国の国民所得 Y がこの国の資本量 K と労働人口 L によって次の式によって決定されているとする。

$$Y = K^{1/3} L^{2/3}$$

K と L はともに時点 t の関数であるとする。このとき以下の問いに答えよ。

(1) 微分係数 dK/dt の経済学的な意味は何か。

(2) 初期時点 $t = 0$ において,

$$K = 1000 \qquad L = 8000 \qquad \frac{dK}{dt} = 9 \qquad \frac{dL}{dt} = 3$$

とする。初期時点の微分係数 dY/dt の値を求めよ。

問 15.2　1次同次関数の例

2つの関数が与えられている。

$$f(x_1, x_2) = x_1^{0.5} x_2^{0.5} \qquad g(x_1, x_2) = (x_1^{1/2} + 3x_2^{1/2})^2$$

(1) 関数 f と g はいずれも1次同次性を満たす。証明せよ。
(2) 関数 f と g のそれぞれについて性質1と性質2が成り立つことを確認せよ。
(3) 関数 f と g のそれぞれについて点 $(4, 1)$ における2次近似関数を求めよ。

問 15.3　発展問題

次の Cobb-Douglas 型関数が1次同次性を満たすための条件を求めよ。

$$f(x_1, x_2) = a x_1^{\alpha} x_2^{\beta}$$

第16章

多変数最適化問題

本章の目的

すでに説明したように標準的なミクロ経済学では，消費者は効用（満足度）を，企業は利潤を最大にするように行動すると仮定して分析を行います。そして，消費者も企業も実に多様なことを決定しなければならないので，彼らの問題を数学的に表現すると多変数関数の最適化問題になります。多変数最適化問題はミクロ経済学にとどまらず統計学や計量経済学，ファイナンスでもよく使われますし，現実のいろいろな問題に応用されています。本章では，いよいよその手法を学びます。

■ 偏微分の知識を応用して，多変数関数の値を最大または最小にする一般的な方法を学びます。

■ 具体的な応用問題が解けるようになることが大きな目標です。

16.1 等号制約条件のない2変数最適化問題

はじめに等号制約条件のない2変数最適化問題を考えます。具体的には，関数 $f(x_1, x_2)$ が与えられたときに，関数の値を最大，あるいは最小にする点 (x_1^*, x_2^*) を見つけるという問題です。経済学の問題では，変数が負の値をとらないなどの制約を置きますが，それでも (x_1, x_2) 平面のある領域の中から最適な内点を見つけることになります。

▶1 階 の 条 件

　1 変数関数の最適化では，関数の増減表を調べて解を求める方法を紹介しましたが，多変数関数の最適化問題ではこの方法はあまりとられません。変数が 2 つ以上になると増減表（のようなもの）を作るのが難しかったり，不可能であったりするからです。その代わりに，最適な内点解がもつ性質に注目し，その条件を満たす候補を絞り込む方法をとります。もちろん解が端点解になっていることもありますが，内点解の候補を調べておかなければ端点が最適かどうかもわかりません。その意味で最適内点解の候補を調べることが最重要課題なのです。最適内点解が満たすべき条件はいくつかありますが，もっとも重要な条件がここで紹介する **1 階の条件** です。

　1 階の条件を直感的に理解するために，偏微分可能な 2 変数関数 $f(x_1, x_2)$ の値が内点 (x_1^*, x_2^*) で最大になっている状況を考えましょう。すると，関数 f のグラフは点 (x_1^*, x_2^*) を頂点とする図16-1 のような丸い山のような形になっているはずです（注：偏微分可能であることから尖った山はありえません）。

　ここで注目すべき最適内点解の性質はこれです。

■図16-1　**最大内点解のイメージ**

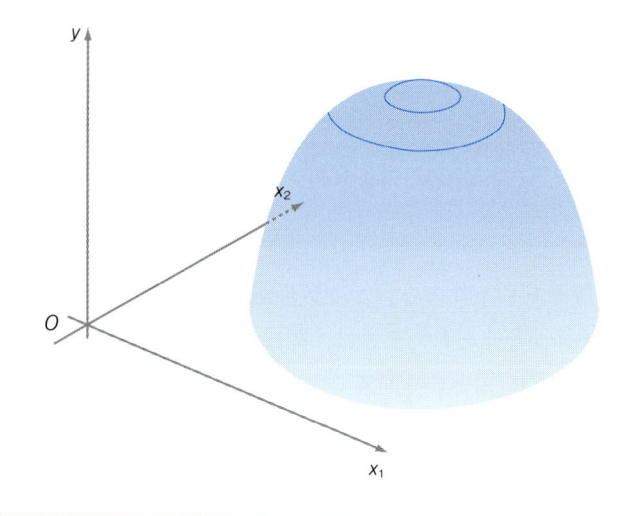

山の頂上における接平面は水平である。

イメージがわかない場合は，固定されたヘルメットの上にプラスチック製の下敷きを載せることを考えてみてください。無風状態であれば，プラスチック製下敷きの重心がヘルメットの頂点に重なると落ちずに安定します。このときプラスチック製の下敷きはほぼ水平になるはずです。滑らかな曲面グラフの頂点における接平面は必ず水平になるのです。

この性質を式で表現してみましょう。点 (x_1^*, x_2^*) における接平面の方程式は

$$y - f(x_1^*, x_2^*) = \frac{\partial f(x_1^*, x_2^*)}{\partial x_1}(x_1 - x_1^*) + \frac{\partial f(x_1^*, x_2^*)}{\partial x_2}(x_2 - x_2^*)$$

ですが，これが水平であるとは x_1 と x_2 の値が変化しても y の値が変わらないことを意味します。そのためには x_1 と x_2 の係数がともにゼロでなければなりません。すなわち，接平面が水平であるという性質は次の条件式で表されます。

● **最大内点解の 1 階の条件**（FOC：First-Order Condition）

$$\frac{\partial f(x_1^*, x_2^*)}{\partial x_1} = \frac{\partial f(x_1^*, x_2^*)}{\partial x_2} = 0$$

言葉で表現すると「最大内点解ではすべての変数に関する 1 階の偏微分係数がゼロになっていなければならない」。これが 1 階の条件です。経済学者は FOC と省略して書くこともあるので注意しましょう。

この条件は最適内点解であるための必要条件です。つまり，1 階の条件が満たされていなければ最大内点解には絶対になりません。これを確かめてみましょう。

今，かりに最適点 (x_1^*, x_2^*) における一階の偏微分係数，$\partial f(x_1^*, x_2^*)/\partial x_1$ がプラスであるとします。この一階の偏微分係数の意味は「x_2 の値を x_2^* に固定したまま，x_1 の値だけを x_1^* から微少に増加させたとき関数の値がその何

倍変化するか」を示しています。これがプラスであるということは，x_1 を増やすことで関数の値が大きくなること，すなわち点 (x_1^*, x_2^*) よりも関数の値を大きくする組合せが存在することを意味します。この事実は点 (x_1^*, x_2^*) が最大内点解であることと矛盾します。1 階の偏微分係数がゼロでない場合は必ずこのような矛盾が生じてしまうのです。だからゼロでなければならないと言えるのです。

ここまでは 2 変数関数を最大にする内点解について議論してきましたが，2 変数関数の最小化問題の 1 階の条件も同じです。2 変数関数の最小点は茶碗のような形をしたグラフの底にあたります。底に接する接平面もやはり水平になっていなければなりません。性質が同じだから，1 階の条件も同じになるのです。

1 階の条件のありがたいところは，変数の数が 3 つ以上の場合にもあてはまることです。偏微分係数が「ほかの変数を固定して，ある変数を微少に変化させたときの関数の値の変化」を表していることを考えれば，最大解・最小解いずれの場合でも偏微分係数がすべての変数についてゼロでなければならないと言えるのです。

> ● n 変数最適化問題の 1 階の条件
>
> n 変数関数 $f(x_1, x_2, \cdots, x_n)$ の値が内点 $(x_1^*, x_2^*, \cdots, x_n^*)$ で最大（あるいは最小）になっているならば次の条件が成り立つ．
>
> $$\frac{\partial f(x_1^*, x_2^*, \cdots, x_n^*)}{\partial x_1} = \frac{\partial f(x_1^*, x_2^*, \cdots, x_n^*)}{\partial x_2} = \cdots$$
> $$= \frac{\partial f(x_1^*, x_2^*, \cdots, x_n^*)}{\partial x_n} = 0$$

▶ 1 階の条件を使って解を見つけてみよう！

簡単な問題であれば，1 階の条件を調べるだけで答えが見つかります。次の例題 16.1 を見てみましょう。

例題 16.1

関数 $y = x_1 \times x_2 \times (1 - x_1 - 3x_2)$ （定義域 $x_1 \geq 0$ $x_2 \geq 0$）の値を最大にする点 (x_1^*, x_2^*) を求めよ。

解答

定義域における関数の値 y の符号を調べると図 16-2 のようになります。右下がりの直線 $x_2 = (1 - x_1)/3$ よりも右上の領域では関数の値が負になり，左下の青い領域ではプラスです。この直線と両軸の上では関数の値がゼロになるので，左下の青い領域（三角形）の中に内点解があるはずです。これを 1 階の条件を使って求めてみましょう。

まず，偏導関数を求めます。

$$\frac{\partial y}{\partial x_1} = x_2 \times (1 - x_1 - 3x_2) - x_1 x_2 = x_2 \times (1 - 2x_1 - 3x_2)$$

$$\frac{\partial y}{\partial x_2} = x_1 \times (1 - x_1 - 3x_2) - 3x_1 x_2 = x_1 \times (1 - x_1 - 6x_2)$$

内点解を (x_1^*, x_2^*) とすると，1 階の条件より偏微分係数がともにゼロでなければならないので，次の条件が得られます。

$$x_2^*(1 - 2x_1^* - 3x_2^*) = 0 \qquad x_1^*(1 - x_1^* - 6x_2^*) = 0$$

ここで x_1^* と x_2^* のいずれかが 0 の場合，関数の値も 0 となってしまうので x_1^* と x_2^*

■図16-2　関数 $y = x_1 \times x_2 \times (1 - x_1 - 3x_2)$ の符号

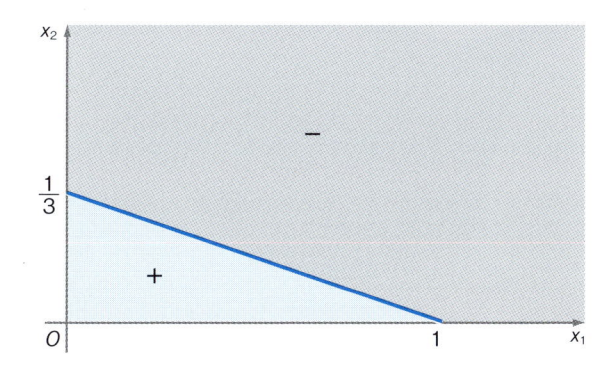

はいずれも 0 ではありません。よって，最適解が上の条件を満たすためには，それぞれの括弧の中が 0 でなければならないのです。

$$1 - 2x_1^* - 3x_2^* = 0 \qquad 1 - x_1^* - 6x_2^* = 0$$

この連立方程式を解くと，$x_1^* = \dfrac{1}{3}$, $x_2^* = \dfrac{1}{9}$ が得られます。

　応用問題ではこの例題のように 1 階の条件だけで解ける問題がほとんどです。みなさんもこの条件のお世話になることが非常に多くなることでしょう。
　もちろん，1 階の条件だけでは解が求められない場合もあります。たとえば，1 階の条件を満たす解の候補が複数出てきた場合には，極大点だけでなく，極小点も含まれることがよくあります。加えて，2 変数関数の最適化問題では下記のような特殊な点も 1 階の条件を満たす点としてよく登場します

■図16-3　鞍点グラフの例

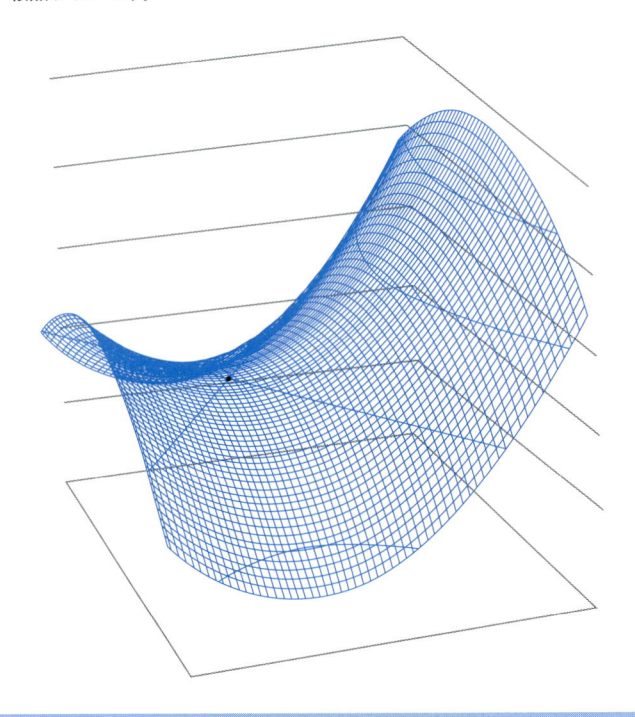

ので注意が必要です。

図 16-3 の立体グラフを見てください。このグラフは馬の鞍のような形をしています。馬の鞍は馬の背骨に沿うように切ると下に凸の曲線を描きますが，馬の胴体を輪切りにするように切ると上に凸の曲線を描きます。下に凸の曲線のちょうど底にあたる点（黒い点）は鞍点（saddle point）と呼ばれます。極大点でも極小点でもないのに，鞍点における接平面は水平になるため，鞍点も 1 階の条件を満たす候補に含まれるのです。

▶2 階の条件

最大化問題で内点解になりうるのは極大点だけです。極小点や鞍点があれば，候補から除外しなければなりません。それを可能にするのが，以下の 2 階の条件です。

● **最大内点解の 2 階の条件**

1 階の条件を満たす点 (x_1^*, x_2^*) が関数 f の極大点であるためにはこの点において以下の 3 つの条件が成立しなければならない。

① $\dfrac{\partial^2 f(x_1^*, x_2^*)}{\partial x_1^2} \leq 0$

② $\dfrac{\partial^2 f(x_1^*, x_2^*)}{\partial x_2^2} \leq 0$

③ $\dfrac{\partial^2 f(x_1^*, x_2^*)}{\partial x_1^2} \times \dfrac{\partial^2 f(x_1^*, x_2^*)}{\partial x_2^2} - \left(\dfrac{\partial^2 f(x_1^*, x_2^*)}{\partial x_1 \partial x_2} \right)^2 \geq 0$

各条件の意味を考えてみましょう。条件①と②は「各変数に関する 2 階の偏微分係数が正であってはいけない」というものです。これは 1 変数最大化問題の 2 階の条件とほぼ同じですね。①の 2 階の偏微分係数は x_1 軸に平行に切ったグラフの切断面が上に凸となるための条件（厳密に言えば下に凸にならない条件）です。ちなみに，②の 2 階の偏微分係数は x_2 軸に平行に切ったグラフの切断面が上に凸となるための条件です（図 16-4）。

読者のみなさんは，軸に平行に切った断面がいずれも上に凸ならば必ず極

■図16-4　2階の条件①②は軸に平行な断面の曲がり具合に関する条件

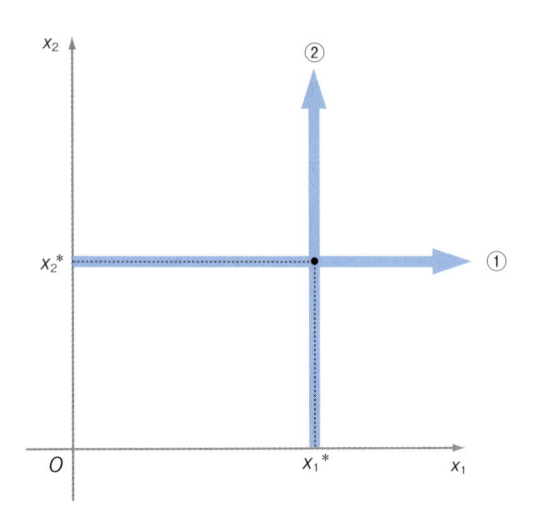

大点になっていると思うかもしれません。私も最初はそう思いましたが，実はそうであるとは言いきれません。条件①，②を満たしても，(x_1^*, x_2^*) が極大点にならないことがあるのです（章末問題　問 16.1，問 16.2 参照）。

図 16-4 のように軸に平行に切った場合には上に凸になっていても，斜めに切ったときには下に凸になっていることがありうるのです。このようなケースを除外するのが条件③です（詳しい証明は以下のステップアップを見てください）。

ステップアップ　最大内点解の 2 階の条件の証明

1 階の条件を満たす点 (x_1^*, x_2^*) が関数 f の極大点であるとします。点 (x_1^*, x_2^*) の近くでの関数 f の形状を調べるために，点 (x_1^*, x_2^*) における関数 f の 2 次近似関数 g_2 を考えます。1 階の条件から 1 階の偏微分係数はすべて 0 なので，g_2 は

$$g_2(x_1, x_2) = f(x_1^*, x_2^*) + \frac{1}{2}\frac{\partial^2 f(x_1^*, x_2^*)}{\partial x_1^2}(x_1 - x_1^*)^2$$
$$+ \frac{\partial^2 f(x_1^*, x_2^*)}{\partial x_1 \partial x_2}(x_1 - x_1^*)(x_2 - x_2^*) + \frac{1}{2}\frac{\partial^2 f(x_1^*, x_2^*)}{\partial x_2^2}(x_2 - x_2^*)^2$$

となります．さて，点 (x_1^*, x_2^*) が関数 f の極大点ならば，どんな (x_1, x_2) に対しても以下が成り立たなければなりません．

$$g_2(x_1, x_2) \leq f(x_1^*, x_2^*)$$

これが成立しなければ，点 (x_1^*, x_2^*) のすぐ近くにこの点よりも関数の値を大きくする点が存在してしまうからです．上の不等式に2次近似関数を代入して書き換えると，次のようになります．

$$\frac{1}{2}\frac{\partial^2 f(x_1^*, x_2^*)}{\partial x_1^2} X_1^2 + \frac{\partial^2 f(x_1^*, x_2^*)}{\partial x_1 \partial x_2} X_1 X_2 + \frac{1}{2}\frac{\partial^2 f(x_1^*, x_2^*)}{\partial x_2^2} X_2^2 \leq 0 \quad \text{※}$$

(ただし，$X_1 = x_1 - x_1^*$, $X_2 = x_2 - x_2^*$．この式は以下「※の式」と呼びます．)

条件が成り立つためには，この不等式がどのような X_1 と X_2 に対しても成立しなければなりません．その条件をこそが2階の条件なのです．調べてみましょう．

まず，不等式の左辺にある2階の偏微分係数がすべて定数であることに注意してください．変数は X_1 と X_2 の2つだけです．左辺は X_1 の2次関数であると同時に X_2 の2次関数でもあります．2次関数のグラフは放物線を描きますね．たとえば，X_1^2 の係数が正の場合，任意の X_2 に対して下に凸の放物線を描きます．このとき，どんな X_2 であっても X_1 の値の絶対値が十分に大きくなれば，左辺がプラスになってしまうので条件を満たしません．よって，X_1^2 の係数はプラスであってはならないのです．同じことは X_2^2 の係数についても言えますので，2階の条件の①②が得られます．

$$\frac{\partial^2 f(x_1^*, x_2^*)}{\partial x_1^2} \leq 0, \quad \frac{\partial^2 f(x_1^*, x_2^*)}{\partial x_2^2} \leq 0 : \text{放物線が下に凸とならない条件}$$

残念ながらこの2つの条件だけでは不十分です．かりに放物線が上に凸であっても，その頂点がプラスの値であれば条件を満たさない (X_1, X_2) が存在してしまうからです．そうならない条件を調べます．

X_1^2 の係数が負の場合，X_1 に関する2次関数は上に凸の放物線を描きます．その頂点がプラスにならない条件は次のようになります．

$$\left[\left(\frac{\partial^2 f(x_1^*, x_2^*)}{\partial x_1 \partial x_2}\right)^2 - \frac{\partial^2 f(x_1^*, x_2^*)}{\partial x_1^2}\frac{\partial^2 f(x_1^*, x_2^*)}{\partial x_2^2}\right] X_2^2 \leq 0$$

X_1^2 はマイナスにならないので，これを整理すると条件③が得られます。

$$\frac{\partial^2 f(x_1^*, x_2^*)}{\partial x_1^2} \frac{\partial^2 f(x_1^*, x_2^*)}{\partial x_2^2} - \left(\frac{\partial^2 f(x_1^*, x_2^*)}{\partial x_1 \partial x_2}\right)^2 \geq 0 \quad : \quad \begin{array}{l}\text{頂点がプラスに}\\\text{ならない条件}\end{array}$$

X_2^2 の係数が負の場合には，X_2 に関しても同様の条件を考える必要がありますが，結果として得られる条件は③とまったく同じです。

最後に X_1^2 と X_2^2 の係数のいずれかが0の場合を考えます。この場合，①②の条件に加えて $X_1 X_2$ の係数が0であることが必要です。この条件は2階の条件③の下では必ず成立するので，必要なのは①②③の3つだけです。

以上より※の式が成立する条件は①②③の3つであることが証明されました。

16.2　等号制約条件のある多変数最適化問題

次に扱うのは等号制約条件のある多変数最適化問題です。例えば，経済学では以下のような消費者の問題を考えます。

> **例題 16.2　消費者の効用最大化問題**
>
> 次のような効用関数をもつ消費者がいる。
>
> $u(x_1, x_2) = x_1^5 \cdot x_2^3$
>
> この消費者は80の予算を第1財と第2財の購入にあてて，効用を最大化したい。第1財の価格が2で，第2財の価格が3であるとき，この消費者はどのように消費をすればよいか。

財の消費量を増やせば効用は高まりますが，予算には限りがあるので購入できる財の量には制約があります。第1財を x_1，第2財を x_2 だけ消費するには，第1財と第2財の購入にそれぞれ $2x_1$，$3x_2$ だけ支出が必要です。予算を余らせても無駄なので，この消費者は支出の合計がちょうど80になるよ

うに消費量を決めるでしょう。つまり，x_1 と x_2 は次の式を満たすように決まるはずです。

$$2x_1 + 3x_2 = 80$$

この式は消費者の「予算制約条件」と呼ばれます。消費者は，この等号条件を満たす組合せ (x_1, x_2) の中で効用 u を最大にするものを選びたいのです。

応用例として，以下に図形に関する例題もあげておきましょう。

> **例題 16.3**
>
> 容量 2000π （単位 m^3）となる直円柱のうち，表面積が最小になるものの高さを求めよ

例題 16.3 で最小化したいのは直円柱の表面積です。直円柱の底円の半径を r，高さを h （単位 m）とすると，表面積 S （単位 m^2）はどのようになるでしょうか。

■図16-5　直円柱とその展開図

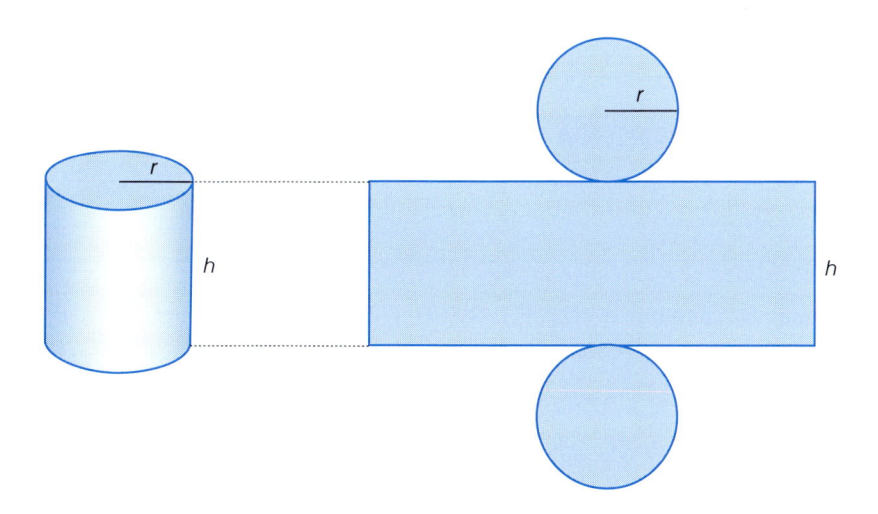

図16-5は直円柱（左）とその展開図（右）です。直円柱の表面積は3つの部分に分かれます。上下の2つの円（各面積 πr^2）と側面の部分（$2\pi r \times h$）ですから，

$$S = 2\pi r^2 + 2\pi rh = 2\pi r(r+h)$$

となります。これを最小にするように r と h を決めたいのですが，自由に決めれるわけではありません。体積は決まっていますので，r と h は次の式を満たさなければなりません。

$$\pi r^2 h = 2000\pi$$

さて，例題 16.2 と例題 16.3 はいずれも2変数を含む方程式を制約条件として，2変数関数を最大化あるいは最小化するという形になっています。このような問題を等号制約条件のある2変数最適化問題と言います。経済学ではこのような問題を簡潔，かつ明確に表現するために以下のような式で問題を表します。

●例題 16.2 の数式表現

$$\max_{(x_1,\ x_2)} u(x_1, x_2) = x_1^5 \cdot x_2^3 \quad s.t. \quad 2x_1 + 3x_2 = 80$$

●例題 16.3 の数式表現

$$\min_{(h,\ r)} S = 2\pi r(r+h) \quad s.t. \quad \pi r^2 h = 2000\pi$$

---

max は「maximize（最大化しなさい）」の略で，min は「minimize（最小化しなさい）」の略でいずれも問題の要求事項を示しています。それらの下の括弧の中は最適化する際に選択する変数を示しています。例題 16.2 の数式表現の $s.t.$ より前の部分全体で「関数 $u(x_1, x_2) = x_1^5 \cdot x_2^3$ を (x_1, x_2) に関して最大化せよ」という意味になります。一方，例題 16.3 の数式表現は「関数 $S = 2\pi r(r+h)$ を (h, r) に関して最小化せよ」という意味です。

記号 s.t. は subject to の略（such that の略という説もある）で「このあとの条件の下で」という意味をもちます。つまり，例題 16.2 の数式表現の s.t. 以下の部分は「$2x_1 + 3x_2 = 80$ という条件の下で」と解釈されます。

さて，このような等号制約条件のある 2 変数最適化問題を解くにはどうしたらよいでしょうか？ 実際学生たちに解かせると，まず制約条件を一方の変数について解いて（たとえば例題 16.2 では $x_2 = (80 - 2x_1)/3$，例題 16.3 では $h = 2000/r^2$ として），それを目的関数に代入することで，2 変数の最適化問題を 1 変数の最適化問題に直して解こうとします。これは代入法と呼ばれる立派な方法ですが，経済学者は通常この方法で解こうとはしません。理由は主に 3 つほどあります。

理由 1：制約条件を一方の変数について解けるとは限らない。これについては陰関数定理のところで説明しましたね。

理由 2：代入によってできる関数は複雑な合成関数になり，計算が困難になる。

理由 3：変数の数が 2 以上になったときに応用できない。

それでは，経済学者はどうするかというと，以下のラグランジュの未定乗数法と呼ばれる方法を使います。ラグランジュ（Lagrange, J.L.；1736–1813）は，18 世紀にフランスで活躍した数学者で，微分法を物理や天文学に応用する方法を次々と考案した天才数学者です。それでは具体的な方法を見てみましょう。

最大化問題でも最小化問題でも解き方は同じなので，ここでは次のような一般的な等号制約条件のある最大化問題でその方法を説明します。

$$\max_{(x_1,\ x_2)} f(x_1, x_2) \quad s.t. \quad g(x_1, x_2) = 0$$

関数 f と g の形はここでは特定しませんがすべての点で全微分可能な関数とします。等号制約条件は移項すれば必ず "$=0$" の形に書き直せます。書き換えた式の左辺が関数 g です。

ラグランジュの未定乗数法では 3 ステップで解を見つけます。

Step1：ラグランジュ関数を作る。

まず,「未定乗数」と呼ばれる新しい変数λ(ラムダ)を導入して,新しい関数$L(x_1, x_2, \lambda)$を次のように作ります.

$$L(x_1, x_2, \lambda) = f(x_1, x_2) + \lambda \cdot g(x_1, x_2)$$

等号制約条件の関数gにλという新しい変数を掛けて,最大化する関数に足し合わせて作ります.ただでさえ2つも変数があるのに,さらに1つ加えて3つにして解くので一見遠回りをしているようにも思えますが,このようにしたほうがスッキリ解けるのがラグランジュの未定乗数法の不思議なところです.

Step2：1階の条件を調べる.

このとき最適解を(x_1^*, x_2^*)とすると,(あるλ^*が存在して)次の1階の条件が成立します.

$$\frac{\partial L(x_1^*, x_2^*, \lambda^*)}{\partial x_1} = \frac{\partial f(x_1^*, x_2^*)}{\partial x_1} + \lambda^* \cdot \frac{\partial g(x_1^*, x_2^*)}{\partial x_1} = 0$$

$$\frac{\partial L(x_1^*, x_2^*, \lambda^*)}{\partial x_2} = \frac{\partial f(x_1^*, x_2^*)}{\partial x_2} + \lambda^* \cdot \frac{\partial g(x_1^*, x_2^*)}{\partial x_2} = 0$$

この事実を証明したのが数学者のラグランジュなのです.ちなみに,最適点におけるLのλに関する偏微分係数は,

$$\frac{\partial L(x_1^*, x_2^*, \lambda^*)}{\partial \lambda} = g(x_1^*, x_2^*)$$

となりますが,制約条件によりこれも0になります.これらの条件は等号制約条件のない最適化問題の1階の条件とそっくりですね.ラグランジュは「未定乗数を導入することで等号制約条件のある最適化問題をあたかもそれがないかのように解くことができる」ことを発見したのです.すごいですね.証明は章末問題 問16.9としました.

Step3：1階の条件と制約条件を連立させて解を求める.

まず1階の条件の2式を連立させて,λ^*を消去します.それぞれλ^*を含む項を右辺に移行して,上の式の両辺を下の式の両辺で割ればλ^*が消えて

$$\frac{\dfrac{\partial f(x_1^*, x_2^*)}{\partial x_1}}{\dfrac{\partial f(x_1^*, x_2^*)}{\partial x_2}} = \frac{\dfrac{\partial g(x_1^*, x_2^*)}{\partial x_1}}{\dfrac{\partial g(x_1^*, x_2^*)}{\partial x_2}}$$

を得ます。この方程式と制約条件 $g(x_1^*, x_2^*) = 0$ を連立させて解けば (x_1^*, x_2^*) が求められます。

実際にこれを使って例題 16.2 と例題 16.3 を解いてみましょう。

例題16.2の解答

Step1：ラグランジュ関数を作る。

変数 λ を導入して，新しい関数 $L(x_1, x_2, \lambda)$ を作ります。

$$L(x_1, x_2, \lambda) = x_1^5 x_2^3 + \lambda(2x_1 + 3x_2 - 80)$$

等号制約条件を "$= 0$" の形に書き換えたときの左辺に λ を掛けて，効用関数に足せばよいのです。

Step2：1 階の条件を調べる。

1 階の条件は次の 2 つになります。

$$\frac{\partial L(x_1^*, x_2^*, \lambda^*)}{\partial x_1} = 5x_1^{*4} x_2^{*3} + \lambda^* \times 2 = 0$$

$$\frac{\partial L(x_1^*, x_2^*, \lambda^*)}{\partial x_2} = 3x_1^{*5} x_2^{*2} + \lambda^* \times 3 = 0$$

Step3：1 階の条件と制約条件を連立させて解を求める。

1 階の条件の 2 つの式を連立して λ^* を消去すると，

$$\frac{5x_1^{*4} x_2^{*3}}{3x_1^{*5} x_2^{*2}} = \frac{2}{3} \quad \rightarrow \quad 2x_1^* = 5x_2^*$$

となります。これを予算制約条件に代入して x_1^* を消去すると，

$$8x_2^* = 80 \quad \rightarrow \quad \therefore x_2^* = 10$$

を得ます。これを予算制約式（または $2x_1^* = 5x_2^*$）に代入すれば $x_1^* = 25$，よって，答えは $(x_1^*, x_2^*) = (25, 10)$ となります。

例題16.3の解答

Step1：ラグランジュ関数を作る。

$$L(r, h, \lambda) = 2\pi r(r+h) + \lambda(\pi r^2 h - 2000\pi)$$

Step2：1階の条件を調べる．

$$\frac{\partial L(r^*, h^*, \lambda^*)}{\partial r} = 2\pi(2r^* + h^*) + \lambda^* \times 2\pi r^* h^* = 0$$

$$\frac{\partial L(r^*, h^*, \lambda^*)}{\partial h} = 2\pi r^* + \lambda^* \times \pi r^{*2} = 0$$

Step3：1階の条件と制約条件を連立させて解を求める．

1階の条件の2つの式を連立して λ^* を消去すると，

$$\frac{2\pi(2r^* + h^*)}{2\pi r^*} = \frac{2\pi r^* h^*}{\pi r^{*2}} \quad \to \quad h^* = 2r^*$$

となります．これを等号制約条件に代入して h^* を消去すると，

$$r^{*3} = 1000 \quad \to \quad \therefore r^* = 10$$

となり，これを $h^* = 2r^*$ に代入すれば $h^* = 20$ を得ます．よって答えは $(r^*, h^*) = (10, 20)$ となります．

このように，ラグランジュの未定乗数法を使うと簡単な計算で解を求められます．

ここで紹介したラグランジュの未定乗数法は，1階の条件にすぎません．少し高度なので本書では紹介しませんが，ラグランジュの未定乗数法には2階の条件もあります．しかし，経済の問題では1階の条件だけで解が求められる場合がほとんどなので，ここまでの知識があれば十分に経済学での数学にはついていけるでしょう．

また，1階の条件は変数の数が3つ以上のケースにも自然に応用できます（章末問題　問 16.4 をやってみましょう）．

数学が実際に応用されている例をお見せして，本書を終わることにします．実は，例題 16.3 は貯水タンクなどを製造している企業にとっては切実な問題です．彼らは容器の表面積を小さくして，材料費を1円でも節約したいと考えています．得られた $h^* = 2r^*$ という条件は円柱の体積にかかわりなく得られる普遍的な最適条件です．つまり，円柱の表面積を小さくするには円柱の高さと底円の直径を等しくすればよいのです．そのようなタンクは真横か

■図16-6 ビルの屋上にある貯水タンク

ら見ればほぼ正方形に見えます。

みなさんもビルの屋上に置いてある貯水タンクを眺めてみてください。写真のようなタンクを目にしませんか。実際には，安定性や加工上の都合で正確な正方形にはなっていないこともありますが，おおむね円柱形のタンクは横から見ると正方形になっているのがわかると思います。このようなところにも数学が活かされていること，そして数学が役に立つ学問であることを実感してもらえればうれしいです。

章末問題

問 16.1　2階の条件の確認問題

関数 $f(x_1, x_2) = -x_1^2 + 3x_1 x_2 - x_2^2$ について，

(1) 1階の条件を満たす点を見つけよ。
(2) (1) で得られた点において2階の条件①②③が成立するかどうか確かめよ。
(3) (1) で得られた点はどのような点であるか。

(ヒント：この点とその周囲の点における関数の値を調べてみよう。)

問 16.2　計算練習問題

1階の条件と2階の条件を使って，次の関数の極大値，極小値，鞍点を見つけてみよう。

(1) $y = x_1^2 + x_1 x_2 - x_2^2 - 4x_1 - 2x_2$
(2) $y = x_1^4 + x_2^4 - 4x_1 x_2 + 3$
(3) $y = x_1^3 - x_2^3 - 6x_1 + 3x_2$

問 16.3　応用問題

3 点 $O(0, 0)$, $A(a, 0)$, $B(b, c)$　（$a > 0$, $b > 0$, $c > 0$）を頂点とする三角形を考える。各点からの距離の 2 乗の和が最小になる点 (x_1^*, x_2^*) を求めよ。また，この点は何か。

問 16.4　応用問題

3m の針金を使って直方体の枠を作る。直方体の体積を最大にするには各辺の長さを何 m にすればよいか（すべての辺の長さの和は 3m である）。

問 16.5　経済学への応用

2 つの生産要素を使ってある製品を作る企業がある。第 1 生産要素を x_1, 第 2 生産要素を x_2 だけ投入するときの製品の生産量 y は次の生産関数で与えられる。

$$y = f(x_1, x_2) = x_1^{\frac{1}{3}} \times x_2^{\frac{1}{3}}$$

製品価格が 10, 第 1 生産要素と第 2 生産要素の価格がそれぞれ 2 と 4 であるとき，
(1)　企業の利潤 π は x_1 と x_2 の関数になる。これを式で表せ。
(2)　利潤を最大化する投入量の組合せ (x_1^*, x_2^*) を求めよ。

〈発展問題〉
(3)　第 1 生産要素の価格が 2 から微小に ε だけ上昇するとき，(x_1^*, x_2^*) はどのように変化するか。結果を予想してから実際に計算してみよう。

問 16.6　応用問題

下図のように，鉄板で底の形が正三角形のフタのない箱を作る。鉄板の表面積が $a\,\mathrm{cm}^2$ であるような箱のうち，容積が最大になるものの高さを求めよ。

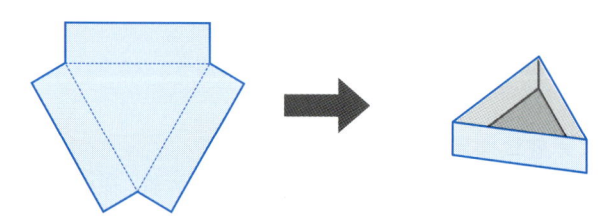

問 16.7　経済学への応用

太郎と花子は 2 財の消費問題に直面している。太郎と花子の効用関数はそれぞれ以下のように与えられている。

$$太郎：u_T(x_1, x_2) = \sqrt{x_1 x_2} \qquad 花子：u_H(x_1, x_2) = (\sqrt{x_1} + \sqrt{x_2})^2$$

ただし，x_1 と x_2 はそれぞれ第 1 財と第 2 財の消費量である。以下の問いに答えよ。

(1) 第 1 財の価格が 3，第 2 財の価格が 6，予算が 54 であるとき，太郎と花子の効用を最大にするような消費の組合せをそれぞれ求めよ。

(2) 第 1 財の価格が p_1，第 2 財の価格が p_2，予算が M であるとき，太郎と花子の効用を最大にするような消費の組合せを (p_1, p_2, M) の関数として求めよ。

(3) (1) の状態（すなわち，$(p_1, p_2, M) = (3, 6, 54)$ の状態）から，第 1 財の価格 p_1 だけが微小に ε だけ上昇するとき，太郎と花子の消費の組合せはそれぞれどれだけ変化するか。

問 16.8　経済学への応用

以下の効用最大化問題を解け。(1)(2)(3) の結果を比較して，比較結果の理由を考察してみよう。ただし，x_i は第 i 財の消費量，p_i は第 i 財の価格，M は予算であり，価格と予算はともに正とする。

(1) $\max u(x_1, x_2) = x_1^a x_2^b$

　　$s.t. \ \ p_1 x_1 + p_2 x_2 = M, \quad a, b > 0$

(2) $\max u(x_1, x_2) = a \ln x_1 + b \ln x_2$

　　$s.t. \ \ p_1 x_1 + p_2 x_2 = M, \quad a, b > 0$

(3) $\max u(x_1, x_2, x_3) = x_1^a x_2^b x_3^c$

　　$s.t. \ \ p_1 x_1 + p_2 x_2 + p_3 x_3 = M, \quad a, b, c > 0$

(4) $\max u(x_1, x_2) = (\beta_1 x_1^\alpha + \beta_2 x_2^\alpha)^{1/\alpha}$

　　$s.t. \ \ p_1 x_1 + p_2 x_2 = M, \quad \beta_1, \beta_2 > 0, \quad \alpha \neq 0, \quad \alpha < 1$

問 16.9　発展問題：ラグランジュの定理の証明

以下のように一般的な等号制約条件のある最大化問題が与えられている。

$$\max_{(x_1,\ x_2)} f(x_1, x_2) \qquad s.t. \quad g(x_1, x_2) = 0$$

この問題の最適内点解を (x_1^*, x_2^*) とする。内点解の近傍では x_1 と x_2 の間に関数関係（陰関数）が存在するものとする。このとき，

$$\frac{\partial f(x_1^*, x_2^*)}{\partial x_1} + \lambda^* \cdot \frac{\partial g(x_1^*, x_2^*)}{\partial x_1} = 0$$

$$\frac{\partial f(x_1^*, x_2^*)}{\partial x_2} + \lambda^* \cdot \frac{\partial g(x_1^*, x_2^*)}{\partial x_2} = 0$$

を満たすような実数 λ^* が存在することを証明せよ。

章末問題略解

＊紙幅の関係で詳細な解答は下記のウェブサイトに掲載しました。是非ご覧ください。

【新世社ホームページ　http://www.saiensu.co.jp（「サポートページ」欄（社会科学関連書））】

第1章

問 1.1　(1)　略　　(2)　稠密性のあるもの：有理数，無理数，実数。連続性のあるもの：実数のみ。

問 1.2　(1)　略　　(2)　数列 a_n は 45 に収束する。数列 b_n はプラス無限大に発散する。

問 1.3　(1)　1/3　　(2)　$+\infty$　　(3)　0　　(4)　0　　(5)　9/7　　(6)　9/4　　(7)　0　　(8)　0　　(9)　振動　　(10)　0　　(11)　1/3

問 1.4　$\alpha > 1$ のとき $+\infty$，$\alpha = 1$ のとき 1，$-1 < \alpha < 1$ のとき 0，$\alpha \leq -1$ のとき振動。

問 1.5　(1)　略　　(2)　$\lim_{n\to\infty} n \cdot a_n = 2\pi r$（円周），$\lim_{n\to\infty} h_n = r$（半径）

(3)　定理 1.1(3) より πr^2 に収束。

問 1.6　例　(1)　$a_n = 1/n^2$，$b_n = 1/n$　　(2)　$a_n = 1/n$，$b_n = 1/n^2$

(3)　$a_n = -1/n$，$b_n = 1/n^2$　　(4)　$a_n = (-1)^n/n$，$b_n = 1/n$

問 1.7　略

問 1.8　偽　　反例：$a_n = (-1)^n$

問 1.9　略

第2章

問 2.1　(1)　有界で単調な実数の数列は必ずある実数に収束する。

(2)　$\lim_{n\to\infty} \left(1 + \frac{1}{n}\right)^n$　　(3)　約 2.718

問 2.2　(1) 5/4　(2) 7/6　(3) 243/2　(4) $+\infty$

問 2.3　41/333

問 2.4　略

問 2.5　最初の収益が 1 年後に発生するとすれば 1000/3 万円（約 333 万円）。

問 2.6　(1) 800 万円　(2) 400 万円の財源問題など

問 2.7　(1) e^2　(2) $\sqrt{e}$

問 2.8　略

第 3 章

問 3.1 と問 3.2　略

問 3.3　(1) D　(2) A　(3) C　(4) C　(5) A

問 3.4　(4) 以外は 2 変数が 1 対 1 の関数関係（問 3.3 の C に相当）にあり，関係式はそれぞれ，$xy=1$, $V=x^3$, $2x+3y=10$, $R=1.03^Y$ となる。(4) は体重が同じ時点が複数あれば D は W の関数にならず，関係式は通常書けない。

問 3.5　(1) $y=\sqrt{u}$, $u=2x-1$　(2) $y=e^u$, $u=x^2+1$　(3) $y=\ln u$, $u=\dfrac{1}{x^2}$

問 3.6　偽　反例：g が定値関数ならば，f が不連続でも $g(f(x))$ は連続になる。

第 4 章

問 4.1　略

問 4.2　近づけ方によって極限が異なる，プラスまたはマイナスに発散する，振動するの 3 つが考えられる。

問 4.3　関数 f が $x=a$ で連続である場合。

問 4.4　(1) 存在しない　(2) 4　(3) 1　(4) 8　(5) 1　(6) 0

問 4.5

$x \to$	(1)	(2)	(3)	(4)	(5)	(6)	(7)	(8)	(9)	(10)
$+\infty$	$+\infty$	0	$+\infty$	2	0	0	なし	なし	$+\infty$	$+\infty$
0	0	なし	1	$-1/2$	1	$+\infty$	0	1	0	$-\infty$
$-\infty$	$-\infty$	0	0	2	$+\infty$	0	なし	なし		

問 4.6　(1) 1　(2) 0　(3) $-3/5$　(4) 存在しない

問 4.7　(1) $-\infty$　(2) 1　(3) 0　(4) 1/2　(5) 2　(6) $3a^2$

(7) -1 (8) $\dfrac{1}{2}$ (9) 0 (10) 0 (11) $-\infty$

問 4.8 (1) e^2 (2) e^2 (3) e

問 4.9 略

第 5 章

問 5.1 略

問 5.2 ア：独立   イ：微小変化   ウ：従属   エ：比率または割合

問 5.3 不連続点または屈折点になっていることが考えられる。

問 5.4 (1) 定値関数   (2) 傾き -1 の 1 次関数   (3) $h(x) = x^2 +$ 定数の 2 次関数

問 5.5 略

問 5.6 (1) c, e, b, a, d (2) 略

問 5.7 導関数も元の関数とほぼ同じ形になる。

問 5.8 略

問 5.9 (1) 0.698 (2) 約 -0.307

問 5.10 と問 5.11 略

第 6 章

問 6.1 (1) 0 (2) $-nx^{-n-1}$ (3) $2x - 2$ (4) $6x^2 - 3$
(5) $2t - (a+b)$ (6) $v - gt$ (7) $3x^2 - 4$ (8) $2\ln x + 2 + x^{-1}$
(9) $\dfrac{3e^x(1-x)+1}{(3e^x+1)^2}$ (10) $\dfrac{e^x(x^2-2x+1)}{(x^2+1)^2}$ (11) $3/x$ (12) $2e^{2x+1}$
(13) $\ln x + 1$ (14) $-x^{-1}$

問 6.2 (5) $-(a+b)$ (6) 0 (7) 8

問 6.3 A：-4 B：$1/3$ C：5 D：-9 E：$-1/4$

問 6.4 関数 $V = \dfrac{4}{3}\pi r^3$ 導関数 $V' = 4\pi r^2$（球の表面積）   半径の微小増加に対して体積はその表面積倍大きくなる。

問 6.5 (1) -7 円   (2) -6.951 円   (3) 略

第 7 章

問 7.1 (1) $3(2x+3)(x^2+3x+1)^2$, 3 (2) $2xe^{x^2+1}$, $2e^2$
(3) $-5(2-x)^{-1/2}(3x+4)^{-3/2}$, $-5\sqrt{2}/16$ (4) $-(x+2)(x^2+4x+5)^{-3/2}$,

$-2^{-3/2}$

問 7.2 (1) $2^x \ln 2$ (2) $2x^{2x}(1+\ln x)$
(3) $(x+1)^{-3x}[-3x+1-3(x+1)\ln(x+1)]$
(4) $\left(1+\dfrac{1}{x}\right)^x \left[\ln\left(1+\dfrac{1}{x}\right) - \dfrac{1}{1+x}\right]$

問 7.3 と 問 7.4 略

第 8 章

問 8.1 (1) $(1-x)^{-2},\ 2(1-x)^{-3},\ 6(1-x)^{-4}$ (2) 1, 2, 6
(3) $y = 1 + x + x^2$ (4) $f^{(n)}(x) = n! \cdot (1-x)^{-(n+1)}$ (5) $f^{(n)}(0) = n!$
(6) $\dfrac{1}{1-x} = 1 + x + x^2 + x^3 + \cdots = \displaystyle\sum_{k=0}^{\infty} x^k$

第 9 章

問 9.1 最大値と最小値は以下の通り（：のあとの数字は対応する x の値）。

	(1)	(2)	(3)	(4)	(5)	(6)
最大	$167/27 : 1/3$	$105/4 : 8$	$0 : 1/2$ と 3	$3\ln 3 : 3$	$3 : -1$	$4^4/5^5 : 4^2/5^2$
最小	$-191 : -7$	$6\sqrt{6} : \sqrt{6}$	$-27 : 0$	$-1/e : 1/e$	$1/3 : 1$	存在しない

問 9.2 20cm

問 9.3 (1) $0 < h < 5$ (2) $h = 5\sqrt{3}/3$ のとき $250\sqrt{3}\pi/27$
(3) $10\pi(1-\sqrt{6}/3)$

問 9.4 (1) $8 - 2x^2$ (2) $32\sqrt{3}/27$

問 9.5 下表の通り。2 階の条件は成立している。

	2 階の導関数	最大点	最小点
(1)	$-6x-20$	-22	22
(2)	$36x^{-3}$		$\sqrt{6}$
(3)	$10(x-3)(8x^2-24x+15)$	-125	
(4)	$1/x$		e
(5)	$4(-x^3+3x+1)/(x^2+x+1)^3$	-4	$4/9$
(6)	$2-15x^{1/2}/4$	-1	

2 階の微分係数の値は最大内点で負，最小内点で正になっていることを確認しよう。

第 10 章

問 10.1　略

問 10.2　(1) 2　(2) $p > w$ のとき $p/w - 1$, $p \leq w$ のとき 0　(3) と (4) 略

問 10.3　(1) $y = 2$ のとき 3　(2) 略　(3) $y = 3$ のとき 6　(4) 略
(5) $y = 4$ のとき 32　(6) $y = 0$ と 3 のとき 0　(7) 略

問 10.4　(1) $b(1 - p/a)$, $bp(1 - p/a)$　(2) $a(1 - x/b)$, $ax(1 - x/b)$
(3) $b(p-c)(1-p/a)$, $p = (a+c)/2$ のとき利潤 $b(a-c)^2/4a$, 需要量 $b(a-c)/2a$
(4) $ax(1 - x/b) - cx$, $x = b(a-c)/2a$ のとき利潤 $b(a-c)^2/4a$, 価格 $(a+c)/2$

第 11 章

問 11.1　(1) $a = 1$, $\alpha = \beta = 1/2$　(2) 6　(3) $c_1 c_2 = 9$ (図略)

問 11.2　略

問 11.3　(1) $1600/3$　(2) $I = \min[4M/3, 4S]$　I は $4M/3$ と $4S$ の小さいほうの値に等しい。　(3) と (4) 略

第 12 章

問 12.1　空欄に入る語は以下の通り

(1) $(x_1, x_2) = (a_1, a_2)$, x_2, 関数 f, 偏微分係数

(2) 定義式の右辺 $= \lim\limits_{\Delta x_2 \to 0} \dfrac{f(a_1, a_2 + \Delta x_2) - f(a_1, a_2)}{\Delta x_2}$

(3) x_1, a_1, $f(a_1, x_2)$, a_2　(4) $(x_1, x_2, y) = (a_1, a_2, f(a_1, a_2))$, x_1

問 12.2　関数形 $V = \pi r^2 h$　偏導関数 $\partial V/\partial r = 2\pi r h$　$\partial V/\partial h = \pi r^2$
意味：半径が微小に大きくなると体積は円柱側面の面積 $(= 2\pi r h)$ 倍だけ大きくなる。高さが微小に大きくなると体積は円柱底面の面積 $(= \pi r^2)$ 倍だけ大きくなる。

問 12.3　$\partial F/\partial K = a\alpha K^{\alpha-1} L^\beta$　$\partial F/\partial L = a\beta K^\alpha L^{\beta-1}$

問 12.4　$\partial U/\partial c_1 = a \cdot c_1^{\rho-1} \cdot [a \cdot c_1^\rho + b \cdot c_2^\rho]^{\frac{1-\rho}{\rho}}$　$\partial U/\partial c_2 = b \cdot c_2^{\rho-1} \cdot [a \cdot c_1^\rho + b \cdot c_2^\rho]^{\frac{1-\rho}{\rho}}$

第 13 章

問 13.1　$y - 16 = 8(x_1 - 4) + 48(x_2 - 1)$　整理すると　$y = 8x_1 + 48x_2 - 64$

問 13.2　$y - 9 = 1.5(x_1 - 4) + 3(x_2 - 1)$　整理すると　$y = 1.5x_1 + 3x_2$

問 13.3　(1) 略　(2) 0.2mm 短くなる　(3) 計算機を使うと約 0.1998mm

短くなることがわかる。

問 13.4　(1) 略　　(2) 0.075π (約 0.2356) m^3 大きくなる。　　(3) 計算機を使うと約 $0.2356\mathrm{m}^3$ 大きくなる（誤差は $0.00000004\mathrm{m}^3$ 以下）。

問 13.5　(1) 略　　(2) $0.11\mathrm{m}^3$ 小さくなる。　　(3) 計算機を使うと約 $0.1094\mathrm{m}^3$ 小さくなる（誤差は $0.0006\mathrm{m}^3$ 以下）。

問 13.6　省略

第 14 章

問 14.1　$-1/6$

問 14.2　$-1/2$

問 14.3　$-1/2$

問 14.4　(1) 約 1.33mm 短くする。　　(2) 約 0.75mm 短くする。

問 14.5　約 4mm 低くする。

問 14.6　尖った山の頂点には等しい高さの点が存在しないので，そこを通る等高線がない。等高線が点になってしまっているとも言える。また完全に水平な地形では，高さが等しい点がある領域に広がって分布するので，その領域に属する地点を通る等高線もない。

第 15 章

問 15.1　(1) 時点 t における資本の成長速度（成長率ではないので注意）。(2) 13

問 15.2　(1) と (2) 略

(3) $f : y = 2 + \frac{1}{4}(x_1-4) + (x_2-1) - \frac{1}{64}(x_1-4)^2 + \frac{1}{8}(x_1-4)(x_2-1) - \frac{1}{4}(x_2-1)^2$

$g : y = 25 + \frac{5}{2}(x_1-4) + 15(x_2-1) - \frac{3}{32}(x_1-4)^2 + \frac{3}{4}(x_1-4)(x_2-1) - \frac{3}{2}(x_2-1)^2$

問 15.3　$\alpha + \beta = 1$

第 16 章

問 16.1　(1) $(0, 0)$　　(2) 最大内点解の 2 階の条件①②は成立するが③は成立しない。　　(3) 鞍点

問 16.2　(1) 鞍点：$(2, 0)$　　(2) 極小点：$(1, 1)$ & $(-1, -1)$，鞍点：$(0, 0)$

(3) 極大点：$(-\sqrt{2}, 1)$，極小点 $(\sqrt{2}, -1)$，鞍点：$(\sqrt{2}, 1)$ & $(-\sqrt{2}, -1)$

問 16.3　$((a+b)/3, c/3)$ 三角形の重心

問 16.4　すべての辺の長さを等しく 1/4m にすればよい。

問 16.5　(1) $\pi = 10x_1^{1/3}x_2^{1/3} - 2x_1 - 4x_2$　(2) $(x_1^*, x_2^*) = (125/54, 125/108)$
(3) x_1^* は $125\varepsilon/54$ だけ，x_2^* は $125\varepsilon/216$ だけ減少する。

問 16.6　$3^{-5/4}a^{1/2}$cm

問 16.7　(1) 太郎：$(9, 9/2)$，花子：$(12, 3)$　(2) 太郎：$x_1^* = M/2p_1$, $x_2^* = M/2p_2$，花子：$x_1^* = M/p_1(1+p_1/p_2)$, $x_2^* = M/p_2(1+p_2/p_1)$　(3) 太郎は x_1 の消費だけを 3ε 減らす。花子は x_1 の消費を $16\varepsilon/3$ 減らし，x_2 の消費を $2\varepsilon/3$ 増やす。

問 16.8　(1) $x_1^* = aM/(a+b)p_1$, $x_2^* = bM/(a+b)p_2$　(2) (1) と同じ
(3) $x_1^* = aM/(a+b+c)p_1$, $x_2^* = bM/(a+b+c)p_2$, $x_3^* = cM/(a+b+c)p_3$
(4) $x_1^* = M \Big/ p_1 \left[1 + \left(\dfrac{p_1}{p_2}\right)^{\frac{\alpha}{1-\alpha}} \left(\dfrac{\beta_2}{\beta_1}\right)^{\frac{1}{1-\alpha}} \right]$,

$x_2^* = M \Big/ p_2 \left[1 + \left(\dfrac{p_2}{p_1}\right)^{\frac{\alpha}{1-\alpha}} \left(\dfrac{\beta_1}{\beta_2}\right)^{\frac{1}{1-\alpha}} \right]$

問 16.9　略

索　引

あ　行

アキレスと亀　25
鞍点　311

1階の条件　196, 306, 308
1階の導関数　172
1次関数　96
1次近似関数　176, 300
1次同次性　291
1次同次生産関数　291
陰関数　283
陰関数定理　270, 282, 284

エッシャー（M.C.Escher）　230
円周率　xxi, 7

か　行

階段関数　65
価格受容者　203
可算無限　xx
数の集合を表す記号　xxii
数の連続性　xx
傾き　96, 103
関数　xix, 44〜46
関数と方程式の違い　45
関数の極限　72
関数の収束　xix
関数の商の微分　132
関数の多項式近似　170
関数の連続性　xx, 72, 82
完全競争　203
完全競争企業　219

完全競争企業の利潤最大化の条件　216, 217
完備性　8

技術的限界代替率　281, 282
帰納法　xviii
基本関数の微分の公式　134
逆関数　51, 163
逆関数の微分法　162
逆需要関数　219, 221
逆数の微分の公式　130
級数　xix
供給曲線　215, 216
曲線の傾き　99
ギリシャ文字　xx

区間の表現　xxii
鎖の法則　148, 150, 156

系　xvii
限界代替率　278
限界費用　109, 110
現在価値　33

高階導関数　170, 172
高階偏導関数　286, 297
合成関数　68
合成関数の微分法　147, 286
効用　236, 237
公理　xvii
コンソル債の価値　33

さ 行

最大値・最小値の定理　89
最適雇用の条件　210
3階の偏導関数　297
三角関数　64, 87

式に書けない関数　66
指数関数　39, 56, 87
指数関数の微分　140, 160
指数と対数の表現　xxii
指数法則　59, 60
自然数　2
自然対数　63
自然対数の底　xxi, 34, 38
実数　1, 2
実数の連続性　8, 26
収穫逓減の法則　207
集合を表す記号　xxii
収束する数列の和・差・積・商の極限　16
従属変数　46
需要関数　219, 222
循環小数の分数表現　32
商の微分の公式　132
証明　xvii
振動　15, 78

数列　8
数列の極限　xix, 1, 8, 9, 16, 25
数列の極限と関数の極限の関係　79
数列の収束　xix, 10
数列の表現　xxii

生産関数　204, 236, 238
積の微分の公式　126
接線　176
　——の傾き　247
接平面　255, 259
線形関数　235
選択すべき変数の選び方　194
全微分　255, 266, 277

増減表　187

た 行

対数関数　61, 87
対数関数の微分　143
対数の基本性質　64
対数微分法　158, 159
多変数関数　226
多変数最適化問題　305
単調性　26, 238
端点解　190
単利方式　35

値域　47
中間値の定理　88
稠密性　xx, 4
賃金率　207

定義　xv
定義域　47
定数関数　54
定値関数　54, 87
定理　xvi
デリバティブ　118

導関数　94, 95, 111, 112
　——の性質　123
　——の定義式と意味　116
　——の表記　111
等号制約条件のある多変数最適化問題　314
等号制約条件のない2変数最適化問題　305
等高線　230
　——の傾き　270, 271
等産出量曲線の傾き　278, 281
投入物　204
独占企業　218, 219
独占企業と完全競争企業の違い　219
独立変数　46

な行

内点解　190
滑らかな曲面　229

2階の条件　198, 311
2階の偏導関数　297
2階の微分係数　170, 172〜174
2次近似関数　177
2変数関数の2次関数近似　300

は行

背理法　xviii
発散　15
パラメータ　214

比較静学分析　214
非可算無限　xx
ピタゴラス（Pythagoras）　5
微分　95
微分可能性　99
微分係数　94, 102〜104
微分の基本公式　123
微分法の学び方　117
費用関数　110, 215, 216

複利計算　34
複利方式　35
不定形の極限　20, 84
プライステイカー　203
不連続な関数　72
分数関数　47

平面の方程式　255
べき関数　55, 87
　　──の微分　134
　　べき乗則　134
偏導関数　248, 249
偏微分　241, 244, 248
偏微分係数　244, 247

方程式　xix, 45
補題　xvi

ま行

無限等比数列の和　28, 31, 32
無差別曲線　278
無差別曲線の傾き　278
無理関数　48
無理数　5, 6

命題　xvi

や行

有界　26
有理数　2, 6
有理数の稠密性　4

陽関数　284

ら行

ラグランジュ（J.L.Lagrange）　317
ラグランジュの未定乗数法　317

利潤　208
利潤関数　209, 210

連続関数　52, 87
連続性　→実数の連続性
　　　　→関数の連続性

労働の限界生産物　206
労働の限界生産物価値　211
労働の需要関数　213, 214
労働の需要曲線　212
論理記号　xxi

欧字

ε–δ論法　xix, 82

ε–N 論法　xix, 12〜14
ε 近傍　xix, 10
∞ の特別ルール　18, 83
π　xxi
CES 型関数　240
Cobb-Douglas 型関数　240
e　xxi, 38
FOC　307
Napier（J.Napier）　38

MRS　278
n 次関数　56
n 次近似関数　179
n 変数関数　267
n 変数関数の偏微分　252
n 変数最適化問題の 1 階の条件　308
Taylor 展開　180, 182
Young の定理　297, 298

著者略歴

川西 諭（かわにし　さとし）

1971 年　北海道生まれ
1994 年　横浜国立大学経済学部卒業
1999 年　東京大学大学院経済学研究科博士課程満期退学
1999 年　上智大学経済学部専任教員
2000 年　博士（経済学）（東京大学）"Learning, Evolution, and Business Cycles"
現　在　上智大学経済学部教授

主要著書・論文

『ゲーム理論の思考法――ビジネス・人生を変える「戦略発想の技術」』（中経出版，2009 年）

「ノイズのある合理的期待均衡モデルにおける投資情報獲得戦略の多様性について」（浅子和美・池田新介・市村英彦・伊藤秀史編『現代経済学の潮流 2008』第 4 章，東洋経済新報社，2008 年）

"Relative Performance Evaluations in a Model of Financial Intermediation", Review of Economic Dynamics, 2000, Vol.3（4），pp.801–830.

経済学叢書 Introductory　別巻
経済学で使う微分入門

2010年5月25日 ⓒ	初　版　発　行
2025年2月10日	初版第6刷発行

著　者　川西　諭　　　発行者　御園生晴彦
　　　　　　　　　　　印刷者　篠倉奈緒美
　　　　　　　　　　　製本者　小西惠介

【発行】　　　　　　　株式会社　新世社
〒151-0051　東京都渋谷区千駄ヶ谷1丁目3番25号
☎ (03)5474-8818(代)　　サイエンスビル

【発売】　　　　　　　株式会社　サイエンス社
〒151-0051　東京都渋谷区千駄ヶ谷1丁目3番25号
営業 ☎ (03)5474-8500(代)　　振替 00170-7-2387
FAX ☎ (03)5474-8900

印刷　ディグ　　　　　製本　ブックアート
《検印省略》

本書の内容を無断で複写複製することは、著作者および出版者の権利を侵害することがありますので、その場合にはあらかじめ小社あて許諾をお求め下さい。

サイエンス社・新世社のホームページのご案内
http://www.saiensu.co.jp
ご意見・ご要望は
shin@saiensu.co.jp まで。

ISBN978-4-88384-149-3

PRINTED IN JAPAN

グラフィック［経済学］1

グラフィック
経済学
第2版

浅子和美・石黒順子 著
A5判／400頁／本体2,300円（税抜き）

主に日本の経済をベースに，経済学の基礎概念をやさしく解説して好評を博した，入門テキストの改訂版．リーマン・ショック後の世界同時不況，東日本大震災，日本における政権交代など，初版刊行以降の情勢の変化についても言及し，経済データも最近期のものにアップデート．また，新たな Q&A，コラムなどの記事を加え，親しみやすさ・わかりやすさにより配慮した．左右見開き体裁・見やすい2色刷．

【主要目次】
経済学とは何か？／GDPを理解する／景気の動きをつかむ／個人・家計の選択／企業の営み／市場メカニズムの働き／金融を理解する／財政・社会保障を理解する／経済の開放・グローバル化／残った話題

発行　新世社　　　発売　サイエンス社

グラフィック[経済学] 2

グラフィック
マクロ経済学
第3版

宮川 努・外木暁幸・滝澤美帆 著
A5判／392頁／本体2,900円（税抜き）

初版刊行以来，好評を博してきた入門テキストを大幅改訂．ケインズ派と新古典派という二つの立場からのマクロ経済学の解説に代わり，第3版では短期の経済と長期の経済とに分けた一貫性のある説明によりまとめている．さらに統計データをアップデイトするとともに，コラムなどで最近のトピックスについて紹介した．見やすい左右見開き構成，2色刷．

【主要目次】
マクロ経済学への招待／マクロ経済学と経済データ／GDPを知る／経済成長を考える／生産性向上策の考え方／景気循環の考え方／雇用と失業／消費と貯蓄の理論／企業はなぜ投資をするのか／貨幣と金融市場・中央銀行の役割／GDPとインフレ率はどのように決まるのだろうか／政府の役割／財・サービスや金融資産を海外と取引した場合のマクロ経済学／所得分配と再分配政策を考える

発行 新世社　　発売 サイエンス社

グラフィック[経済学] 3

グラフィック
ミクロ経済学
第2版

金谷貞男・吉田真理子 著
A5判／328頁／本体2500円（税抜き）

「日本で一番やさしいミクロ経済学の教科書」として好評を博してきたベストセラーテキスト待望の第2版．「国際貿易」の章を新たに加え，部分的な構成の変更や説明の補足を行った．統計データのアップデイトを行い，ミクロ経済学の最新の話題にも言及した．また，一層の読みやすさに配慮し，装いも新たにした．2色刷．

【主要目次】
はじめに／市場の理論／家計の理論／生産の理論／費用の理論／独占の理論／厚生経済学／国際貿易

発行 新世社　　発売 サイエンス社

経済学叢書 Introductory
地方財政論入門

佐藤主光 著
A5判／368頁／本体2800円（税抜き）

近年，日本では中央集権から地方分権に向けて改革が行われており，その中で地方財政のあり方も大きく変わりつつある．本書は，その現状・課題を経済学と財政論の視点から理解し，さらに解釈・評価することを試みるテキストである．初学者のために，難解な数式を極力避け，初級レベルのミクロ経済学の理論のみで理解できるよう配慮した．行政関係者にもおすすめの一冊である．

【主要目次】
地方財政入門／地方財政の機能／地方財政の理論／地方分権の経済的・政治的帰結／地方税と地方の財政責任／政府間財政移転の理論／わが国の政府間関係の実際と課題／地方分権改革に向けて

発行　新世社　　発売　サイエンス社

経済学叢書 Introductory

金融論入門

清水克俊 著
A5判／240頁／本体2600円（税抜き）

本書は，現代における金融取引の初歩的な知識をつかみその意義を正しく理解することを目的とする入門テキストである．金融経済学と貨幣経済学の二大柱を軸に，各トピックにおける理論をわかりやすく説明する．さらに図表・コラムによってより現実的な問題にまで視野を広げることができる．2色刷．

【主要目次】
貯蓄と投資／金融市場と金融の基礎知識／貯蓄とリスク／証券の価値と売買／投資と金融／金融仲介／金融システムと規制／貨幣の理論／貨幣市場／金融政策とマクロ経済／国際金融／金融のトピックス

発行 新世社　　　発売 サイエンス社